本书获呼伦贝尔学院
学术著作出版基金资助

电子政务信息安全互动策略研究

孟祥宏 著

世界图书出版公司

上海·西安·北京·广州

图书在版编目(CIP)数据

电子政务信息安全互动策略研究/孟祥宏著.—上海:
上海世界图书出版公司,2010.5(2011.9 重印)
ISBN 978-7-5100-2139-8

Ⅰ.①电… Ⅱ.①孟… Ⅲ.①电子政务—安全
技术—研究 Ⅳ.①D035.1-39

中国版本图书馆 CIP 数据核字(2010)第 070565 号

电子政务信息安全互动策略研究

孟祥宏 著

上海世界图书出版公司出版发行

上海市广中路 88 号

邮政编码 200083

南京展望文化发展有限公司排版

上海竟成印刷有限公司印刷

如发现印刷质量问题,请与印刷厂联系

(质检科电话:021-55391771)

各地新华书店经销

开本:787×1092 1/16 印张:12 字数:284 000

2011 年 9 月第 1 版第 2 次印刷

ISBN 978-7-5100-2139-8/G·150

定价:35.00 元

http://www.wpcsh.com.cn

http://www.wpcsh.com

序

  各国政府在电子政务发展中最为关注的就是信息安全问题。电子政务信息安全问题的研究，现在大有逐步走向扩散化与发散化的趋势。今天，各国政府为此支付巨大的费用，但安全漏洞却仍旧频频出现。道高一尺，魔高一丈，如何保障信息安全是一个棘手的难题。

  本书作者提出的信息安全问题已不再是单纯的防御技术问题，而越来越成为安全管理员与虚拟攻击者之间技术、信息、知识与智慧的对抗。随着攻击技术的不断进步，安全环境也在不断发生变化，对于政府信息安全管理人员来说，防御策略也应随之而改变。

  在信息安全攻防对抗中，引入博弈论为攻防对抗策略制订理论基础则颇有新意。博弈论是冲突与合作的研究规范，是系统研究决策主体行为发生直接相互作用的策略以及对策均衡的理论。攻防双方具有明显的"非对称性"特征，如攻防技术不对称、攻防成本不对称、攻防信息不对称、攻防主体不对称等。由于攻防具有动态性，攻防双方的对抗策略始终处于不断变化之中，并在不断重复中更新，因此在动态攻防转换中决定哪个策略更有效就变得非常重要。博弈论作为一个分析工具，有助于理解攻防主体的相互作用和相互影响。

  创新研究不仅体现在选题与研究视角的创新上，还体现在研究内容上。首先，本书的第一个亮点就是在攻防互动策略研究中，将攻击分为攻击前、攻击中、攻击后 3 个阶段，对每个阶段进行了系统地研究和分析，从管理与技术两个层面给出了攻与防的互动策略；其次，本书的第二个亮点就是设计了电子政务可生存性安全体系。在网络攻击不可避免、安全防御机制失效的情况下，如何保证电子政务系统的可生存性是当前研究的重点。本书在电子政务外网、专网、内网 3 个层次分别使用攻击阻止、攻击识别、主动防御、入侵容忍等 4 种技术构建电子政务可生存性安全体系；最后，本书的第三个亮点就是分析在安全投资有限的条件下，如何实现电子政务信息安全策略的有效配置。作者运用了多属性决策方法对电子政务系统的安全风险和相应的安全技术措施进行了分析与计算，求解出满意的投资策略。

  本书的作者孟祥宏是我的博士生，书稿是在他博士论文的基础上修改完善而成。他本人是一位有多年网络信息化工作与计算机网络教学经验的高校教师，为人诚恳，勤奋好学，对电子政务信息安全有着浓厚的研究兴趣,曾参与多项政府电子政务规划项目。虽有偏爱之嫌,但我愿意推荐此书是因为它从电子政务信息安全攻防互动的角度,提出了电子政务信息安全保障体系建设的对策建议,对我国电子政务的发展有着重要的指导意义。希望年轻读者看过此书后,不仅可以丰富信息安全知识,还可以体验攻防博弈的乐趣!希望各位专家多多指教,共同关注电子政务信息安全的理论研究与现实问题。

中国人民大学金融信息中心主任

2010 年 1 月于北京

中 文 摘 要

推动电子政务的发展，是一种世界性潮流，也是现代信息和通信技术应用到政府管理领域的必然趋势。然而，各国在积极推行电子政务的过程中，毫无例外地被电子政务信息安全问题所困扰。电子政务信息安全已成为保障政府信息化健康发展甚至保障其生命力的重要基础。

当前，电子政务信息安全工作主要存在 4 个主要矛盾：① 信息安全防护过度与不足的矛盾；② 信息安全中攻与防的矛盾；③ 安全成本与安全效益的矛盾；④ 安全性和易用性的矛盾。针对这些问题与矛盾，国内外很多学者对电子政务中的信息安全问题进行了多角度和不同层面的研究。

通过文献研究与实地调研，针对上述矛盾，笔者提出了主要研究的 4 个问题：① 如何针对不同的攻击手段，采取有效的防御措施？② 如何在信息安全的攻防对抗中，找到博弈的均衡点？③ 在遭受攻击后，如何能保证电子政务系统关键性业务的持续运行？④ 在安全投资有限的条件下，如何实现电子政务信息安全策略的有效配置？

对于上述 4 个问题，作者以信息对抗与博弈理论构建电子政务信息安全攻防策略，以可生存性理论作为系统设计的准则，以多属性决策理论作为系统安全配置工具，丰富现有信息安全理论的研究成果，并为电子政务信息安全的应用提供了实践指导。

本书共分 6 章，第 1 章为导论，第 6 章为全文总结和研究展望，第 2、3、4、5 章为主体部分，主要内容如下：

第 1 章，导论。指出本文研究的历史和现实背景、理论及实践意义，进一步提出文章所要研究的问题、目标、方法、思路、框架，以及本文的主要创新点，并对本文中常用到的概念进行界定。

第 2 章，电子政务信息安全相关理论与技术。主要从电子政务信息安全特点、信息安全框架、信息安全风险管理、风险评估以及信息安全技术五部分对电子政务信息安全的相关理论与技术进行阐述。

第 3 章，电子政务信息安全架构设计。针对电子政务信息安全特点，使用信息安全对抗、可生存性理论与博弈论构建电子政务信息安全攻防模型。首先，分析了信息安全对抗的理论与攻防的不对称性以及攻击与防御技术的对抗；其次，对攻击与防御过程进行了详细的分析；再次，介绍了可生存性理论，并分析了入侵容忍技术；最后，通过对博弈理论的介绍，构建了电子政务信息安全攻防博弈模型。

第 4 章，信息安全互动策略。针对不同类型的网络攻击将攻击分为攻击前、攻击中、攻击后

3个阶段,从攻与防两个角度来构建安全策略。第一部分是攻击前,也就是"未雨绸缪"阶段,主要是从管理的角度对安全投资与内部人员管理两个方面的策略进行了研究;第二部分是攻击中,也就是"兵来将挡"阶段,主要是从技术层面详尽地分析了攻击方的攻击技术、攻击路线、攻击频率、攻击能力、攻击结果等攻击策略,然后分析防御方攻击阻止、攻击识别、主动防御、入侵容忍等防御对策;第三部分是攻击后,也就是"亡羊补牢"阶段,主要从技术和管理两个层面,研究和分析了应急响应、备份恢复、总结学习等策略。

第5章,电子政务信息安全策略配置。针对如何选择安全措施构建良好的安全防御体系的问题,采用了多属性决策理论。第一部分,介绍了多属性决策的基本理论与求解过程;第二部分,对决策问题进行了描述,提出电子政务信息安全决策总体框架;第三部分,进行了电子政务信息安全风险评估,总结了6类风险,并对这6类风险进行了排序,划分等级;第四部分,采用WPDRRC模型为6类风险找到相应的安全技术措施,为便于计算量化,归纳了12类安全技术措施;第五部分,采用多属性决策模型计算出了12类安全技术的相对综合性指数;第六部分,提出构建多维的安全防御策略。

第6章,结论与展望。一方面对本文进行总结,明确了研究结论及其揭示的内涵;另一方面也指出本研究的若干局限性与未来的研究方向。

本文的创新主要体现在以下几个方面:

(1)将信息对抗与博弈理论应用于电子政务信息安全研究中,构建了电子政务信息安全攻防模型,拓展了一个全新的研究视角。

安全问题是由信息系统的脆弱性和攻击所造成的。针对电子政务系统中日益突出的安全问题,利用信息对抗理论与博弈论思想,基于信息安全攻防的视角,将攻击分为攻击前、攻击中、攻击后3个阶段,对每个阶段进行了系统的研究和分析,给出了攻与防的互动策略。

(2)将多属性决策理论应用于电子政务信息安全策略配置中,给出了求解安全技术有效性的模型与方法,填补了电子政务信息安全投资决策研究的空白。

管理就是决策。针对电子政务信息安全策略的研究,最终要落实到信息安全投资决策中,因此,本文运用了多准则决策中的多属性决策方法,对电子政务系统的安全风险以及相应的安全技术措施进行了分析与计算,求解出最优投资策略。

(3)将可生存性理论应用于电子政务信息安全策略研究中,研究了如何通过合理、有效的可生存策略,使得系统在遭受攻击或入侵时,仍能保证关键服务的持续提供。

可生存性就是系统对攻击的容忍性。结合博弈理论,针对黑客成功攻击的可能性,本文将可生存性理论贯穿于攻防策略设计的始终。比如,在攻击中的防御策略中给出了电子政务数据库入侵容忍模型,在攻击后的防御策略中给出了电子政务系统的容灾设计,这些策略的应用在一定程度上保证了当黑客成功入侵系统后电子政务关键性业务的正常运转。

(4)将WPDRRC模型应用于电子政务信息安全策略研究中,提出了电子政务信息安全的多维安全保障策略。

安全策略遵循短板理论,因此电子政务系统的安全级别完全取决于安全性最薄弱的环节。在电子政务实际应用中,只靠一种安全技术手段应对某些风险往往起不到作用,所以需要采用多技术综合保障策略。本文采用了 WPDRRC 模型，并在此基础上提出了"预警—防御—检测—响应—恢复—反击"的 6 环层次安全保障模型。在同一层次上（横向），是各个安全措施有效性的代数累加值，所以应采用覆盖面宽的安全技术；在不同层次上（纵向），两个或两个以上的安全措施可组合互补、相互促进，取得比代数累加更好的效果，因此应优先构筑纵向层次的安全措施。

关键词：信息安全，电子政务，博弈，可生存性，决策，安全策略

Abstract

Promoting the development of E-government is a worldwide tide, also is an inevitable trend under the condition that modern information and communication technologies are applied to the government's management. However, in the process of actively promoting E-government, all countries are bothered by the problem of E-government information security without exception. E-government information security has become an important basis for ensuring the healthy development of government's informationization, and even ensuring government's vitality.

There are four main contradictions in the current work of E-government information security. The first contradiction is between the excess protection and deficient protection; the second is between the offense and defense; the third is between the cost and benefit; and the fourth is between the security and usability. Many domestic and foreign scholars have been engaging in researches of E-government's information security problem from various angles and aspects against these contradictions.

Through literature review and field research, the author raises four main research questions in the paper. The first is how to adopt effective defensive technologies against different offensive technologies; the second is how to find the balance point in the counterwork of offense and defense; the third is how to ensure the critical services of E-government continued supply when attacks succeed; the fourth is how to realize the effective security configuration of E-government under the limited security investment.

For these questions, the paper constructs E-government information security based on game theory, uses survivability as the criterion of system design, and imposes MADM (Multiple Attribute Decision-Making) as the tool of system's security configuration. It enriches the existing research results of information security theory and supplies practice guidance for the application of E-government information security.

The paper is divided into six parts, chapter 1 is the introduction, chapter 6 is the conclusion of the whole work and outlook of the research and chapter 2, 3, 4, 5 is the main part of this work. The main content is as follows:

Chapter 1, the introduction, chiefly tells the historical and realistic background as well as the theoretical and practical significance of the study of interactive strategy of E-government information security. It further points out questions, objectives, methods, research routes and framework which need to be discussed in this paper, as well as the main innovation of this paper. In addition, it defines the new concepts which were mentioned frequently in this paper.

Chapter 2 is the related theories and technologies on E-government information security. Mainly including the characteristics of E-government information security, information security framework, risk management, risk assessment and information security technology.

Chapter 3 is the framework design of E-government information security. Through information security counterwork, survivability theory and game theory, it constructed offense and defense model against E-government information security threats. Firstly, analyzing the information security counterwork theory as well as the asymmetry of attack and defense, also analyzed the counterwork of attack technology and defense technology. Secondly, making a detailed analysis against the process of attack and defense. Thirdly, introducing the theory of survivability, and analyzed the technology of intrusion tolerance. Lastly, building the offensive and defensive game model of E-government information security through the introduction of game theory.

Chapter 4 is interactive strategy of information security. It divided attack into three phases against different kinds of network attacks, which were "before attack state", "attacking state" and "after attack state". Firstly, "before attack state", the so-called "preparing for foul in fair weather", studied the two aspects of security investment and internal personnel management from a management point of view. Secondly, "attacking state", that was to say "when army comes, it will be stopped by our army", gave detailed analysis of the attack strategies, such as attack technique, attack route, attack frequency, attack capability and attack result. And then it analyzed defense strategies of defenders, such as attack prevention, attack recognition, proactive defense, and intrusion tolerance. Thirdly, "after attack state", the so-called "better late than never", studied and analyzed strategies like emergency response, backup recovery and summary and study from the two levels of technology and management.

Chapter 5 is configuration of E-government information security. Against how to choose security measures to build a good system of safe defense, it adopts MADM theory. Part 1 introduced the basic theory of MADM and the solving process of the theory; part 2 described the problem of decision-making and put forward the framework of E-government information security; part 3 evaluated the risks of E-government information security. It summarized 6 types of risks, then sequenced and ranked them; part 4 found security technology measures for the 6 kinds of risks correspondingly by use of WPDRRC model. To facilitate the quantified calculation, it summarized 12 types of security technology measures; part 5 worked out the RGI (Relative General Index) of the 12 types of measures by use of MADM model; finally, it put forward the proposal of building multi-dimension assurance framework of information security.

Chapter 6, the end part of the paper, is the conclusion and prospect. On one hand, this part summarized this work, and made the conclusion of research and the connotation which the research revealed clear; on the other hand, it pointed out some limitations of the research and gave the direction of future research.

The achievements and innovations of the research are mainly as follows:

Ⅰ. It applied information confrontation and game theory to the research of E-government information security, constructed offensive and defensive model of E-government information security and also expanded a new perspective for research.

Security problems are caused by vulnerabilities and attacks of information system. Against increasingly prominent security problems, using the theory of information confronting and the thought of game theory, based on the angle of attack and defense of information security, it divided attack into three phases, and also made systematic research and analysis towards each phase, then worked out interaction strategies of attack and defense.

Ⅱ. It applied MADM theory to E-government information security policy configuration, gave model and way to solve the effectiveness of security technologies, and filled the gap of investment decision-making research of E-government information security.

Management is decision-making. It is for the study of e-government information security strategy, and ultimately put investment decision-making of information security of into effect. Therefore, adopting MADA theory, this paper analyzed and calculated E-government information security and the corresponding security technology measures, then worked out the optimal investment strategy.

Ⅲ. The paper applied survivability theory to the research of E-government information security, and studied how to secure continued supply of key services even when suffered attack or intrusion through reasonable, effective survivability strategy.

Survivability is the tolerance of attack. On account of the inevitability of hackers' attacks, combined with game theory, it applied survivability theory to offensive and defensive strategy from beginning to the ending. For instance, when suffering attacking, the offensive and defensive strategy supplied intrusion tolerance model of E-government database; after attacking, it introduced disaster recovery design of E-government system. The application of these strategies all ensured normal operation of E-government's key businesses on a certain extent after hackers' successful intrusion.

Ⅳ. Applied WPDRRC model to the research of E-government information security strategy, it put forward multi-dimensional security strategy.

Security strategies follow the theory of Buckets Effect. The security level of E-government system completely lies on the weakest part of safety. In actual application of E-government, there is no effect to some certain risks only relying on just one security technology. Therefore, it is necessary to adopt multi-technology comprehensive security strategies. This paper used WPDRRC model, and based on such application, it put forward "warning, defense, detection, response, recovery, counterattack", a 6 cycle security model. On the same level (horizontal), it is algebraic value accumulation of the effectiveness of various security measures, therefore, security technologies with wide coverage should be used; on different levels (vertical), the combination of two or more security measures can complement and accelerate each other mutually, and achieve better effectiveness than algebraic value accumulation, therefore, a vertical level should be built preferentially.

Keywords: Information Security, E-government, Game Theory, Survivability, Decision-making, Security Strategies.

目　录

图　目　录

表 目 录

1. 导　　论

1.1　研　究　背　景

1.1.1　历史背景

最早的信息安全应该起源于远古时期密码学在人们信息传递中的应用。在中国古代，人们曾使用挖有若干小孔的纸模板盖在信件上，从中取出秘密传递的消息，而信件的全文则只是起到掩护的作用。① 古希腊的斯巴达人用一根叫σκυτάλη的棍子来加密信息，写信人先将一个纸条绕在棍子上，然后按照与纸条缠绕方向垂直的方向写信，接着将纸条取下，送给收信人。如果不知道棍子的宽度是不可能解密信里面的内容的。后来，罗马的军队用恺撒密码（3个字母表轮换）进行通信。在随后的19个世纪里，人们发明了一些更加高明的加密技术，而这些技术的安全性通常依赖于用户赋予它们的信任程度。

在20世纪初期，通信技术还不发达，面对电话、电报、传真等信息交换过程中存在的安全问题，人们强调的主要是信息的保密性，对安全理论和技术的研究也只侧重于密码学，这一阶段的信息安全可以简称为通信安全，即 COMSEC（Communication Security）。

该阶段信息安全所面临的主要威胁是搭线窃听和密码分析，其主要保护措施是数据加密，而且关注信息安全的主要是军方和政府组织，需要解决的问题是在远程通信中杜绝非授权用户的访问以及确保通信的真实性，主要方式包括加密、传输保密、发射保密以及通信设备的物理安全。当时涉及的信息安全属性主要是机密性和可靠性。

20世纪60年代后，半导体和集成电路技术的飞速发展推动了计算机软硬件的发展，计算机和网络技术的应用进入实用化和规模化阶段，人们对安全的关注逐渐扩展为以保密性、完整性和可用性为目标的计算机安全阶段或信息安全阶段，即 COMPUSEC（Computer Security）或 INFOSEC（Information Security）。

在该阶段随着计算机技术日渐普及，计算机安全开始提上日程。此时对计算机安全的威胁主要是非法访问、脆弱的口令、恶意代码（病毒）等，需要解决的问题是确保信息系统中软硬件在应用中的保密性、完整性和可用性。

20世纪80年代开始，由于互联网技术的飞速发展，信息无论是对内还是对外都更为开

---

① 见孔祥维学位论文《信息安全中的信息隐藏理论和方法研究》（大连理工大学2003年），第7-8页。

放,由此产生的信息安全问题跨越了时间和空间,信息安全的焦点也已经不仅仅是传统的保密性、完整性和可用性这3个原则了,由此衍生出了诸如可控性、抗抵赖性、真实性等其他的原则和目标,信息安全也进入从整体角度考虑其体系建设的信息保障(Information Assurance)阶段。

该阶段的安全威胁主要表现在网络环境中黑客入侵、病毒破坏、计算机犯罪、情报窃取等。人们需要保护信息在存储、处理、传输、利用过程中不被非法访问或修改,确保合法用户得到服务和拒绝非授权用户服务。这一阶段,信息安全的内涵在不断地延伸,从最初的信息保密性发展到信息的完整性、可用性、可控性和不可否认性,进而又发展为"攻(攻击)、防(防范)、测(检测)、控(控制)、管(管理)、评(评估)"等多方面的基础理论和实施技术。①

纵观信息安全的发展过程,笔者又将其划分为以下3个阶段:

第一,防御阶段。这个阶段主要考虑如何加固系统,提高系统对各种攻击事件的阻止能力,主要研究的目标是各种单点设备,如防火墙、加密通信以及安全策略。

第二,检测阶段。防御阶段的各种安全措施不可能保障所有攻击被阻止在系统之外,入侵等事件还是会突破系统的防御体系,因此需要对系统状态进行监控,从而发现各种入侵行为以便进行处理。这个阶段研究的主要内容是如何对系统进行监控,对各种事件进行检测,主要产品有IDS(Intrusion Detection System)、安全审计系统、网络蜜罐(Honeypot)等。

第三,管理阶段。在前两个阶段,人们更多地关注于单个设备的研发,而没有从整体上考虑系统的安全,因而使得各个设备相互独立,各种安全信息分散冗余而无法给管理人员一个整体的认识,这样就产生了如何将系统中的各种安全设施整合的问题。这个阶段出现了一些新概念,如入侵管理系统(IMS,Intrusion Management System)和安全运营中心(SOC,Secure Operation Center)等。

在上述的安全研究阶段中,虽然人们先后研发出了各种安全设备,提出了一些安全理念,但现实状况是防御产品无法对入侵事件进行完全的阻止;而检测产品(如IDS)更是因为其至今无法解决的高误报率以及部分漏报而很难有效地对入侵情况进行跟踪报警;在管理阶段,虽然考虑到了设备之间的联动,但还缺乏从系统可靠性及可生存性的角度对安全进行思考。因此,有必要对信息安全管理的方法重新设计与研究。

1.1.2 现实背景

1.1.2.1 电子政务背景

自20世纪80年代以来,西方各国纷纷进行政府变革的实践与理论探索,先后出现了多种理论和不同的实践尝试。戴维·奥斯本和特德·盖布勒的"企业化政府"②模式受到了美国克林顿政府的极度推崇,并指导了美国政府20世纪90年代的行政改革;源于公共选择和管理主义理论的市场模式在英国、新西兰等国家得到了实践;以"非连续渐进式行政改革"为特点的"指导和调

---

① 见冯登国《国内外信息安全研究现状及发展趋势》(摘编),《信息网络安全》2007年第1期,第9—10页。
② 美国学者戴维·奥斯本和特德·盖布勒在《重塑政府》一书中,系统地总结了美国各级政府近二三十年来吸收企业家精神改革政府的实践,提出了"政府企业化"这一全新的概念,成为20世纪90年代"新公共管理思潮"的核心代表作,也掀起了各国政府向企业学习的浪潮。书中为"企业化政府"提出了10条原则。

控新模式"在荷兰和德国取得了成功。①

　　1993 年美国克林顿政府提出了"电子政务"②的概念。这一概念的提出,一是为了适应网络经济发展的需要,政府必须改变其职能和运作方式;二是为了实现建立以公众为中心的政府改革目标,美国政府希望通过实施电子政务减少"橡皮图章",加速对公众需要的回应,让公民能更快捷、更方便地了解政府,增加民众参与政事的机会。③

　　电子政务就是政府机构应用现代信息和通信技术,将管理和服务通过网络技术进行集成,在互联网上实现政府组织机构和工作流程的优化和重组,超越时间、空间及部门之间分割的限制,全方位向社会提供优质、规范、透明、符合国际水准的管理与服务。④

　　电子政务是现代政府管理观念与信息技术相融合的产物。面对全球范围内的国际竞争和知识经济的挑战,世界各国政府都把电子政务作为优先发展的战略目标,电子政务已成为全球关注的焦点。根据联合国 2003 年 11 月发布的《联合国全球电子政务调查》显示,在所调查的 191 个会员国中,有 173 个国家建立了自己的政府网站。可以说,推进电子政务已经成为世界上绝大多数国家各级政府的一种重要的行政管理与服务的方式。

　　加拿大是全球电子政务建设的领头羊,政府在广泛调研部门和民众意见的基础上,在互联网上设立了公民、商业、国际联系 3 个大类 35 个子类的内容,基本满足了公民从出生、成长、教育、工作、医疗保险、社会福利、贸易往来和与世界沟通等各个方面的需要。在推动电子政务的进程中,新加坡政府采取了一系列措施,及时制定了"国家 IT 计划"、"IT2000 计划"以及"电子政府行动计划"等,分步骤重点推进电子政务的快速发展。英国、澳大利亚等国在电子政务建设方面也走在了世界前列。

　　近年来,我国电子政务建设在行业监管、重要经济部门监管方面取得了明显成效,我国政府把 1999 年作为"政府上网年",把 2002 年称为"电子政务年"。同时,各级政府积极探索电子政务的发展模式,政府网上服务内容日益丰富,并对服务机制和服务形式做出了创新。据《2005 年中国信息化发展报告》统计资料显示,我国政府门户网站发展数量已超过 1 万个,93% 以上的中央政府各部委拥有部门网站,73% 以上的地方政府拥有自己的门户网站。当然,电子政务的发展不仅仅表现在数量上,更重要的是质的提高。电子政务的功能已不只局限于提供静态信息,越来越多的政府网站朝着"集业务处理与信息发布于一体"的综合型网站的方向发展(比如网上审批、网上报税等),真正实现了"电子政府"的功能。

　　与此同时,电子政务的安全问题也随着电子政务的广泛应用而日益凸显出来,成为各国在电子政务发展中最为关注的问题。

　　根据国家计算机网络应急技术处理协调中心(CNCERT/CC)发布的《2006 年网络安全工作报告》,国内政府机构和重要信息系统部门的网站被篡改的数量多达 3 831 个,占整个大陆地区

　　① 见周志忍《当代国外行政改革比较研究》,国家行政学院出版社 1999 年版,第 214－224 页。
　　② 电子政务是由"E-government"意译而来。
　　③ The White House Office of the Press Secretary, *President Clinton and Vice President Gore: Major New E-government Initiatives*. http://clinton3.nara.gov/WH/New/html/e-government.html.
　　④ 见赵国俊《电子政务教程》,中国人民大学出版社 2004 年版,第 2－3 页。

被篡改网站的 16％。政府网站被频繁入侵,不仅极大地影响了政府形象,也反映出我国在电子政务发展中遇到严重的安全隐患。

1.1.2.2 安全攻击背景

由于信息系统存在的安全漏洞和隐患层出不穷,在利益驱使下的黑客攻击技术不断发展,致使网络攻击的种类和数量成倍增长,基础网络和重要信息系统面临着严峻的安全威胁。

(1) 攻击技术越来越复杂。攻击者的目标从以前单机系统为主转变到以网络运行环境为主。攻击者为了实现其目的,制定其攻击策略,使用各种各样的工具组合,甚至由软件程序自动完成目标攻击。攻击者的攻击方法也多种多样,如通过网络侦听获取网上用户的账号和密码,利用操作系统漏洞攻击,使用某些网络服务泄漏敏感信息攻击,强力破解口令、认证协议攻击,创建网络隐蔽信道,安装特洛伊木马程序,拒绝服务攻击,分布式攻击等。

(2) 网络攻击事件大幅攀升。根据网络安全监测报告显示,我国 2007 年各种网络安全事件与 2006 年相比有显著增加,CNCERT/CC 接收的网络仿冒事件和网页恶意代码事件成倍增长,分别超出 2006 年总数的近 1.4 倍和 2.6 倍,国内被篡改网站的数量比 2006 年增加了 1.5 倍。[①]

(3) 信息攻击造成的损失日益增大。据英国《金融时报》报道,世界上平均每 20 秒就发生一次入侵互联网的计算机安全事件[②],其中相当一部分入侵事件使政府涉密文件被窃取和篡改,给国家造成巨大的经济损失。

(4) 安全漏洞越来越多。每年新发现的安全漏洞都要增加 1 倍,管理人员不断用最新的补丁修补这些漏洞,而且每年都会发现安全漏洞的新类型。CNCERT/CC 的统计资料显示,2005 年新发现的计算机脆弱性漏洞为 5 990 个,这一数据远远超过了 2003 年的 3 784 个和 2004 年的 3 780 个。[③]

(5) 对基础设施的攻击增多。人们越来越多地依赖互联网完成日常业务,而基础设施是互联网的关键组成部分,因此,对基础设施的攻击已引起了攻防双方的广泛关注。

1.1.2.3 电子政务信息安全背景

电子政务信息安全问题是由内外部攻击引起的[④],其安全背景可划分为以下两类:

(1) 由不受信任的外部人员发起的恶意攻击

这主要由有技术、有经验的黑客或黑客组织发起,这种攻击是有组织,有预谋的,其攻击是有目的的。黑客或者是想非法窃取政府机密数据,或者是想阻塞政府网络之间的通信,影响网络的正常运行。目前这种攻击多表现为多人合作协同工作,由有组织的黑客组织协同发起,一旦攻击奏效对政府造成的影响将不堪设想,当然发起这种攻击的代价也相当巨大。

(2) 由受信任的内部人员发起的攻击

这种攻击主要是指政府的内部人员发起的攻击。发起这种攻击一般是对现状不满的政府内

---

① 见 CNCERT/CC《2007 年网络安全工作报告》,国家计算机网络应急技术处理协调中心 2008 年 4 月发布。

② 见《IDC 全球 IT 市场动态——世界网络安全市场分析与预测》,2009 年 2 月 3 日发布。http://www.bd360.net/daban/Upload/File/2008228130651.pdf.

③ 国家计算机网络应急技术处理协调中心 2009 年 1 月 11 日发布。http://www.cert.org.cn/upload/2005CNCERTCCAnnualReport_Chinese.pdf.

④ 这是本文的研究前提,电子政务的信息安全问题主要是由外部攻击、内部攻击或误用引起的。本文中将攻击者(黑客)作为假想敌,所有的策略都是针对假想敌提出来的。

部人员,通常称为误用攻击。在目前网络攻击成功的案例中,这种攻击居多。实施内部攻击的人要么在被授权的信息安全管理系统的物理范围内,要么对安全管理系统具有直接访问权,因此,这种攻击防不胜防。现在的许多入侵检测产品对内部人员发起的攻击无能为力或者效果不好。

内部人员攻击可分为恶意的和非恶意的。恶意攻击是指内部人员有计划地窃听、偷窃信息;以欺骗方式使用信息,或拒绝其他授权用户的访问。非恶意攻击则通常是由于内部人员疏忽大意,或缺乏技术知识,无意间绕过安全策略的行为所造成。

1.1.3　存在问题

当前电子政务信息安全主要存在以下矛盾:

1.1.3.1　信息安全防护过度与不足的矛盾

电子政务信息安全防护中存在两个极端。一个是过度防护,该防护的防护了,应该公开的也防护了,限制了电子政务应有功能和作用的实现;另一个就是防护不足,政府部门安全意识不强,缺乏安全管理,经费投入不足,导致信息安全问题频繁出现。

1.1.3.2　安全成本与安全效益的矛盾

信息安全不是投入成本越高,安全性就越高。很多政府部门不考虑成本投入与效益之间的关系,造成资金的大量浪费。

基于成本和效益的考虑,以及对信息技术不断发展的认识,解决信息安全问题的思路不是求得安全投资效益的最优解,而是找到适合不同级别电子政务系统需要的满意解。

1.1.3.3　信息安全的攻防矛盾

攻击和防御永远是一对矛盾,安全只能在对抗中获取。电子政务的信息安全问题产生的原因就是那些黑客或别有用心之徒对政务机密信息虎视眈眈、心存不轨所引起的,他们是政府信息安全的主要攻击者,藏在暗处;而政府是安全的防御者,身在明处。攻防问题是此消彼长的动态博弈,随着攻击技术的不断进步,防御手段与产品也需升级、更新,在这种不断地动态博弈中,信息安全问题才能得到有效控制与解决。

1.1.3.4　安全性和易用性的矛盾

安全性和易用性在某种程度上也是一对矛盾,为了提高电子政务系统的安全性必然需要损失其易用性,如为了减小系统机密性被破坏的风险,当前电子政务系统都禁止用户使用移动存储设备,禁止终端接入公共网络,这致使系统的易用性受到了严重影响。

1.2　研　究　意　义

1.2.1　理论意义

(1) 本文的研究填补了基于攻防视角的电子政务信息安全研究的空白。目前,对于电子政务信息安全研究的文献较多,研究内容涵盖了电子政务信息安全的内涵、模型、管理、组织、技术、法律、安全、效益、评价等各个方面,为推进电子政务信息安全理论研究以及指导电子政务信息安全应用实践提供了有力的支持。但从攻防的视角,运用博弈论和可生存性理论对电子政务信息安全进行研究还尚未发现相关文献。

(2) 本文完善和丰富了信息安全保障体系相关理论。通过文献研究发现,对信息安全保障体系的研究更多地注重技术、管理和法律法规等理论,缺乏对信息安全决策理论的研究与应用。本文运用多属性决策理论对电子政务信息策略进行了有效配置,丰富和完善了这一理论。

(3) 本文以系统可生存性理论为基本指导思想,以博弈论和信息对抗理论为基础,构建了电子政务信息安全攻防的模型,总结了信息安全中主要的攻防技术,并对这些技术进行了分类,为后续研究提供了理论借鉴。

(4) 随着网络攻击技术的不断更新,安全防御环境的不断变化,本文从可生存性角度寻找适应政府电子政务的个性化需求,用较低的成本满足电子政务信息安全的有效配置,对电子政务信息安全建设具有一定的理论指导意义。

1.2.2 实践意义

(1) 本文为各级政府进行信息安全自评提供指导。笔者通过实地调研对电子政务系统的关键资产进行了风险评估,对可能出现的风险和威胁进行了详尽的分析,列出了哪些是风险,哪些是不安全因素,因此具有一定的可操作性。

(2) 本文研究属于应用性研究,建立的模型与编写的软件,可直接应用在各级政府的电子政务信息安全中。在应用中为适应各级政府不同等级的电子政务信息安全需要,给出了各种安全技术的组合,从成本和安全性上给出了最有效方案。

(3) 本文对电子政务信息安全投资决策进行了研究,平衡安全技术有效性与成本之间的关系,找到最优配置并能保证现有配置在相当长的一段时间内运行良好,在必要时增量追加投资。

(4) 本文为各级政府的电子政务信息安全保障体系建设提供指导。通过将网络攻击分为攻击前、攻击中、攻击后 3 个阶段,从管理层面与技术层面详尽地分析了攻击策略与防御策略,为信息安全实践提供了很好的指导。

(5) 技术人员与非技术人员由于信息的不对称,很难从技术、成本、产生的效果等方面进行很好的沟通,因此通过对信息安全的现状、方法、技术、成本、效益的研究分析,有利于加强政府信息安全建设。

(6) 政府的信息安全问题是一个随着环境的变化而不断动态发展的过程。因此,研究信息安全中的攻与防的互动策略具有一定的现实意义。

1.3 文 献 综 述

1.3.1 电子政务信息安全保障

关于信息保障研究,美国军方走在世界前列,其代表文献是美国国家安全局(NSA)于 2000 年 9 月发布的《信息保障技术框架》(简称 IATF)。在 IATF 中,它定义了对一个系统进行信息保障的过程,以及该系统中硬件和软件的安全需求,并认为遵循这些原则就可以对信息基础设施做到多层的防护,即所谓的"深度保卫战略"(Defense-in-Depth Strategy)。深度保卫战略的 4 个主要技术焦点领域分别为网络和基础设施、网络边界、计算环境以及为基础设施提供支持。

IATF 提出了纵深保卫战略的概念,并围绕该概念对信息系统进行建设和保护,但这种建设和保护仅能起到对安全需求的协调和安全解决方案的建议作用,并没有描述如何对一个信息系统提供完整的安全解决方案的技术框架和技术路线。

在 IATF 的基础上,我国的电子政务信息安全保障体系可从完善法制、健全组织管理、强化技术防护和安全平台等"4 个层面"与"两个支撑"来构建一个完整的信息安全保障体系框架①,如图 1-1 所示。

① 建立信息安全法制体系,做到有法可依,有法必依;

② 完善国家信息安全组织管理体系,强化管理机构的职能,建立高效能的、职责分工明确的行政管理和业务组织体系;

③ 强化国家信息安全技术防护体系,采用先进技术手段,确保网络和通信传输、应用区域边界、应用环境等环节的安全,既能防御外部攻击,又能防止内部作案;

④ 确保信息安全平台及基础设施安全,建立安全事件应急响应中心、数据备份和灾难恢

图 1-1　信息安全保障体系框架

复设施;发挥密码在保障体系中的基础和核心作用,加强密码支持体系(KMI/PKI)的建设;推行信息安全等级保护制度,加强标准化和统一认可的评估测评工作;

⑤ 确立国家信息安全经费支持规划,建议像国防经费一样纳入国家财政预算计划;

⑥ 建立信息安全人才教育和培训体系,除培养高质量的专门人才外,还需进行社会化的培训和普及教育,以提高全民的信息安全素质。

该构架虽然是从宏观层面提出信息安全保障架构,但也比较具体地告诉了人们如何通过层次化的思想将信息安全管理从宏观落实到具体实践,从而对不同组织实施安全管理具有指导意义。

在安全保障框架的研究方面,潘柱廷提出了安氏 IT 安全保障框架。在该框架中,最上层是安全保障问题,潘柱廷将其拆解成 3 个问题:一是我们要保护的是什么? 也就是电子政务的具体业务是什么? 二是什么人、什么组织、什么因素会威胁我们要保护的业务? 也就是电子政务面临的威胁是什么? 三是整体的保护措施是什么?②

任锦华提出了电子政务网络建设中的"三棵树",即信息分类树、机构人员树、权限分配策略

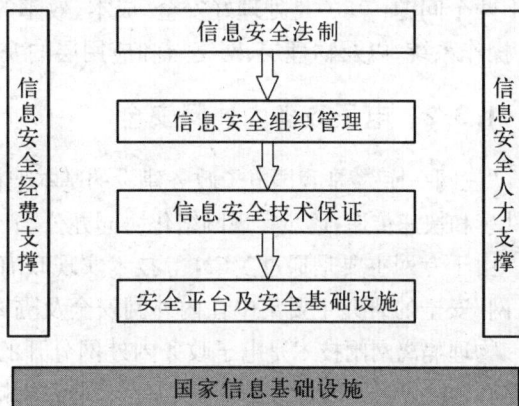

---

① 见沈昌祥《电子政务安全保障体系技术框架》,《网络安全技术与应用》2002 年第 6 期,第 12-13 页。
② 见潘柱廷《信息安全保障域及其互联——电子政务安全保障框架》,《网络安全技术与应用》2003 年第 1 期,第 15-17 页。

树。基于"三棵树",任锦华还提出了"五条线"思路用以解决总体需求,并指出电子政务信息安全等级的保密体系应包括机要、技术与内容三权分立的管理体系;外、内、核心3层防御体系;多种预防措施共存并相互制约;电子文件和纸质文件管理一条线;培养复合型人才;确保对涉密系统应用程序源代码的绝对控制等内容。①

曲成义、宁家骏、王娜和方滨兴、张维华、王政、李桂等也从不同角度提出了电子政务信息安全保障框架。

在研究框架中,这些作者都认为电子政务信息安全保障是一个全社会的综合集成体系,应该是法律、道德规范、管理、技术和人的知识智慧、谋略的总和。在这些研究中,笔者认为还应注意以下两个问题:其一是处理好安全、成本、效率的权衡,共享与保密的平衡;其二是解决信息安全域、操作系统,以及物理层、网络层和应用层的安全问题。

1.3.2　电子政务内外网安全

"三网一库"②是我国电子政务建设的基本架构。建设"三网一库"旨在实现政府机关信息资源的共享和快速传递,逐步实现网络化协同办公,节省人力、物力与财力,提高工作质量和工作效率。③

由于专网主要是通过VPN等技术实现政府之间横向或纵向的连接,安全性相对较高,因此,"三网"安全的研究主要集中在内外网安全及隔离上。

物理隔离网闸技术是电子政务内外网分开的关键性技术。夏阳、唐亮等提出以隔离网闸技术为核心,通过添加VPN通信认证、加密、入侵检测和对数据的病毒扫描,就可构成一个在物理隔离基础上实现电子政务安全数据交换的信息安全岛。④　丁烽祥、张怡等以隔离网闸技术为基础,设计并实现了一个多网安全隔离交换系统,系统采用了多线程、ARP缓存、网络地址转换等技术,使多个外网能够并行接入系统,在内网安全访问的同时,很好地实现了对内外网络的物理隔离。⑤　侯济恭分析了目前网闸所采用的主要隔离技术、不同应用模式所应选取的隔离策略、隔离网闸性能和技术指标,设计了"多点对一点"的政府内网与外网的电子文件交换。⑥　贺文华提出了目前常见的几种物理隔离网闸在内网、外网、专网及电子政务网之间的系统组网建设方案。⑦

对外网的检测,傅翀、王娟从大规模网络或系统的日志文件中提取安全信息作为预警信息的来源,采用相似度的方法进行异常检测,系统从源地址、目的地址、源端口、目的端口、协议分布、

---

① 见任锦华《建设电子政务信息安全等级化的保密体系》,《信息网络安全》2005年第3期,第38-40页。
② 电子政务的"三网一库"是指:政府机关内部的"办公业务网"(又称"内网");与内网有条件互联、实现地县级政府涉密信息共享的"办公业务资源网"(又称"专网");以互联网为依托的"政府公众信息网"(又称"外网");"一库"是指政府系统共建共享的"信息资源数据库"。
③ 见赵国俊《电子政务教程》,中国人民大学出版社2004年版,第38-39页。
④ 见夏阳、唐亮、张强《电子政务安全及其解决方案》,《计算机工程与设计》2005年第1期,第110-112页。
⑤ 见丁烽祥、张怡、王勇军《多网安全隔离交换系统的设计与实现》,《厦门大学学报》(自然科学版)2007年第11期,第92-96页。
⑥ 见侯济恭《电子政务网络安全隔离设计与实现》,《武汉理工大学学报》(信息与管理工程版)2008年第4期,第537-540页。
⑦ 见贺文华《物理隔离网闸及其在电子政务中的应用》,《湖南人文科技学院学报》2005年第10期,第45-48页。

包尺寸分布等方面进行相似度分析,对出现的异常情况,迅速启动应急响应策略。①

对于电子政务的内外网方面的其他研究还有韩胜菊、聂尚宇提出了电子政务信息交换码头的模型,建立了电子政务网间信息交换系统的软件体系结构②;徐茂智、刘欣提出一种适应"内网—外网"网络结构环境下的安全计算模型,这种模型在统一的安全策略控制之下,内网实现基于传统密码的密钥分发,在对外事务中转换成以 PKI 为基础密钥管理结构,密码计算则采用国家商用专用密码芯片和密码卡,从而为内部、对外密码通信和访问控制奠定了基础③;董海波提出采用 Oracle 数据库高级复制技术实现电子政务内外网业务受理的一体化电子政务解决方案④。

另外,电子政务中内外网隔离技术的大范围应用,虽然提高了电子政务信息的安全性和保密性,但是隔离内外网的同时,也阻断了内外网间有用信息的交流。如何趋利避害,在隔离网络中有害数据的同时,实现有用数据的交流成为急需解决的问题。

1.3.3　电子政务信息安全技术与平台

信息安全平台为电子政务网络构筑了一个安全的工作环境,电子政务网络中所有的业务系统都工作在这个环境中,直接为其提供多种安全服务。信息安全平台包括电子政务网络安全平台、安全支撑平台、安全保障平台等。

电子政务网络安全平台依托互联网,由 VPN 设备将各接入单位安全互联起来;安全支撑平台为基于互联网的电子政务系统提供安全互联、接入控制、统一身份认证、授权管理、恶意代码防范、入侵检测、安全审计、桌面安全防护等服务。电子政务应用既是安全保障平台的保护对象,又是基于互联网实施电子政务的主体,它包括公开信息、内部共享信息、内部受控信息等,这 3 类信息运行于电子政务办公平台、电子政务服务平台和电子政务信息共享平台之上。

安全技术是电子政务信息安全的关键。在文献调研和分析中,笔者发现安全技术研究方面的文献所占比例最大。

林锦贤、沈钧毅分析了电子政务系统对基础网络平台的需求特征,指出当前电子政务网络平台建设存在的问题,提出了基于 MPLS-VPN 构筑电子政务系统网络平台的解决方法⑤;孔庆元等人在分析了电子政务中以公钥加密、数字摘要、数字签名为基础的数字证书安全认证技术之后,提出了基于数字证书的安全认证程序设计⑥;王卫军等解决了网站中连接数据库的稳定性和连接效率问题,同时利用 JSP(Java Server Page)、Servlet、Java Bean、连接池、高速缓存等技术构建的电子政务系统,在可扩展性、安全性、效率和实用性等方面有了极大的提高⑦;冯涛、袁占亭

① 见傅翀、王娟、秦志光《宏观网络安全预警与应急响应系统》,《电子科技大学学报》2006 年第 8 期,第 702－705 页
② 见韩胜菊、聂尚宇《电子政务网间信息交换系统的研究》,《计算机工程》2006 年第 5 期,第 236－238 页。
③ 见徐茂智、刘欣《内外网安全保护方案的新视角》,《信息安全与通信保密》2004 年第 8 期,第 30－31 页。
④ 见董海波《基于 Oracle 高级复制技术实现内外网一体化设计方法》,《微计算机应用》2005 年第 5 期,第 298－300 页。
⑤ 见林锦贤、沈钧毅《基于 MPLS-VPN 构筑电子政务系统的网络平台》,《计算机工程与应用》2003 年第 10 期,第 43－45 页。
⑥ 见孔庆元、殷肖川、吴保桢《数字证书实现身份认证在电子政务中的应用》,《计算机时代》2003 年第 1 期,第 16－17 页。
⑦ 见王卫军、付晓江《基于三层体系结构电子政务系统的 JSP 技术》,《吉林大学学报》(信息科学版) 2003 年第 1 期,第 87－91 页。

通过对 RAM 和 CAM① 模型的介绍,分析了电子政务系统的特点,提出了基于代理技术、轻权目录访问协议(LDAP)、虚拟数据库的电子政务系统,借助 LDAP 的目录层次,建立电子政务系统的信息定位树状的基本结构②。

陈洪梅、陈远认为在电子政务中应尽量采用安全性较高的操作系统和数据库系统,并进行必要的安全配置,关闭一些不常用的却存在安全隐患的应用;加强网络用户账号的管理,限定用户账号的访问权限,明确规定账户的口令限制和账户的锁定参数,并严格限制 Administrator 组和备份组账号的成员资格;在安装了操作系统和数据库后,需要打的补丁一定要补上,而且要及时关注有关网站,注意安全动向;对于数据库,不管是 Sybase 还是 Oracle,都应采用相应安全机制,减少内部网络用户利用应用系统漏洞进行攻击的可能性。③

1.3.4　电子政务信息安全管理

安全管理的主要对象是人,包括用户、管理人员、操作员等,安全管理的内容还包含与安全相关的风险分析与评估体系、法规、制度、机构与人事管理等,这些是实现电子政务系统安全的关键环节。有分析表明,一个成功的安全保障体系中安全管理的因素达到了 70%。④

电子政务信息安全管理必须以国家法规形式将其固化,使其成为系统实施和运行的行为准则。安全政策、法规和标准是保障安全的重要防线,是系统建设的必要条件。

Charlie 认为组织内工作人员缺少安全意识将导致安全技术失去作用,并且将组织暴露于巨大的风险之中。⑤ 因此,他提出了信息安全认知系统框架,包括系统管理、用户管理、事件管理、认知行为管理以及评估管理等内容。这些系统能够提供不同功能,共同促进安全意识的构建。

Furnell 提出了对员工进行信息安全意识培训的软件工具原型。⑥ Stephen 认为在信息系统安全中,人为因素是系统的最大脆弱点。⑦ Ashish 实证分析了公开系统漏洞对安全攻击的影响,并认为及时地为系统漏洞打补丁可以有效地减少攻击。⑧

Anderson 总结和分析系统出现安全问题或者错误的共同特征是系统使用者常常(有意或无意)滥用系统权限。⑨ 目前的信息系统存在两种相互矛盾的管理需求:一方面出于简化管理和使用者完成正常操作的目的,其需要足够权限;另一方面又必须控制使用者不会滥用权限去做危害

① CAM,Common Access Model,即公共存取模型。

② 冯涛、袁占亭《基于 LDAP 的电子政务系统研究与设计》,《计算机工程与应用》2003 年第 25 期,第 214－216 页。

③ 见陈洪梅、陈远《电子政务信息的安全要求和保障措施》,《情报杂志》2004 年第 5 期,第 44－46 页。

④ 见王政、韩文报、林易《电子政务安全保障体系结构研究》,《计算机应用》2008 年第 S1 期,第 55－58 页。

⑤ C. C. Charlie、R. S. Shaw、C. Y. Samuel, *Mitigating information security risks by increasing user security awareness: a case study of an information security awareness system*, *Information Technology*, *Learning*, *and Performance Journal*, 2006. 24(1), p. 1.

⑥ S. M. Furnell、M. Gennatou、P. S. Dowland, *A prototype tool for information security awareness and training.* *Logistics Information Management*, 2002. 15(5/6), p. 352.

⑦ L. Stephen, *The Human Element: The Weakest Link in Information Security.* *Journal of Accountancy*, 2007. 204 (5), p. 44.

⑧ A. Ashish、N. Anand、T. Rahul, *Does information security attack frequency increase with vulnerability disclosure? An empirical analysis.* *Information Systems Frontiers*, 2006. 8(5), p. 350.

⑨ R. Anderson, *Security Engineering.* John Wiley & Sons,2001.

系统安全的操作。毕马威会计事务所(KPMG)1996年到2002年的分析报告表明内部安全问题包括的种类是极其繁多的,但是很多类别都与安全管理和安全策略有关,特别是和责任分离、特权最小化、访问控制等安全机制的相关设计①有关。

在这些文献中,更加注重安全管理工作,如组织安全文化建设、员工安全意识培养、安全技术培训、安全权限设置等等。

1.3.5　研究述评

1.3.5.1　当前的研究实践成果

(1) 从研究方法看

信息安全策略的研究主要以文献法、案例分析、问卷调查等方法为主,也有少量的文献使用计量统计法、定量分析法以及博弈论等。

(2) 从研究内容看

研究内容涵盖了电子政务信息安全的内涵、模型、管理、组织、技术、法律、法规、安全效益、评价等各个方面,这为推进电子政务信息安全理论研究以及指导电子政务信息安全应用实践提供了有力的支持。但从研究内容的深度来看,很多研究还刚刚起步,还主要停留在概念描述阶段,具体且可操作方法方面的研究还较少。

考察国内的研究主题,在中国知网学术文献网络出版总库平台(包括期刊、博士论文库、优秀硕士论文库、重要会议论文库)上查询题名中包含"电子政务＋信息安全"为主题的论文,发现共有文献1 611篇。文献具体分布情况如下图1-2(检索时间为2009年1月28日)。

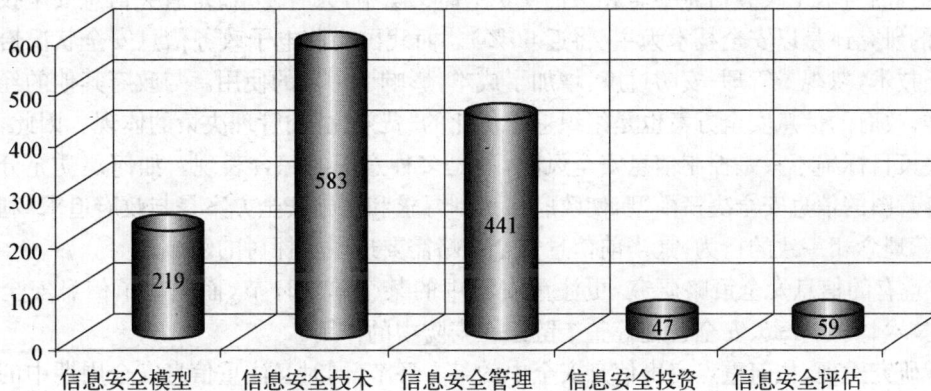

图1-2　研究内容文献分布情况

(3) 从研究方向看

研究方向主要集中在政务信息安全的风险评估、风险管理、技术策略、管理策略、投资策略以

① KPMG. *Fraud and Misconduct Diagnostic Survey. Technical Report.* http：//www.kpmg.ca/en/services/advisory/forensic/documents/FMDSurvey2002.pdf. Accessed on 2009.01.20.

及安全保障措施等方面。在所查阅文献中,以"安全策略"与"风险管理"为关键词的研究为多,共占总文献的 50.8%;在研究内容和研究方向两项中,信息安全投资所占的比例最低,为 3%左右。

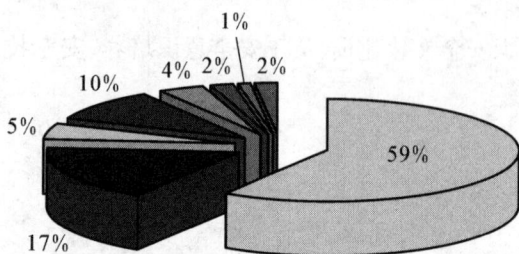

（4）从涉及的相关学科看

从涉及的相关学科看,有计算机技术、信息资源管理、安全科学、风险管理、数理统计学、管理科学、法学、经济学、系统动力学、决策理论和一般管理理论等等。图 1-3 是在中国知网学术文献网络出版总库平台上,相关学科所占的比例,其中计算机技术占 59%、管理学占 17%、经济学占 10%、通信技术占 5%。从

图 1-3　研究文献学科比例分配图

所占比例上看,技术方面研究的文献占到 64%左右。

（5）从研究视角看

现有研究主要从技术或管理的视角去研究分析电子政务的信息安全问题,尚未见到有研究文献系统地从攻防技术的视角,运用博弈论和多目标规划来研究电子政务信息的安全策略问题。

1.3.5.2　当前研究存在的问题

电子政务的信息安全问题是当前信息安全领域内的研究热点问题。通过对有关电子政务信息安全的研究成果进行分析,发现还存在以下一些问题:

（1）现有的信息安全策略研究,更多地注重技术手段方面的有效性和安防产品的先进性,而往往忽略了投资成本与收益之间的平衡。

在找到的与电子政务信息安全相关的 1 611 篇文献中,只有 47 篇是有关信息安全投资方面的,更多的研究还是以安全技术为主(将近 60%)。而我国当前电子政务信息安全状况恰恰是过分强调了技术,忽视了管理;安防过度,增加了成本,影响了用户的使用。与政府其他的经济投资行为一样,政府的信息安全方案也是组织追求优化的"费效比"的管理决策的体现。因此,政府决策者的决策目标绝不只是控制信息安全风险,而是多种意图的综合表现。如何建立充分反映政府决策者意图的信息安全决策模型,使政府认识到寻求和实施安全方案是与政府追求"利益最大化"的经营理念相一致的行为,是当前信息安全策略需要进一步探讨的领域。

（2）现有的信息安全策略研究,更注重安防中的某个单一环节,而忽略了信息安全风险评估、安防技术、安全投资、安全管理等整个链条在安防中的作用。

文献研究发现,如何重点突出信息安全中的某一环节,同时又注重信息安全周期中的每一个链条之间的联系与平衡是当前研究中所欠缺的。

（3）现有的信息安全策略研究,缺乏从攻防的视角去研究信息安全问题。

在中国知网学术文献网络出版总库平台上以"信息安全+攻防"为主题检索到有效文献 65 篇,再以其为关键词重新查找,未找到相关文献;以"信息安全+博弈"为主题检索到有效文献为 241 篇,然后再以其为关键词重新查找,发现仅有 7 篇文献(检索时间为 2009 年 1 月 29 日)。

（4）现有的信息安全策略研究,更注重法律、法规的作用,而忽略了与安全风险密切相关的组织信息,如组织安全文化、组织业务以及安全意识等背景信息。

电子政务的信息安全风险是与电子政务系统的运行过程紧密联系在一起的,同时又受到组织文化、组织环境和信息系统组成特征等因素的影响。要准确把握电子政务信息安全风险特征并对其进行科学管理,毋庸置疑,应将组织安全文化、安全意识培养等因素纳入研究的视野。

(5) 现有的信息安全策略研究中,学科之间缺乏很好的整合。

各学科在信息安全研究中所占的比例如图 1-3 所示。信息安全领域是一个综合且交叉的学科领域,它要综合利用信息科学、运筹学、管理学、计算机与网络技术等诸多学科的长期知识积累和最新发展成果,又迫切需要建立系统的、整合的、协同的信息安全保障策略。

1.4　研　究　内　容

1.4.1　研究目标

电子政务的信息安全问题已从单纯的技术性问题变成事关国家安全的管理性问题,如何科学地加强安全管理已迫在眉睫。因此,运用网络安全理论、管理学理论、运筹学理论,科学地分析电子政务的信息安全策略是当前电子政务研究的重要课题之一。

本文的研究目标是通过对电子政务信息安全理论、模型及技术的分析与研究,以博弈理论构建电子政务信息安全攻防策略,以可生存性理论作为系统安全设计的准则,以多属性决策理论作为系统安全配置工具,实现电子政务信息安全策略的有效配置。

1.4.2　研究的主要问题

本文拟集中解决在电子政务信息安全中出现的 4 个关键问题:

(1) 如何针对不同的攻击手段,采取有效的防御措施?

(2) 如何在信息安全的攻防对抗中,找到博弈的均衡点?

(3) 在遭受攻击后,如何能保证电子政务系统关键性业务的持续运行?

(4) 在安全投资有限的条件下,如何实现电子政务信息安全策略的有效配置?

1.4.3　研究方法

本文研究内容涉及电子政务理论、风险管理理论、博弈理论、决策理论以及信息技术理论等多个相关领域,研究方法主要包括以下几个方面:

第一,文献研究法。充分利用学校图书馆以及互联网资源,广泛收集国内外有关电子政务信息安全的研究文献,及时了解国内外最新的研究成果和发展动态。

第二,问卷调查法。对信息安全当前状况以及信息安全管理的方法与手段等进行有针对性的问卷调查。

第三,实地调研法。实地调研对理论体系的补充和完善至关重要。通过剖析具体数据与实际案例,可揭示信息安全的特点与规律,为总结具有普适性的信息安全策略提供最前沿的鲜活样本。

第四,专家访谈法。对于创新性或开创性研究,专家访谈是必不可少的一种研究方法,资深专家的经验对于新问题的解答具有重要的指导意义。

本研究理论联系实际并以理论分析为主,定性与定量研究相结合,概念模型与博弈模型相结合,深入探讨电子政务信息安全的关键理论、方法、模型与应用策略,力求在电子政务信息安全研究理论和方法上有所创新。

1.4.4　研究思路

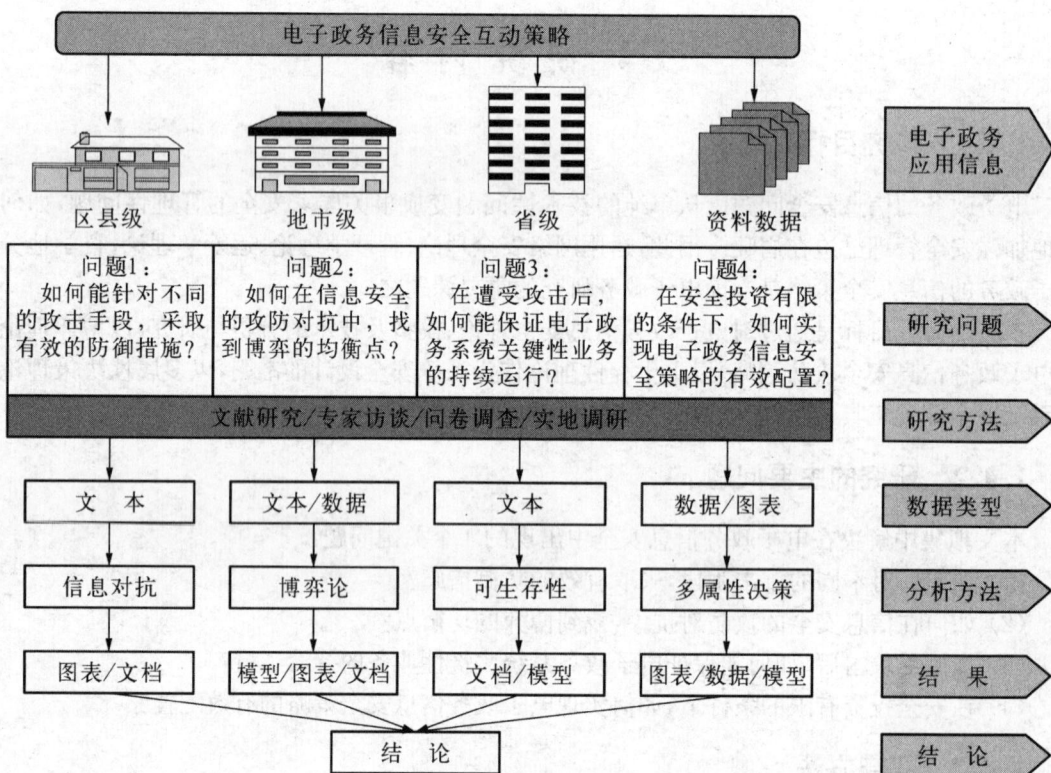

图 1-4　论文研究思路框图

1.5　概念界定

学者们在研究电子政务信息安全策略的过程中,所运用的概念有很多,譬如"信息"、"信息的安全"、"信息系统安全"、"信息安全保障"、"电子政务"、"电子政务系统"等等。在本文中,笔者把"信息"、"信息安全"、"信息安全保障"、"信息系统"、"信息系统安全"、"电子政务系统"作为通用的概念。为了与其他概念区别开来,在阐述问题之前首先对这 6 个基本概念予以界定。

1.5.1　信息

与最基本的概念"系统"一样，信息也是一个不断发展和变化的概念，并且仍不断扩展其内涵和外延。信息与材料、能源一起，被列为现代社会和科技发展的三大基本要素。信息的增长速度和利用程度，已成为现代社会文明和科学进步的重要标志之一。

对信息概念的认识，可从以下两方面来理解：

1. 信息是减少或消除人们对事物的不确定性的东西。这是信息论的创始人香农（C·E·Shannon）在 1948 年发表的《通信的数学原理》中提出的观点。他认为，从通信角度看，信息就是通信的内容，通信的目的就是减少或消除信息的接收者对事物了解的不确定性。[①]

2. 信息是人与外界相互交换的内容。控制论的创始人维纳（N·Wiener）于 1950 年在《人有人的用处》一书中认为："信息的内容就是人们对外界进行调节，并使人们的调节为外界所了解时与外界交换来的东西。"

在本文中，信息指的是电子政务中的数据、文档、图形、图像、语音、视频文件等。

1.5.2　信息安全

"安全"在《高级汉语大词典》中的意思是"不受威胁，没有危险、危害、损失"。其基本含义为"远离危险的状态或特性"或"主观上不存在威胁，主观上不存在恐惧"。

目前国内外关于信息安全概念的定义，主要有以下方面：

1. 我国信息安全专家沈昌祥院士将信息安全定义为保护信息和信息系统不被未经授权的访问、使用、泄露、修改和破坏，为信息和信息系统提供保密性、完整性、可用性、可控性和不可否认性[②]。

2. 英国 BS7799 信息安全管理标准给出的定义是"信息安全是使信息避免一系列威胁，保障商务的连续性，最大限度地减少商务的损失，最大限度地获取投资和商务的回报，涉及的是机密性、完整性、可用性"[③]。

3. 美国国家安全电信和信息系统安全委员会（NSTISSC）给出的信息安全定义是"对信息系统以及使用、存储和传输信息的硬件的保护，是所采取的相关政策、认识、培训和教育以及技术等必要的手段"[④]。

4. 欧盟对信息安全的定义是"网络与信息安全可被理解为在既定的密级条件下，网络与信息系统抵御意外事件或恶意行为的能力。这些事件和行为将危及所存储或传输数据以及经由这些网络和系统所提供的服务的可用性、真实性、完整性和秘密性"[⑤]。

[①] 见王景光、冯海旗《信息资源管理》（第二版），高教出版社 2008 年版，第 1-2 页。
[②] 见王代潮、曾德超、刘岩《信息安全管理平台理论与实践》，电子工业出版社 2007 年版，第 2-3 页。
[③] BS7799-1：1999, Information Security Management, *Code of Practice for Information Security Management Systems*, British Standards Institute.
[④] 见俞晓秋《国家信息安全综论》，《现代国际关系》2005 年第 4 期，第 41-43 页。
[⑤] 见赵战生《信息安全保障的概念与发展动态》，2005 年国家信息中心博士后报告厅报告。

5. 陈训逊假定在信息与信息系统中存在一种"序",并且这种"序"反映了信息与信息系统正常的运行状态,针对信息与信息系统的"序"的保持和攻击则可看作是信息安全的问题。根据这一思路,他重新定义信息安全的概念如下:

信息安全是信息与信息系统的固有属性(即"序")、攻击与防护的过程,它围绕着信息系统、信息内容及信息熵上的机密性、真实性、可控性和可用性这 4 个核心安全属性,具体反映在物理安全、运行安全、数据安全、内容安全和信息对抗等 5 个层面上。[①] 信息安全的完整框架体系如图 1-5 所示:

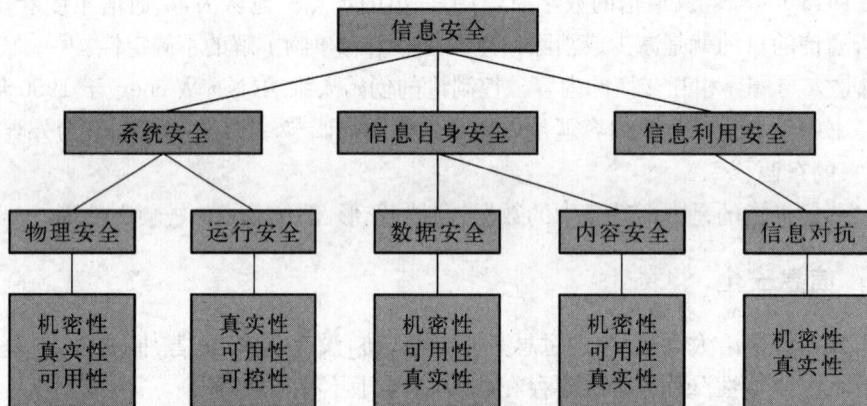

图 1-5 信息安全框架

此外,还有人把现代信息安全表述为一个综合利用了数学、物理、管理、通信和计算机等诸多学科成果的交叉学科领域,是物理安全、网络安全、数据安全、信息内容安全、信息基础设施安全、公共信息安全与国家信息安全的总和等等。

纵观从不同的角度对信息安全的不同描述,可以看出有两种不同的描述风格:一种是从信息安全所涉及层面的角度进行描述,大体上涉及了实体(物理)安全、运行安全、信息(数据)安全等;另一种是从信息安全所涉及的安全属性的角度进行描述,大体上涉及了机密性、完整性、可用性等。

信息安全概念与信息的本质属性有着必然的联系,它是信息的本质属性所体现的安全意义。从我们的研究对象——电子政务信息的安全策略来看,主要包含 3 层含义:一是运行系统的安全;二是系统信息的安全;三是信息内容的安全。

在本文中,笔者认为第五个定义最符合本文研究过程中所应用的信息安全概念。

1.5.3 信息安全保障

1996 年美国国防部(DOD)对信息保障(IA)做了如下定义:保护和防御信息及信息系统,确

---

① 见陈训逊、方滨兴《信息安全概念的新融合——信息安全层次模型与要素模型的结合》,《全国网络与信息安全技术研讨会'2005 论文集(下册)》,第 332-334 页。

保其可用性、完整性、保密性、可认证性、不可否认性等特性。[①] 该定义包括在信息系统中融入保护、检测、反应功能，并提供信息系统的恢复功能。同时，将信息安全的定义拓展到了信息保障，突出了信息安全保障系统的多种安全能力及其对组织业务职能的支撑作用。

本文中的信息安全保障涉及电子政务的信息获取、存储、传送、综合利用、控制的全过程，保障的内容包括机密性（confidentiality）、完整性（integrity）和可用性（availability）。

机密性。研究信息、数据和资源隐藏的问题，一般涉及信息内容的保密性。其目标是保障信息只让合法用户访问，计算机系统不被非法使用，信息不泄露给非授权的个人或实体。虽然访问控制机制可以支持信息机密性的实施，但是一般通过采用加密技术实现。

完整性。研究信息、数据和资源的非授权修改的问题，包括数据完整性和源点完整性，后者也称为鉴别（authentication）。其目标是保障信息及其处理方法的准确性（accuracy）和完全性（completeness）。信息在存储或传输过程中保持不被修改、不被破坏和不丢失的特性。信息完整性是信息安全的基本要求。

可用性。研究按需访问或使用信息、数据和资源，保障合法用户在需要时可以访问到信息。此外，还可增加可控性与不可抵赖性，保障对信息的传播及内容的控制能力以及对信息的跟踪调查能力。

实现信息安全保障需要一套合适的控制机制，如策略（policies）、实践（practices）、程序（procedures）、组织结构（organizational structures）和软件功能（software functions）。由此可以建立这些控制以便保障机构的安全目标能够最终实现。

1.5.4　信息系统

根据维基百科的定义：一个信息系统，从技术上说就是为了支持决策和组织控制而收集（或获取）、处理、存储、分配信息的一组相互关联的组件。而一个基于计算机的信息系统是以计算机软件、硬件、存储和电信等技术为核心的人机系统。[②]

根据《中华人民共和国计算机信息系统安全保护条例》中的定义：信息系统（information system）是指由计算机及其相关的和配套的设备、设施（含网络）构成的，按照一定的应用目标和规则对信息进行采集、加工、存储、传输、检索等处理的人机系统。

本文这样来界定信息系统，即信息系统是指一个能为其所在组织采集、处理、存储、传输、分发和部署信息，以支持该组织经营、管理、制定决策的集成的计算机系统，是人、规程、数据库、硬件和软件等各种设备、工具的有机集合[③]。信息系统依附于国家、组织机构和个人，它是国家、组织机构和个人应用业务和管理体系的网络化映射，以及集体智慧、个人思维和行为能力的延伸。

---

① 见王代潮、曾德超、刘岩《信息安全管理平台理论与实践》，电子工业出版社 2007 年版，第 2-3 页。
② 见维基百科。2008 年 10 月 26 日 http://zh.wikipedia.org/w/index.php?title=％E4％BF％A1％E6％81％AF％E7％B3％BB％E7％BB％9F&variant=zh-cn。
③ 见全国信息安全标准化技术委员会《信息技术、安全技术、信息系统安全保障等级评估准则　第一部分：简介和一般模型》，万方数据电子出版社 2004 年版。

1.5.5 信息系统安全

信息系统安全的概念从经典模型上看,要求系统无漏洞。这种安全概念在于不断追求消灭漏洞;从概念上划分,是属于静态的和基于空间的。这种模型的最大问题在于把系统漏洞看成是静态出现的,甚至完全没有考虑系统安全性在运行中产生的"蜕化"现象,而实际情况是系统漏洞是与系统运行状态有关,并且是动态出现的。

本文的信息系统安全概念是承认信息系统安全的脆弱性和蜕变特性,正视信息系统安全的威胁,在消灭漏洞和加强防护能力的同时,还要加强信息系统对自身漏洞和攻击的检测、管理、监控和处理能力,形成对信息系统安全事件的快速反应能力,强调信息系统安全基于时间的特性。

信息系统安全不仅是定性的,同时还是定量的。信息系统安全概念是面向空间、时间、功能和人员的全方位的动态安全概念。构成信息系统安全的主要环节是安全防护、安全检测、安全事件反应和安全恢复。

1.5.6 电子政务系统

电子政务系统是电子政务信息系统的简称。本文的定义是电子政务系统是基于符合Internet网络技术标准,面向政府机关内部、其他政府机构、企业以及社会公众的信息服务和信息处理系统的集合,是一个利用信息和通信技术,有效地实现行政、服务及内部管理等功能,在政府、社会和公众之间建立有机的管理和服务系统的集合。

1.6 章 节 安 排

从文章结构来看,本书共分为6章。第1章为导论,第2章为电子政务信息安全相关理论与技术,第3、4、5章为本书的主体部分,第6章为全文总结和研究展望。具体内容介绍如下(图1-6是本文的结构框架图):

第1章,导论。指出电子政务信息安全互动策略研究的历史和现实背景、理论及实践意义,进一步提出文章所要研究的问题、目标、方法、思路、框架,以及本文的主要创新点,并对本文中常用到的概念进行了界定。

第2章,电子政务信息安全相关理论与技术。主要从电子政务信息安全特点、信息安全框架、信息安全风险管理、风险评估以及信息安全技术等五部分对电子政务信息安全的相关理论与技术进行阐述。第一部分对电子政务信息安全特点进行了介绍,主要介绍了电子政务的概念、与传统政务的区别、电子政务总体架构以及电子政务安全目标等内容;第二部分对电子政务信息安全框架进行了研究与分析,主要分析了电子政务经典模型、电子政务信息安全区域和等级划分等内容;第三部分介绍了电子政务信息安全风险管理理论,主要包括风险管理概述、风险管理标准与模型以及电子政务信息安全风险管理实践等内容;第四部分进行了电子政务信息安全风险评估研究,分析了电子政务中的信息安全风险、风险评估方法以及风险评估过程等内容;第五部分

```
                                            ┌──────────────┐
                                      ┌────→│   研究背景    │
                                      │     └──────────────┘
                         ┌─────────┐  │     ┌──────────────┐
                    ┌───→│  导　论 ├──┼────→│   研究意义    │
                    │    │    I    │  │     └──────────────┘
                    │    └─────────┘  │     ┌──────────────┐
                    │                 ├────→│   研究内容    │
                    │                 │     └──────────────┘
                    │                 │     ┌──────────────┐
                    │                 └────→│   概念界定    │
                    │                       └──────────────┘
                    │                       ┌──────────────┐
                    │                 ┌────→│ 电子政务安全特点 │
                    │  ┌───────────┐  │     └──────────────┘
                    │  │电子政务信息安全│ │    ┌──────────────┐
                    ├─→│相关理论与技术 ├─┼───→│ 电子政务安全框架 │
                    │  │     II    │  │     └──────────────┘
                    │  └───────────┘  │     ┌──────────────┐
                    │                 ├────→│   风险管理    │
                    │                 │     └──────────────┘
                    │                 │     ┌──────────────┐
                    │                 ├────→│   风险评估    │
                    │                 │     └──────────────┘
                    │                 │     ┌──────────────┐
                    │                 └────→│  信息安全技术  │
   ┌──────┐         │                       └──────────────┘
   │ 电   │         │                       ┌──────────────┐
   │ 子   │         │                 ┌────→│ 信息安全攻防对抗 │
   │ 政   │         │  ┌───────────┐  │     └──────────────┘
   │ 务   │         │  │电子政务信息安│ │    ┌──────────────┐
   │ 信   │         ├─→│全架构设计  ├─┼───→│  攻防过程分析  │
   │ 息   │─────────┤  │    III    │  │     └──────────────┘
   │ 安   │         │  └───────────┘  │     ┌──────────────┐
   │ 全   │         │                 ├────→│  可生存性理论  │
   │ 互   │         │                 │     └──────────────┘
   │ 动   │         │                 │   ┌──────────────────┐
   │ 策   │         │                 └──→│ 博弈论及攻防模型构建 │
   │ 略   │         │                     └──────────────────┘
   │ 研   │         │                       ┌──────────────┐
   │ 究   │         │                 ┌────→│  互动策略框架  │
   └──────┘         │  ┌───────────┐  │     └──────────────┘
                    │  │ 信息安全攻防 │ │    ┌──────────────┐
                    ├─→│ 互动策略   ├─┼───→│   攻击前策略   │
                    │  │    IV     │  │     └──────────────┘
                    │  └───────────┘  │     ┌──────────────┐
                    │                 ├────→│   攻击中策略   │
                    │                 │     └──────────────┘
                    │                 │     ┌──────────────┐
                    │                 └────→│   攻击后策略   │
                    │                       └──────────────┘
                    │                       ┌──────────────┐
                    │                 ┌────→│  多属性决策理论 │
                    │  ┌───────────┐  │     └──────────────┘
                    │  │电子政务信息安│ │    ┌──────────────┐
                    ├─→│全策略配置  ├─┼───→│   风险分析    │
                    │  │     V     │  │     └──────────────┘
                    │  └───────────┘  │     ┌──────────────┐
                    │                 ├────→│  安全技术分析  │
                    │                 │     └──────────────┘
                    │                 │     ┌──────────────┐
                    │                 ├────→│   安全决策    │
                    │                 │     └──────────────┘
                    │                 │     ┌──────────────┐
                    │                 └────→│ 多维安全保障体系 │
                    │                       └──────────────┘
                    │                       ┌──────────────┐
                    │  ┌───────────┐  ┌────→│   结　论     │
                    │  │ 结论与展望  │ │     └──────────────┘
                    └─→│    VI     ├─┼───→│   研究局限    │
                       └───────────┘  │     └──────────────┘
                                      │     ┌──────────────┐
                                      └────→│   展　望     │
                                            └──────────────┘
```

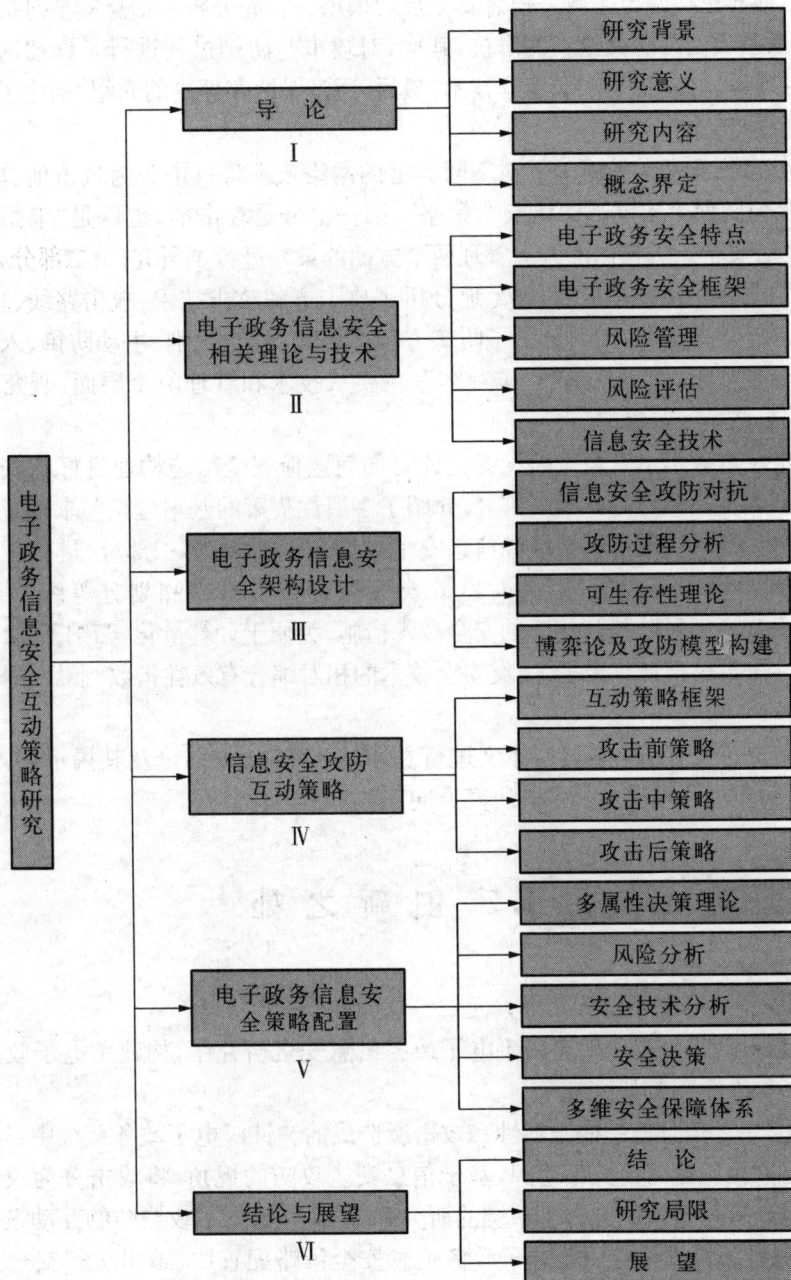

图 1-6　章节框架

介绍了 8 种常用的电子政务信息安全技术，包括密码技术、防病毒、防火墙、PKI/PMI、入侵检测、漏洞扫描、VPN、数据保护等内容。

　　第 3 章，电子政务信息安全架构设计。针对电子政务信息安全特点，通过信息安全对抗、可生存性理论与博弈论构建电子政务信息安全攻防模型。首先分析了信息安全对抗的理论与攻防的不对称性,以及攻击与防御技术的对抗;其次,对攻击与防御过程进行了详细的分析;再次,介绍了可生存性理论,并分析了入侵容忍技术;最后,通过对博弈理论的介绍,构建了电子政务信息安全攻防博弈模型。

第4章,信息安全互动策略。针对不同类型的网络攻击将攻击分为攻击前、攻击中、攻击后3个阶段,从攻与防两个角度来构建安全策略。第一部分是攻击前,也就是"未雨绸缪",主要是从管理的角度对安全投资与内部人员管理两个方面的策略进行了研究;第二部分是攻击中,也就是"兵来将挡",主要从技术层面,详尽地分析了攻击方的攻击技术、攻击路线、攻击频率、攻击能力、攻击结果等攻击策略,然后分析了防御方攻击阻止、攻击识别、主动防御、入侵容忍等防御对策;第三部分是攻击后,也就是"亡羊补牢",主要从技术和管理两个层面,研究分析了应急响应、备份恢复、总结学习等策略。

第5章,电子政务信息安全策略配置。针对如何选择安全措施构建良好的安全防御体系的问题,采用了多属性决策理论。第一部分,介绍了多属性决策的基本理论与求解过程;第二部分,对决策问题进行了描述,提出电子政务信息安全决策总体框架;第三部分,进行了电子政务信息安全风险评估,总结了6类风险,并对这6类风险进行了排序和划分等级;第四部分,采用WPDRRC模型为6类风险找到相应的安全技术措施,为便于计算量化,归纳了12类安全技术措施,采用多属性决策模型计算出了12类安全技术的相对综合有效性指数;最后,提出构建多维的安全防御策略。

第6章,结论与展望。一方面对本文进行总结,明确了研究结论及其揭示的内涵;另一方面也指出本研究的若干局限性与未来的研究方向。

1.7　创　新　之　处

本文的创新主要体现在以下几个方面:

(1) 将信息对抗与博弈理论应用于电子政务信息安全研究中,构建了电子政务信息安全攻防模型,拓展了一个全新的研究视角。

安全问题是由于信息系统的脆弱性和攻击所造成的。针对电子政务系统中日益突出的安全问题,利用信息对抗理论与博弈论思想,基于信息安全攻防的视角,将攻击分为攻击前、攻击中、攻击后3个阶段,对每个阶段进行了系统的研究和分析,并给出了攻与防的互动策略。

(2) 将多属性决策理论应用于电子政务信息安全策略配置中,给出求解安全技术有效性的模型与方法,填补了电子政务信息安全投资决策研究的空白。

管理就是决策。针对电子政务信息安全策略的研究,在本文运用了多准则决策中的多属性决策方法,对电子政务系统的安全风险以及相应的安全技术措施进行了分析与计算,求解出最优投资策略。

(3) 将可生存性理论应用于电子政务信息安全策略研究中,研究如何通过合理、有效的可生存策略,使系统在遭受攻击或入侵时,仍能保证关键服务的持续运转。

可生存性就是对攻击的容忍性。结合博弈理论,针对黑客成功攻击的不可避免,将可生存性理论贯穿于攻防策略设计的始终。比如,攻击中的防御策略给出了电子政务数据库入侵容忍模型,攻击后的防御策略给出了电子政务系统的容灾设计。这些策略的应用都在一定程度上保证了当黑客成功入侵后电子政务系统关键业务的正常运转。

(4) 将 WPDRRC① 模型应用于电子政务信息安全策略研究中,提出了电子政务信息安全的多维安全保障策略。

安全策略遵循短板理论,电子政务系统的安全级别完全取决于安全性最薄弱的环节。在电子政务实际应用中,只靠一种安全技术手段对某些风险起不到作用,所以需要采用多技术综合保障策略。本文采用了 WPDRRC 模型,并在此基础上提出了"预警—防御—检测—响应—恢复—反击"的六环层次的安全保障模型。同一层次(横向),各个安全措施有效性的代数累加值,采用覆盖面宽的安全技术;不同层次上(纵向),两个或两个以上的安全措施可组合互补,相互促进,取得比代数累加更好的效果,采用优先构筑纵向层次的安全措施。

---

① WPDRRC:中国 863 信息安全专家提出的信息安全模型。包括:预警(warning),防御(protection),检测(detection),响应(response),恢复(recovery),反击(counter attack)等六方面。

2. 电子政务信息安全相关理论与技术

　　本章从电子政务信息安全特点、信息安全框架、信息安全风险管理、风险评估以及信息安全技术五部分对电子政务信息安全的相关理论与技术进行阐述,介绍电子政务信息安全特点与经典的信息安全框架,围绕电子政务信息安全风险,对风险管理的标准与模型、风险管理实践,以及风险评估的方法与过程进行了研究分析,最后对能够消除或减弱风险的信息安全技术做介绍。

　　本章研究框架见图2-1所示。

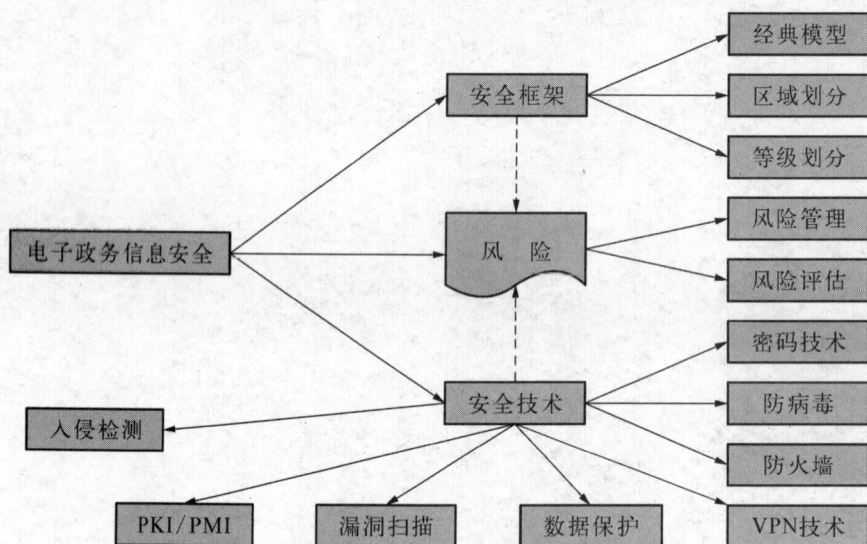

图2-1　第2章研究线索图

2.1　电子政务信息安全特点

2.1.1　电子政务与传统政务

2.1.1.1　电子政务的概念

"电子政务"的概念源于 electronic government。迄今为止,人们对"E-government"没有

形成一个统一的译名,有的译为"电子政府",有的译为"电子政务",并且对电子政务的定义也没有达成一个统一的认识。美国公共管理协会(ASPA)和联合国公共经济与公共管理组织(UNDPEPA)给电子政务的定义是"利用因特网和万维网向公众提供政府信息和服务"[①]。

汪玉凯、赵国俊认为,电子政务是指公共管理组织在政务活动中,全面应用现代信息技术、网络技术以及办公自动化技术等进行办公、管理和为社会提供各种公共服务的一种治理方式。

从上述定义可以看出,电子政务是运用信息和通信技术,打破行政机关的组织界限,改进行政组织,重组公共管理,实现政府办公自动化、政务业务流程信息化,为公众和企业提供广泛、高效和个性化服务的一个过程。其核心内容在于,将政府的管理和服务借助于信息手段进行集成,实现更高效、更廉洁务实的政府监管和服务。

这个定义包括3个方面的信息:第一,电子政务必须借助于电子信息和数字网络技术,离不开信息基础设施和相关软件技术的发展;第二,电子政务处理的是与政权有关的公开事务,除了包括政府机关的行政事务以外,还包括立法、司法部门以及其他一些公共组织的管理事务,如工商、税务、社区事务等;第三,电子政务并不是简单地将传统的政府管理事务原封不动地搬到互联网上,而是要对其进行组织结构的重组和业务流程的再造。

2.1.1.2　电子政务与传统政务的区别

(1) 办公手段不同

信息资源的数字化和信息交换的网络化是电子政务与传统政务最显著的区别。传统政务办公模式依赖于纸质文件作为信息传递的介质,办公手段落后,效率低。人们到政府部门办事,要到各管辖部门的所在地,如果涉及不同的部门,更是费时费力。在互联网时代,政府通过计算机存储介质或网络发布消息,远比以往通过纸质介质发布的信息量多、速度快、形式灵活。

(2) 行政业务流程不同

实现行政业务流程的集约化、标准化和高效化是电子政务的核心,是与传统政务的重要区别。传统政务的机构设置管理层次多,决策与执行层之间信息沟通的速度较慢,费用较多,信息失真率较高,往往使行政意志在执行与贯彻的过程中发生不同程度的偏离,从而影响了政府行政职能的有效发挥,也造成了机构臃肿膨胀、行政流程复杂、办事效能降低等不良后果。电子政务的发展使信息传递高效快捷,使政府扭转机构膨胀的局面成为可能。

(3) 与公众沟通方式不同

直接与公众沟通是实施电子政务的目的之一,也是与传统政务的又一重要区别。传统政务容易疏远政府与公众的关系,也容易使中间环节缺乏有力的民主监督,以致发生腐败现象。而电子政务的根本意义和最终目标是政府对公众的需求反应更快捷,更直接地为公

---

① UN and ASPA(2002), *Benchmarking E-government: A Global Perspective-Assessing the UN Member States*, http://unpan1. un. org/intradoc/groups/public/documents/UN/UNPAN021547. pdf.

众服务。

表 2 - 1　电子政务与传统政务实现形式的差异

	传 统 政 务	电 子 政 务
组织形态	实体型	虚拟化
管理区域	区域性	跨区域
决策形式	集中决策	民主决策
决策过程	不透明	透明
组织结构	垂直、分层	扁平、辐射
管理层次	多	少
主要职能	管制	服务
沟通模式	单向	双向
运作方式	层层审核	在线互动
服务维度	分散	统一
运行成本	高	低
管理方式	粗放型	精细化
管理效率	低	高
时间限制	受作息时间限制	无限制

2.1.2　电子政务总体架构

电子政务系统具有的虚拟性、开放性等特点,在信息化社会中起着实实在在的作用。其具体表现就是传统政府工作模式在网络上的映射、延伸和发展。电子政务主要由系统体系结构、功能定位、安全保密管理强度、总体技术框架等所构成。

2.1.2.1　国家和省(市)电子政务体系结构

国家电子政务体系是一个非常复杂的系统,其体系结构见图 2 - 2 所示。

从图 2 - 2 中可知,国家电子政务的体系纵向分为 4 个层面:国家级电子政务系统、省级电子政务系统、地(市)级电子政务系统和县(市)级电子政务系统。

横向的电子政务系统主要侧重于同一层面上的各政府机关和业务系统之间的行政管理和协作。而纵向的各政府职能部门按条线序列构成电子政务系统,如中央—省委—地(市)委—县(市)委,国务院—省政府—地(市)政府—县(市)政府等。纵向的电子政务系统主要侧重同一条线上各级政府部门和业务系统之间的业务处理。

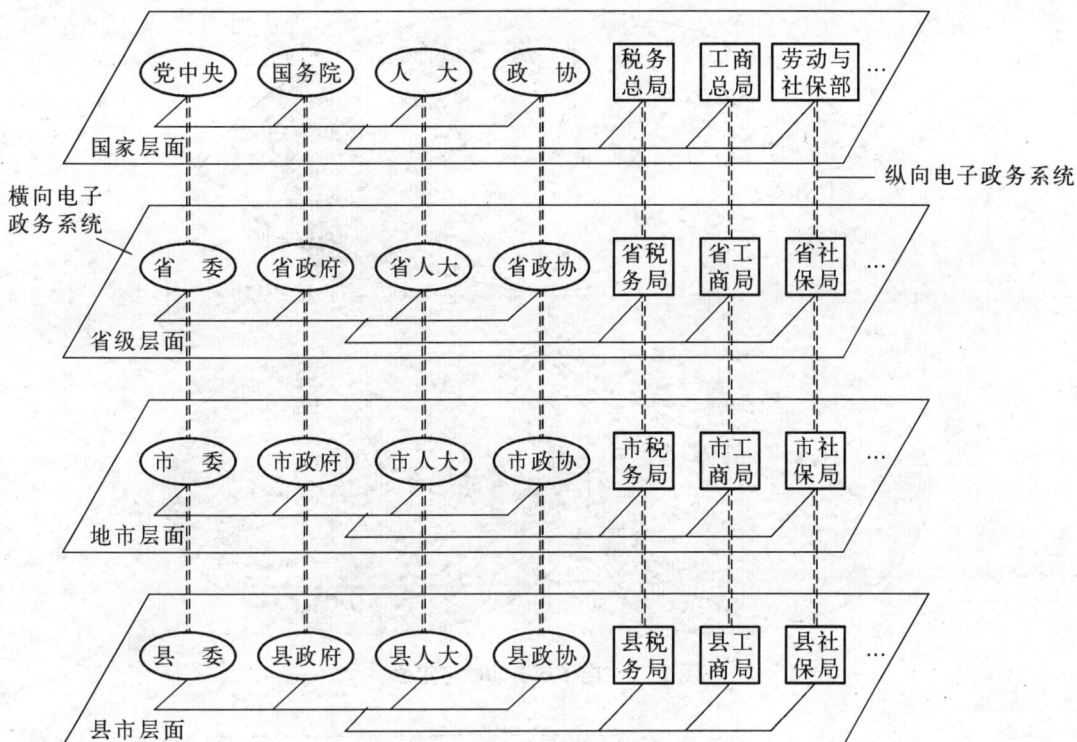

图 2-2 国家电子政务体系结构

由于所有的电子政务系统都需要由国家信息安全基础设施 NISI 提供信任、授权与密钥管理服务,因此,国家信息安全基础设施 NISI 也要在两个方向(横向和纵向)上构建纵横交叉的信任与授权服务体系。[①] 也就是说某一级政府职能部门同时处于两个逻辑上不同的信任与授权服务体系中,但从物理上说,该政府职能部门只需建设一个信任与授权服务平台,因为逻辑信任与授权关系可以通过技术手段来解决,这样既方便了管理,又节约了投资。

2.1.2.2 电子政务的功能与定位

国家电子政务系统在信息化社会中的功能定位见图 2-3 所示。

从图 2-3 中可以看出,电子政务中的政府部门与政府部门(G2G)、政府部门与企业(G2B)、政府部门与公众(G2C)之间的交互关系,与传统政府工作中的模式并无区别,只不过电子化、网络化和虚拟化了。电子政务的功能定位是以数据获取和整合为核心,以信息安全为基础,面向决策支持,面向公众服务。

2.1.2.3 电子政务与安全保密强度的关系

图 2-4 明确显示了各级政府对科学决策支持和公众服务不同强度的安全保密管理需求。从图中可以看出,层级越高,业务涉及科学决策支持的成分越多,相应的,对安全保密管理的需求

① 见国家信息安全工程技术研究中心《电子政务总体设计与技术实现》,北京电子工业出版社 2003 年版,第 31-37 页。

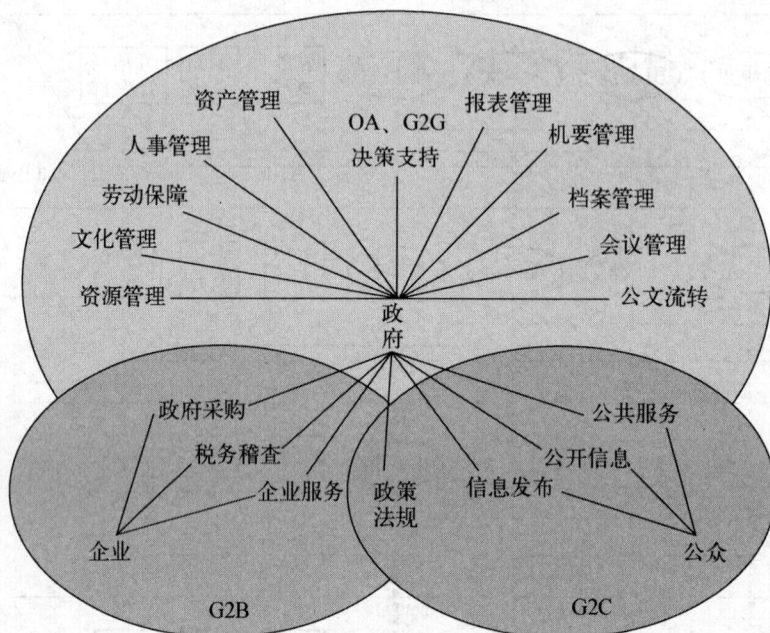

图 2-3 电子政务功能与定位

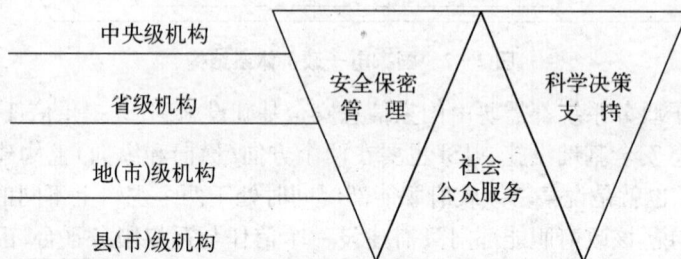

图 2-4 电子政务与安全保密管理强度的关系模型

程度也就越高,并且与信任授权服务构成有机的整体。

2.1.2.4 电子政务总体技术框架

(1)网络基础设施层在模型中处于最底层,是支撑电子政务的重要基础设施,包括政务内网、专网、外网。

(2)信息资源层构建于网络基础设施层之上,并为上层的应用基础支撑平台层提供各种信息资源,主要包括共享信息资源、目录资源及各部门业务信息资源。

(3)基础支撑平台层在整个模型中承担着承上启下的关键作用,处于应用层和信息资源层之间。

(4)应用层是在基础支撑平台层上构建的各种电子政务应用系统,主要包括职能部门的行业应用系统、跨领域综合性应用系统以及面向领导决策的综合性决策支持系统等。

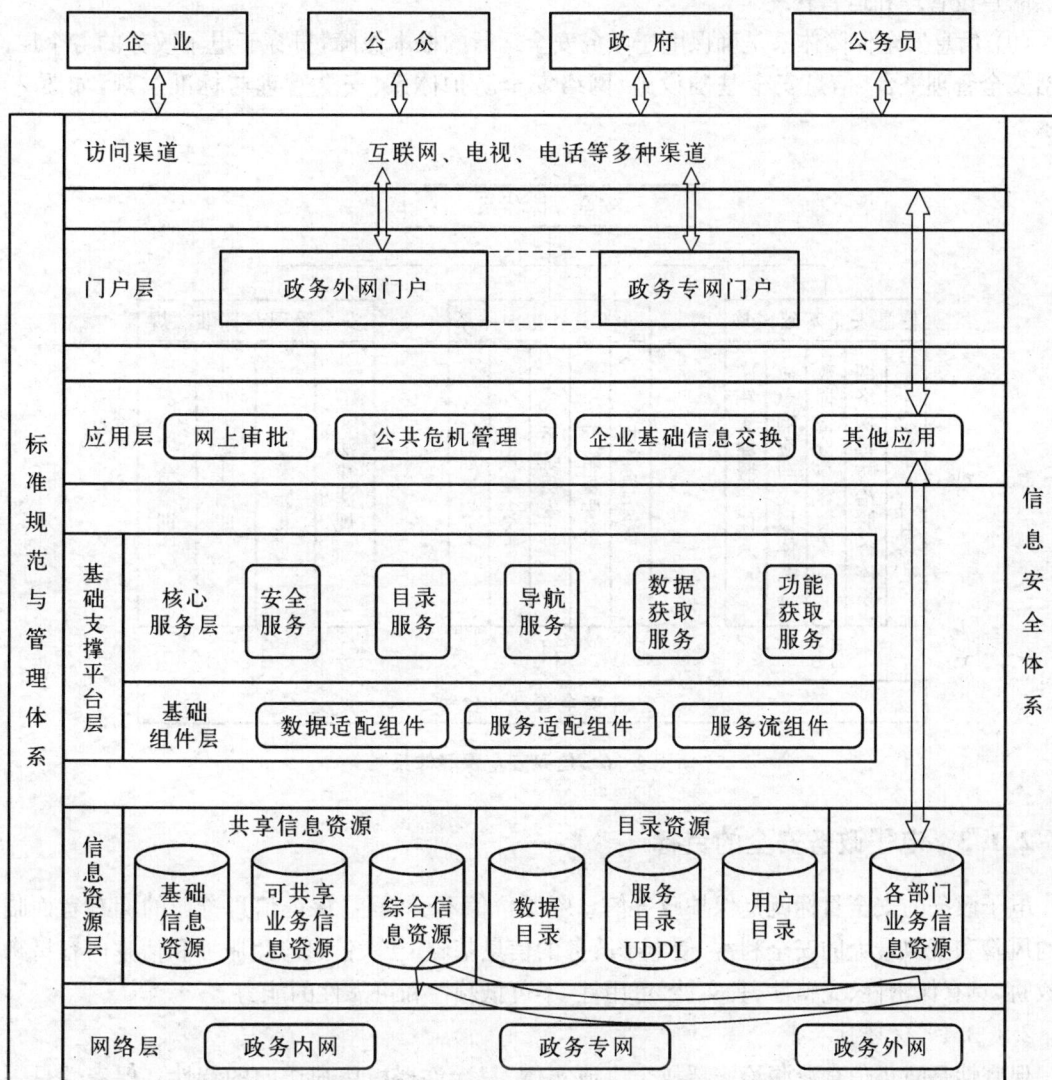

图 2-5　电子政务技术总体框架

（5）门户层是整个电子政务系统面向最终用户的统一入口，是各类用户获取所需服务的主要入口和交互界面，由一站式服务门户网站和政务专网门户组成。

（6）访问渠道是指用户访问电子政务门户的方式与途径，用户可以通过手机、电话、互联网、电视等渠道进行访问，实现任何时间、任何地点的多渠道访问。

（7）标准规范包括专用于电子政务的标准规范和综合现有信息技术的标准规范两大部分，它是确保电子政务应用系统设计、建设和运行符合相关标准的保障体系，在模型的各层都有相应的标准规范。

（8）管理体系是确保电子政务应用系统得以顺利建设和正常运行的保障体系，包括模型中各层的建设管理和运营管理。

（9）信息安全保障体系是确保电子政务安全运行的根本保障，贯穿于电子政务的各个层面，包括安全管理平台、信息安全基础设施、网络安全防护体系、安全管理与标准法规，如图2-6所示。

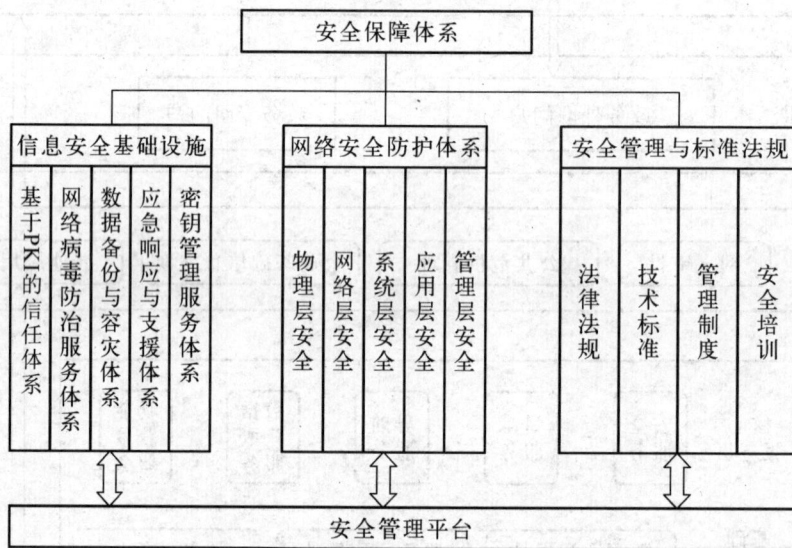

图2-6 信息安全保障体系

2.1.3 电子政务安全的目标

电子政务的安全目标就是保护政务信息资源价值不受侵犯，保证信息资产的拥有者面临最小的风险和获取最大的安全利益，使电子政务的信息基础设施、信息应用服务和信息内容抵御上述威胁，具有保密性、完整性、真实性、可用性、不可抵赖性和可靠性的能力。

2.1.3.1 保密性

保密性是防止信息泄漏给非授权个人或实体，只允许授权用户访问的特性。保密性是一种面向信息的安全性，它建立在可靠性和可用性的基础之上，是保障网络信息系统安全的基本要求。电子政务系统中的信息依据其保密程度分为以下类别：

（1）涉及国家秘密的信息，包括绝密级、机密级和秘密级信息；

（2）敏感信息，指不涉及国家秘密，但在政务工作过程中需要一定范围保密，不对社会公众开放的信息；

（3）公开信息，指对社会公众开放的信息。

2.1.3.2 完整性

完整性是信息在未经合法授权时不能被改变的特性，也就是信息在生成、存储或传输过程中，保证不被偶然或蓄意地删除、修改、伪造、乱序、插入等破坏和丢失的特性。电子政务完整性目标包括两个方面：

(1) 电子政务系统中存储、传输和处理的信息完整性保护；

(2) 电子政务系统本身的完整性保护。系统完整性保护涉及从物理环境、基础网络、操作系统、数据库系统、电子政务应用系统等信息系统的每一个组成部分的完整性保护。

2.1.3.3　可用性

可用性即电子政务系统在需要时，允许授权用户或实体使用的特性；或者是电子政务系统部分受损或需要降级使用时，仍能为授权用户提供有效服务的特性。电子政务可用性目标保护包括两个方面：

(1) 电子政务系统所提供的服务的可用性；

(2) 电子政务系统中存储、传输和处理的信息的可用性。

2.1.3.4　不可抵赖性

不可抵赖性也称作不可否认性，即在电子政务系统的信息交互过程中所有参与者都不可能否认或抵赖曾经完成的操作的特性。通常，不可抵赖性目标是政府部门的一种策略需求，可以为拒绝否认、威慑违规、隔离故障、检测和防止入侵、事后恢复和法律诉讼提供支持。

2.1.3.5　真实性

真实性要求确保电子政务系统的访问者与其声称的身份是一致的，确保电子政务系统操作的数据是真实有效的数据。

2.1.3.6　可靠性

可靠性是电子政务系统能够在规定条件下和规定的时间内完成规定的功能的特性。可靠性包括硬件可靠性、软件可靠性、通讯可靠性、人员可靠性、环境可靠性。

上述 6 个信息安全目标是相互依赖的。

2.2　电子政务信息安全框架

2.2.1　电子政务经典模型

在对电子政务开展的众多研究中，国内外许多学者都从不同角度建立了相关的理论模型，但大多表现为概念性模型。以下就比较有代表性的几种模型加以介绍。

2.2.1.1　内外网模型

一些专家学者认为根据国际有关法规，电子政务的网络必须区分内网和外网，它们之间需要进行物理隔离。政府内部信息交换必须运行在内部的高速网上，属于政务公开和网上交互式办公的内容，可以运行在互联网上。

内外网模型是用物理隔离网闸实现内外网数据的摆渡和交换，如图 2-7 所示。

2.2.1.2　层次模型

从系统层次观的角度建立的电子政务信息安全层次模型，如表 2-2 所示。

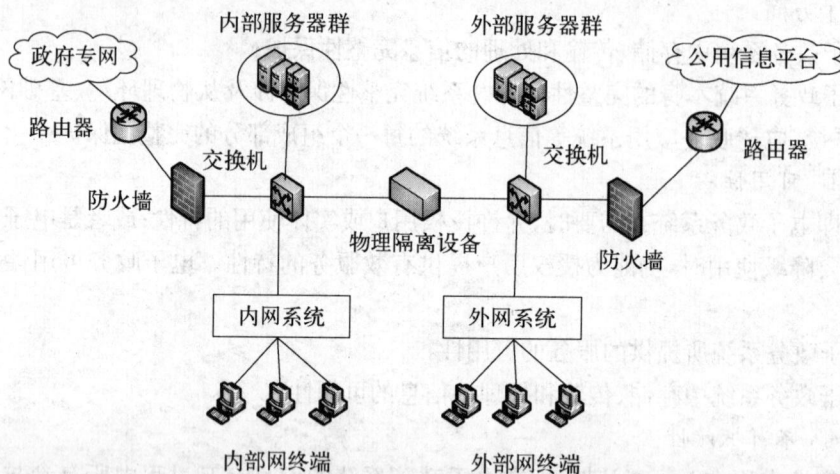

图 2-7 电子政务信息安全的网络模型

表 2-2 电子政务层次模型

层 次	层 次 名 称	层 次 内 容	备 注
最高层	应用层	税务、采购、工商注册、统计和信息服务等	
较高层	资源共享与信息交换层	可扩展标记语言(XML)、信息共享与交换标准	
较底层	数据资源层	地理信息、人员管理、企业信息、经济信息、政策法规等	
底 层	网络层	数 据 中 心(internet data center, IDC)、呼叫中心、网络互联	包括政府内网、专网和外网(内外网进行物理隔离)

2.2.1.3 内容模型

内容模型是在内外网模型的基础上,按照电子政务系统内网、专网和外网的不同需求和不同内容特点进行安全性能划分,如图 2-8 所示。

(1)内网要求有良好的保密性能和隔绝措施。核心数据库位于电子政务内网,可由内容安全和内容分级服务器进行逻辑层的划分;对内部用户要进行严格的多层认证与授权;采用 VLAN 技术保障内网中敏感业务和数据安全。

(2)内网与专网之间实现逻辑隔离。即采用 VPN 技术,实现安全代理、信息包过滤、内外地址绑定等,防止非授权用户经过专网非法访问内网。

(3)在外网的入口处配置网络入侵检测设备,实时检测网络的安全运行状态,及时发现网络黑客入侵行为。

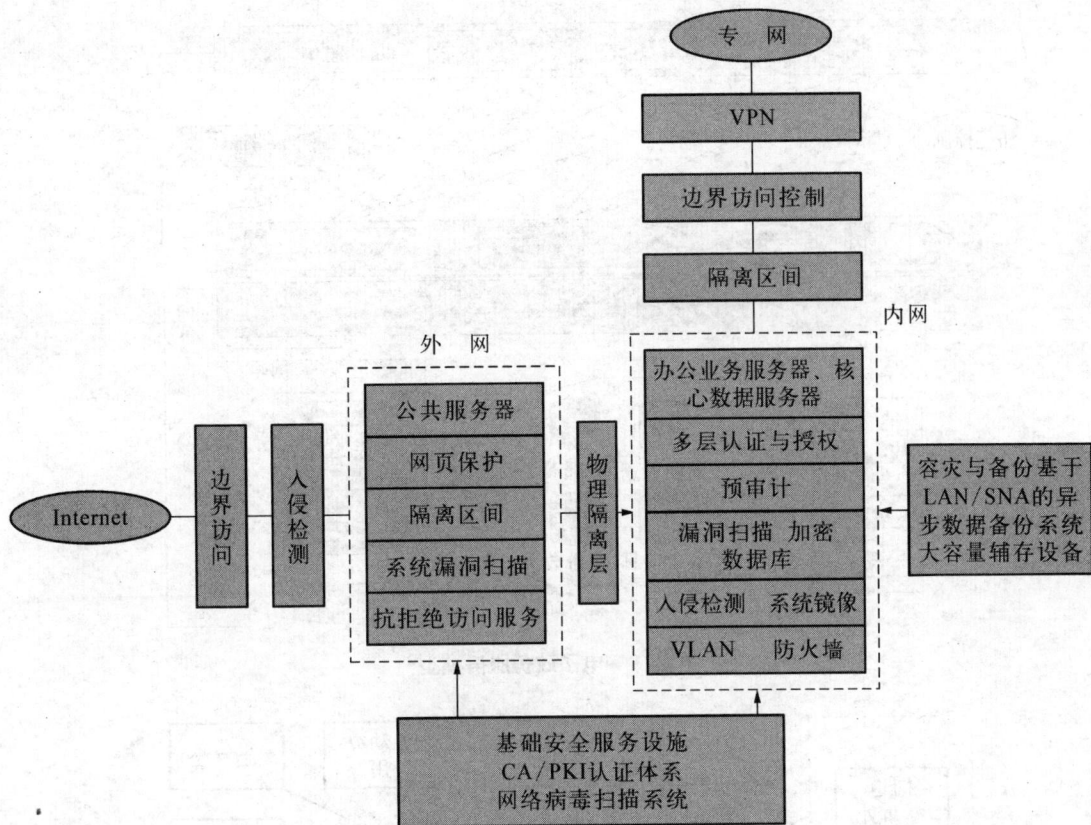

图 2－8　电子政务内容模型

2.2.1.4　服务模型

面向数据的安全概念是指保证数据的保密性、完整性和可用性,重点突出内容特性;面向用户的安全概念,则包含了鉴别、授权、访问控制、不可抵赖性和可服务性以及基于内容的个人隐私、知识产权的保护等,重点突出服务特性。两者的有机结合就是电子政务系统中的安全服务。

电子政务系统按照服务对象的不同需求,将不同的信息通过提供的服务及应用,整合成不同的政务内网、专网和外网。在安全保障体系的合理监督下,实施电子政府职责,完成电子政务系统的对内(面向数据和内容)、对外(面向用户和服务)功能。

服务模型如图 2－9 所示,主要包括用户群(政务领导、普通公务员、在线用户和安全管理员)、应用型标准化体系、支持类信息平台、安全管理和审计以及应急系统等。

2.2.1.5　电子政务业务互联模型

基于互联网电子政务业务互联结构包括公共通信网络(互联网)、行政区园区网、市属委办局园区网、上联接口和互联网各类终端用户等。行政园区网又包括中心机房电子政务核心区域和行政办公区域两部分。

基于互联网电子政务系统网络结构如图 2-10 所示。

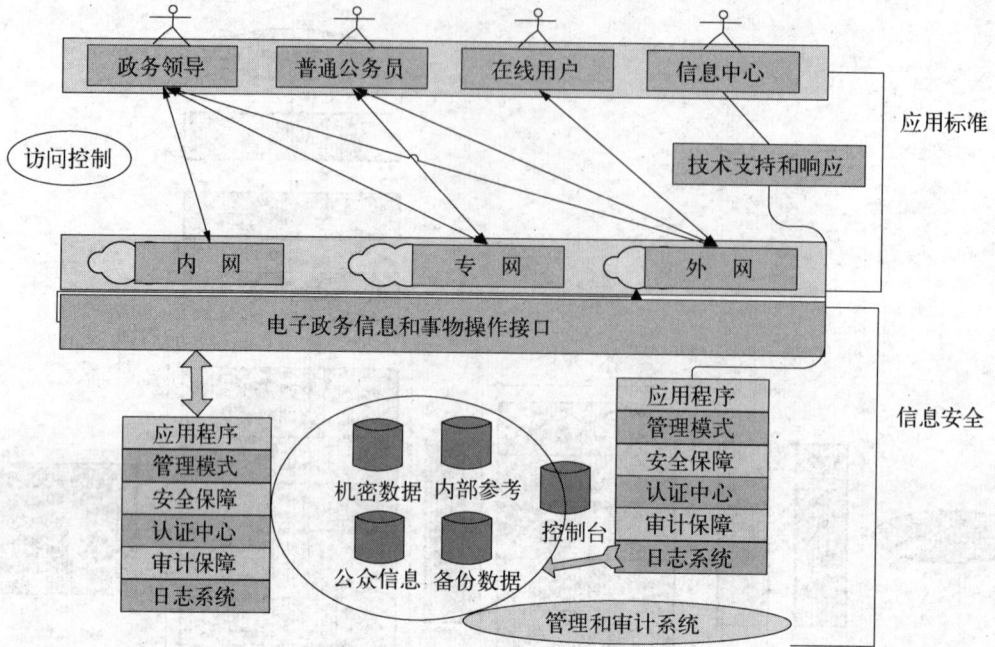

图 2-9 电子政务服务模型[①]

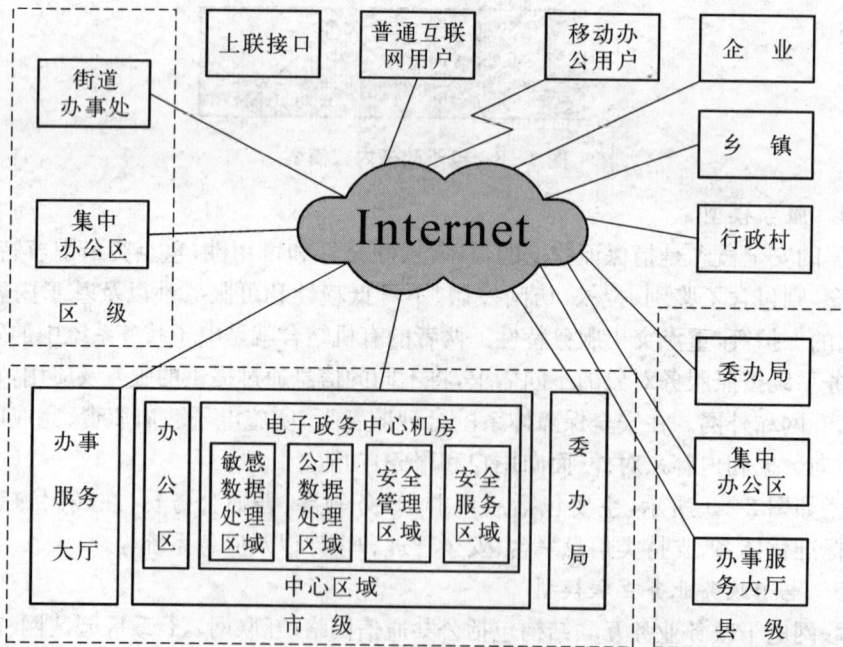

图 2-10 基于互联网电子政务系统业务互联模型

---

① 见王霄学位论文《安全电子政务的构建及其安全策略的博弈分析》(上海交通大学 2008 年),第 9-10 页。

图 2-10 下半部分是某市行政区园区网,中心机房部分是电子政务系统的重点区域,一般电子政务系统部署于此,也是全市政务数据的存放地;上半部分是与中心区域互联的单位,包括移动办公用户、市属委办局和其他基层政府单位(如乡镇与街道办事处)。通过合理部署 VPN 产品,全市各部门实现基于互联网的安全互联,形成全市互动的政务网络平台,实现政务办公与公众服务相统一。

2.2.2　电子政务信息安全区域划分

在电子政务系统中,用户的种类数量多且安全级别不一样;电子政务系统中存在大量的数据库和其他信息资源,这些资源的安全等级也不一样;电子政务系统中,不是所有的信息都需要保密,也不是所有的用户都要限制对加密信息的访问;公开的信息和需要保密的信息相对集中,分别处在系统的不同位置。因此,有必要对电子政务系统进行安全域划分。

2.2.2.1　安全域的定义

安全域是指具备一定的目标安全功能,结构上相对独立,执行共同的一组安全政策的系统部件及其行为的集合。[①] 划分安全域的目标是针对不同的安全域采用不同的安全防护策略,既保证信息的安全访问,又兼顾信息的开放性。

2.2.2.2　安全域划分的原则

安全域可以从物理上划分,也可以从逻辑上划分。安全域的物理划分是依据系统组成的物理位置,如楼层、建筑、地理位置等。安全域的逻辑划分依据安全管理策略,如信息系统所属的部门。总的来说,逻辑上划分的安全更能反映安全策略的要求。

安全域最好的划分方法是将物理划分和逻辑划分结合起来,在多数情况下,物理上的区分往往与逻辑上的区分紧密联系。由于现实应用系统的复杂性,安全域可能具有包容性,即一个大的安全域又可以划分为若干个小的安全域,还有可能有些系统组件既属于这个安全域,又属于那个安全域。

在划分了安全域之后,我们可以根据不同的安全域所面临风险的不同和所执行的安全策略的不同,来对其进行信息安全保障。

2.2.2.3　基于互联网电子政务安全域划分

按照应用系统等级、数据流相似程度、硬件和软件环境的可共用程度、安全需求相似程度的不同,以及方便实施的角度,可将整个电子政务业务系统分为敏感数据处理区、公开数据处理区、安全管理区和安全服务区。

基于互联网电子政务安全域划分如图 2-11 所示。

(1) 敏感数据处理区

敏感数据处理区用来承载处理敏感信息的电子政务系统(可以是子系统)和数据。政府内部和部门之间的业务处理在敏感数据处理区进行,如政务办公系统、项目审批管理系统中的项目审批子系统等。根据安全策略,只有 VPN 用户才能对敏感数据处理区进行安全访问。

---

①　见李守鹏学位论文《信息安全及其模型与评估的几点新思路》(四川大学 2002 年),第 40-42 页。

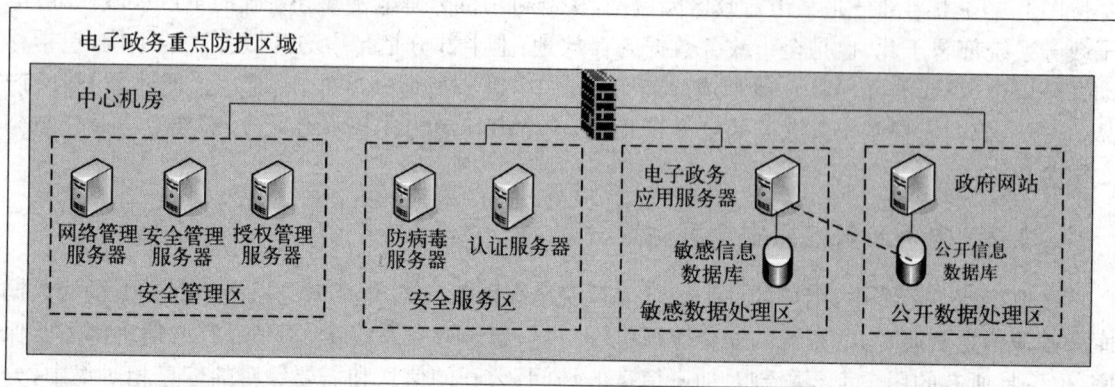

图 2-11 基于互联网电子政务安全域的划分

（2）公开数据处理区

公开数据处理区用来承载处理公开信息的电子政务系统和数据。对公众和企业开放的服务处理在公开数据处理区进行，其中包括面向三农的农业信息和政策发布、政府网站或便民服务等。根据电子政务安全策略，对公开数据处理区的访问只需采用基本的身份认证等安全措施，保证信息的真实和可靠即可。

（3）安全管理区

安全管理区面向电子政务系统安全管理员，承载 VPN 安全管理、统一授权管理、审计管理和应急响应等内容。为全网的电子政务系统提供统一的资源管理、权限管理、策略管理、审计管理和安全可视化管理等内容。根据安全策略，只有系统管理员才可以进入安全管理区进行安全操作。

（4）安全服务区

安全服务区为所有的电子政务系统用户提供网络防病毒库的升级服务、统一身份认证服务等。根据电子政务系统安全策略，所有享有安全服务的用户都能访问。

2.2.3 电子政务信息安全等级划分

2.2.3.1 划分方法

根据《电子政务信息安全等级保护实施指南（试行）》，电子政务系统划分安全等级主要考虑两个方面：一是系统中所存储、处理、传输的主要信息；二是系统所提供的主要服务。通过对每一类信息和服务安全等级的分析，最终确定系统的安全等级。系统安全等级是系统中各类信息和服务安全等级的最大值，并且可以根据系统整体实际情况进行调整，确定系统最终的安全等级。

某个电子政务系统假设其名为 A，系统保密性等级设为 B，系统完整性等级设为 C，系统可用性等级设为 D；各信息或服务的保密性等级为 b，各信息或服务的完整性等级为 c，各信息或服务的可用性等级为 d，那么：

$$A = \text{Max}\{B, C, D\}$$

$$\text{其中}, B = \text{Max}\{b\}$$

$$C = \text{Max}\{c\}$$

$$D = \text{Max}\{d\}$$

电子政务系统 A 最终的安全等级为系统保密性等级 B、系统完整性等级 C 和系统可用性等级 D 中的最大值。

2.2.3.2　实际应用案例

根据电子政务"整体出发,结合系统分域、分层细化"的思想,将某市电子政务系统分划为政务数据中心(GDC)、核心平台、办公自动化系统(OA)、视频会议系统、业务网门户网站、公众网门户网站、应用服务系统以及信息编辑、审核系统等 10 个子系统。参照《电子政务信息安全等级保护实施指南(试行)》,针对此电子政务系统采用自上向下和自下向上两种定级方法结合使用的方式进行定级,经过初始定级和调整定级的过程,最终确定此电子政务系统的安全等级,如表 2-3 所示。

表 2-3　电子政务系统安全等级分析

第 1 层	第 2 层	安 全 等 级
业 务 网	政务数据资源中心(GDC)	5
	OA 系统	4
	视频会议系统	4
	核心平台	4
	应用服务系统	3
	信息编辑审核系统	3
	业务网门户网站	3
公 众 网	公众网门户网站	2
	自助建站系统	2
	综合信息查询系统	1

2.3　电子政务信息安全风险管理

风险管理(risk management)是识别、评估和控制信息系统信息安全风险的总过程,它包括风险识别、风险分析、安全措施选择、安全保障实现与测试、安全防护评估等内容。信息安全风险管理可以看成是一个围绕着控制信息安全风险的安全决策过程,其最终目的是采用适当的安全解决方案使安全风险降低到一个可接受的程度,使用户和决策者可以接受剩余的风险。

2.3.1 风险管理概述

20 世纪 60 年代,产生于经济学领域的现代风险管理理论被美国首次应用于信息安全领域。组织实施信息安全风险管理的目的是要在周期性的、反复的评估中及时发现安全隐患,消除隐患,规避安全风险,提高信息系统安全性,动态地解决信息安全问题。信息安全风险管理体现信息安全的本质,是信息安全的基础工作和核心任务之一,是解决信息安全问题的有效措施之一。详见图 2-12。

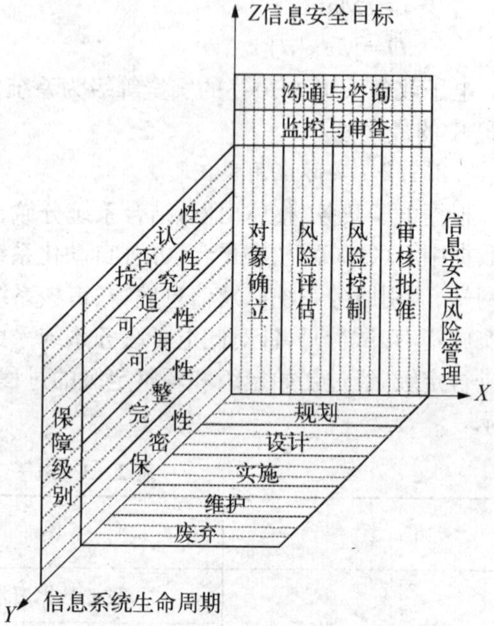

信息安全风险管理是风险评估理论和方法在信息系统中的运用,是科学分析信息和信息系统在机密性、完整性、可用性等安全属性方面所面临的风险,并在风险的预防、风险的控制、风险的转移、风险的补偿、风险的分散等之间做出抉择的过程。

图 2-12 信息安全风险管理三维图

风险概念揭示了信息系统安全的本质,它不但指明了信息安全问题的根源,也指出了信息安全解决方案的实质,即把残余风险控制在可接受的水平上。风险管理主要包括风险评估和风险控制,其中风险评估是信息安全的出发点,风险控制是信息安全的落脚点。信息安全风险管理的核心是信息安全风险评估。科学地分析系统的安全风险,综合平衡风险和代价的过程就是风险评估。如图 2-13 所示。

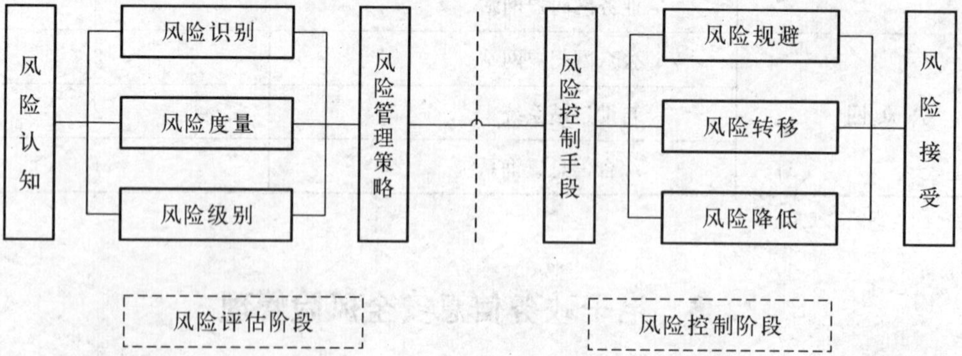

图 2-13 风险管理示意图

就信息系统而言,系统面临的风险主要由资产、威胁、脆弱性(漏洞)等要素构成,其关系如下

图 2-14 所示：

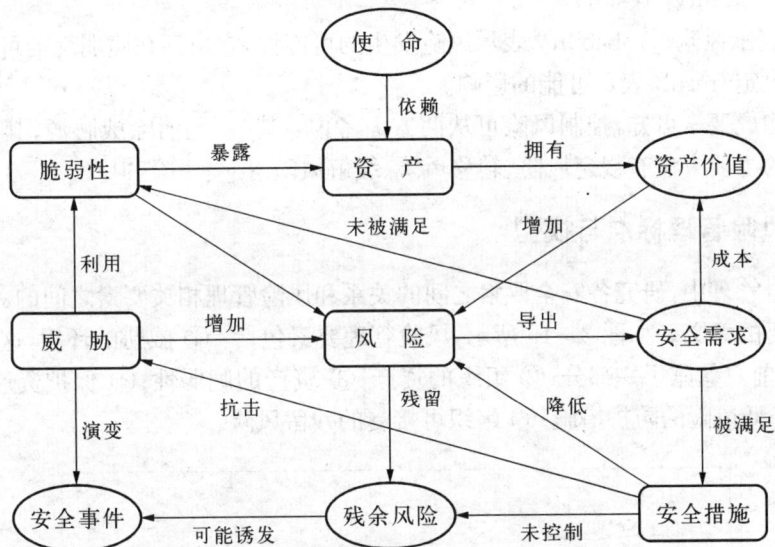

图 2-14　风险各要素之间的关系

其中，资产主要指与信息相关的资产。组织的信息技术资产可分为逻辑和物理两大类，前者指组织的非物化的智力财富，后者指实物资产。这些资产通常包括信息、软件、硬件、人员等。

威胁主要包括发起者、动机、目标、可能性和后果等。威胁源是威胁的发起者。按照威胁源的性质，威胁一般可分为 4 类，分别是基于网络方式访问造成的威胁、基于物理方式访问造成的威胁、系统问题以及其他问题等。其中，其他问题包括自然灾害、火灾、水管爆裂等系统以外所有因素造成的威胁。

脆弱性包括系统脆弱性和组织脆弱性。其中系统脆弱性又分为设计弱点、实现弱点和配置弱点。组织的脆弱性是指系统运行的物理环境、组织制度、业务策略、认识安全、文档管理、安全意识及员工培训等组织本身的安全因素存在的缺陷和隐患。

需要指出的是，组织的脆弱性往往比系统的脆弱性更危险，一方面由于它很容易被几乎不需要技术背景的社会人员攻击利用；另一方面，组织脆弱性比较抽象，不如技术脆弱性那样直观，在脆弱性分析时往往容易被人们忽略。

威胁源利用信息系统存在的弱点，构成安全事件，危害信息资产的安全。这种危害将会影响资产保密性、完整性和可用性，并造成资产价值的损失。风险实际上就是一种潜在的、尚未发生但可能发生的安全事件。只有威胁源可能利用脆弱性产生安全事件，威胁资产安全时，才能构成风险。

信息系统风险可以直观地表示为："risk＝assets×vulnerabilities×threats"

因此，信息安全评估就是分析信息系统潜在的安全事件及其发生的可能性；风险控制就是采取一系列措施阻止潜在安全事件的发生。考虑风险发生的可能性与风险可能产生的影响，风险还可以表示为事件发生的概率及其后果的函数：

risk＝f(probability，result)

其中 risk 表示风险；probability 表示风险发生的可能性，它由存在脆弱性的可能性及威胁被利用的可能性决定；result 表示可能的影响。

从风险的构成要素可知，控制风险可从两方面考虑：其一，是消除威胁源；其二是修补脆弱点。风险控制的主要方法有规避风险、转移风险、缓解风险、接受风险。[①]

2.3.2 风险管理标准与模型

在信息安全管理中，研究各安全要素之间的关系和风险管理相关要素之间的关系，对信息安全管理有着重要的意义。如图 2-15 所示，风险管理要素包括：① 威胁的环境，这些威胁仍在不断改变，而且目前只暴露了一部分；② 组织的资产；③ 资产的脆弱性；④ 保护资产、降低威胁的防护措施；⑤ 降低风险的防护措施；⑥ 组织可接受的残留风险。

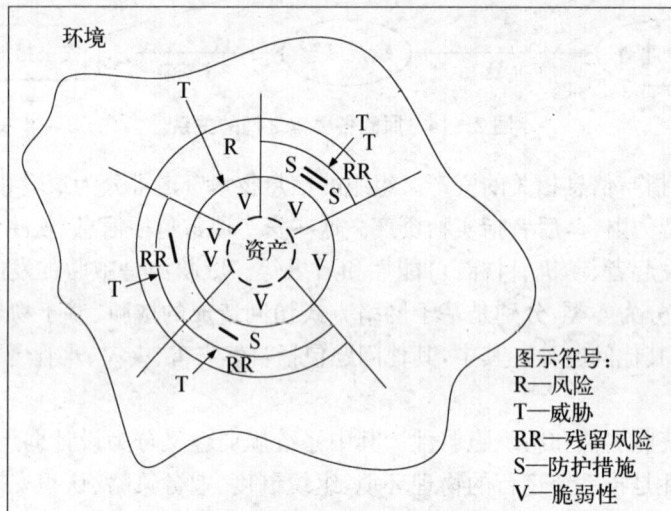

图 2-15 安全要素关系

资产本身潜存着多种脆弱性 V，使得威胁 T 有机会利用脆弱性 V 来攻击资产。在这样的情况下，组织可以选择一些防护措施 S 来降低由于威胁 T 和脆弱性 V 而导致的风险 R。通常，组织可以通过采取适当的防护措施 S 来将风险 R 降低到可接受的级别，而不致影响组织的正常业务运转。这时仍然存在威胁 T 和残留风险 RR，但组织认为残留风险 RR 是可接受的，不需采用防护措施 S。同时，对于暂时没有暴露的可能利用脆弱性 V 的威胁 T，组织可以选择使用一些防护措施 S 来监控组织环境，以保证威胁 T 不会演变成利用脆弱性 V 的风险 R。

---

① 见《信息安全原理》，Michael E. Whitman，Herbert J. Mattord 著，徐炎译，清华大学出版社 2004 年版，第 129 页。

评估的标准是进行风险管理的基础,是有效进行风险管理的依据,现有标准包括CC①、BS7799②、SSE-CMM③ 等;风险管理是信息安全管理中的重要组成部分,因此在 OCTAVE、APPDRR、NIST SP800-30、ISO13355 等模型中均把风险管理作为安全管理的一个主要分支来进行讨论。

根据信息安全风险的组成要素,制定科学的信息安全风险管理标准,建立合适的信息安全风险管理模型,这是对信息系统组织实施风险管理的基础和关键,也是信息安全风险管理的重点研究内容之一。下面介绍几种目前应用比较广泛的信息安全风险管理标准及模型。

2.3.2.1 BS7799 与 PDCA 模型

《英国信息安全管理标准》(BS7799)由英国标准协会(BSI)于 1995 年 2 月首次公布,1999 年 5 月又进行了修订,是目前国际上最知名的安全管理标准。BS7799 由两个部分组成。

第一部分是信息安全实务准则,提供了实现信息安全的全面指导,共包含 36 个控制目标、127 个安全控制措施与超过 500 条的安全管理细则,用以帮助组织识别在运作过程中对信息安全有影响的因素,协助组织保护其信息资产。BS7799 的第一部分 BS7799-1:1999 已于 2000 年 12 月被 ISO 接纳成为国际标准 ISO/IEC17799:2000。

第二部分是信息安全管理体系(ISMS)规范,提供了一个组织建立、实施及文档化信息安全管理体系(ISMS)的规格说明,以对组织的信息安全管理体系进行审核与认证。ISMS 是实施 BS7799 方法的关键所在。使用该规范在组织中建立信息安全管理体系包括以下 3 个步骤:① 建立信息管理框架;② 评审组织的信息安全风险;③ 选择和实施控制措施,使确定的安全风险减少到可接受的程度。第二部分的新版本 BS7799-2:2002 已于 2002 年 9 月完成。该部分明确提出了安全控制要求,第一部分则对应给出了通用的控制措施,同时,第一部分为第二部分的具体实施提供了指南。

目前此标准是应用于国际商业中较好的信息安全惯例。标准适用于各种类型的组织,公共的或私人的部门和任何商业环境。其缺点是在该规范的十大核心领域里,没有一个控制项目具有任何程度的权重。这意味着若有两个或两个以上不同的认证人员,对风险级别可能就会给出不同的风险区别度量与分类。BS17799 作为自我评估和改良的工具是颇有价值的,但它不具有一个技术标准所必需的测量精度。

BS7799-2 提出了基于 PDCA(plan-do-check-action,策划—实施—检查—执行)思想的信息安全管理体系。PDCA 是一种持续改进型的管理模式,如图 2-16。

(1) P—策划:根据组织的商务运作需求(包括客户的信息安全要求)及有关法律法规,确定安全管理范围与方针,执行风险评估,对风险评估处理做出决定,从而建立控制目标与方式,包括必要的过程与商业持续性计划。

---

① *Common Criteria for Information Technology Security Evaluation version 2.2*[OL]. http://www.oc.ccn.cni.es/pdf/CCPART3V2.2R326.PDF. Accessed on 2009-1-28.

② British Standards Institute. BS 7799-2, *Information Security Management Part 2: Specification for Information Security Management Systems*. 1999.

③ *System Security Engineering Capability Maturity Model SSE-CMM Model Description Document Version 3.0*[OL]. http://www.sse-cmm.org/docs/ssecmmv3final.pdf Accessed on 2009-1-28.

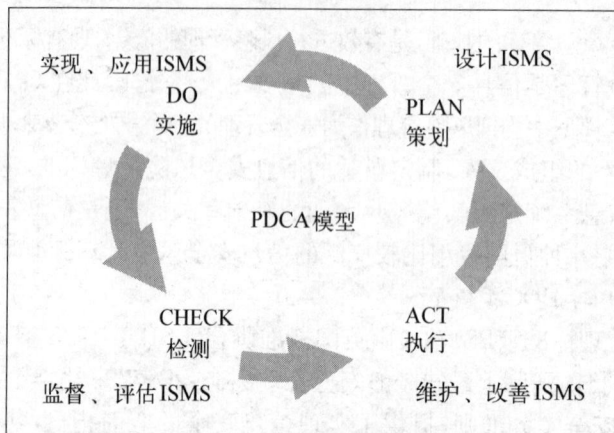

图 2-16 PDCA 模型

(2) D—实施：即要按照组织的方针、程序、规章等规定要求，也就是按照所选定的控制目标与方式执行风险评估处理计划，进行信息安全控制，加强人员安全意识培训，将 ISMS 放到操作使用中。

(3) C—检查：根据方针、目标、安全标准及法律法规要求，对安全管理过程和信息系统安全执行监控，定期检查剩余风险和可接受的风险，组织内部审计，并报告结果。

(4) A—执行：采取行动，实现改进，组织矫正性和预防性的活动，传达结果，检查改进达到的目标，以持续改进程业绩。

表 2-4 PDCA 循环的步骤和方法

阶 段	步 骤	主 要 方 法
P	1. 分析现状，找出问题	排列图、直方图、控制图
	2. 分析各种影响因素或原因	因果图
	3. 找出主要影响因素	排列图、相关图
	4. 针对主要原因，制定措施计划	回答"5W1H"： 为什么制定该措施（why）？ 达到什么目标？（what）？ 在何处执行（where）？ 由谁负责完成（who）？ 什么时间完成（when）？ 如何完成（how）？
D	5. 执行、实施计划	
C	6. 检查计划执行结构	
A	7. 总结成功经验，制订相应标准	制定或修改工作规程、检查规程及其他有关规章制度
	8. 把未解决或新出现问题转入下一个 PDCA 循环	

2.3.2.2　OCTAVE 模型

可操作的关键威胁、资产和弱点评估项目（operationally critical threat，asset，and vulnerability evaluation，OCTAVE）是由 CERT 协调中心（CERT coordination center，CERT/CC）开发的。OCTAVE 定义了一种综合的、系统的，与具体环境相关的和自主的信息安全风险评估方法，使组织能够理清复杂的组织问题和技术问题，了解并解决信息安全风险。[①]

OCTAVE 的核心是自主原则。这意味着由组织内部的人员管理和指导该组织的信息安全风险评估。OCTAVE 通过组建分析团队，领导组织的分析过程。OCTAVE 是一种资产（影响）驱动的评估方法，它认为风险涉及的 4 个主要因素是：资产、威胁、弱点和影响。信息安全风险评估必须考虑所有这 4 个方面，根据组织资产所处的具体环境来构造组织的风险框架。

OCTAVE 方法分 3 个阶段 8 个过程进行：

第一阶段：建立基于资产的威胁配置文件。这是从组织的角度进行的评估。主要包括如下 4 个过程：① 表示高层管理部门的知识；② 表示业务区域管理部门的知识；③ 表示员工的知识；④ 建立威胁配置文件。

第二阶段：表示基础结构的弱点。这是对计算机基础结构进行评估。分析团队表示出每种与关键资产相关的关键信息技术系统和组件，然后对这些关键组件进行分析，找出对关键资产进行未授权行为的弱点（技术弱点）。该阶段主要包括如下两个过程：① 表示关键组件；② 评估选定的组件。

第三阶段：开发安全策略和计划。在此阶段，分析团队提出组织关键资产的风险，并确定要采取的措施。根据对收集到的信息的分析结果，为组织开发保护策略和风险缓和计划，缓和关键资产的风险。主要包括如下过程：① 执行风险分析；② 开发保护策略。

OCTAVE 方法看似是一个按部就班的线性过程，但是由于信息安全解决的是非常复杂的组织问题和技术问题，其自身并不是一个线性的过程，因此，OCTAVE 方法本质上是非线性和迭代的。

2.3.2.3　SSE‑CMM 模型

SSE‑CMM 提供了一个框架，通过该框架可以理解安全的重要性和不断改进安全相关的过程。过程自身的改进和过程改进的本身是一个持续改进的生命周期策略，这个生命期有 5 个主要阶段构成，包括识别、承诺、分析、实现和再评估。

SSE‑CMM 定义风险是发生不愿发生的事件的不确定性的客观体现。威胁、脆弱性和影响是构成风险的必要因素，一般而言，需要三者齐备才能构成安全风险。安全机制在系统中存在的根本目的就是将风险控制在可接受的范围之内。因此，SSE‑CMM 模型定义了 4 种风险过程：评估威胁过程（PA04）、评估脆弱性过程（PA05）、评估事件影响过程（PA02）和评估安全风险过程（PA03）。

安全工程不是一个独立的实体，而是整个信息安全系统工程的组成部分。模型强调系统安全工程与其他工程的合作与协调，并定义了专门的安全协调过程（PA07）。针对工程实施管理，模型定义了安全需求过程（PA10）、安全输入过程（PA09）、安全机制过程（PA01）和系统安全势

① 参见《信息安全管理》，Christopher Alberts、Audrey Dorofee 著，吴晞译，清华大学出版社 2003 年版，第 9‑10 页。

态过程(PA08)。模型在信任度问题上强调对安全过程质量结果可重复性的信任程度。通过对现有系统的安全机制正确性和有效性的测试(PA11)构造系统安全信任度轮距(PA06)。

模型同时定义了6个能力级别,当工程实施队伍不能执行一个过程域中的基本实践时,该过程域的过程能力为零级,其他五级为:一级,非正式执行过程;二级,计划并跟踪过程;三级,完善定义过程;四级,定量控制过程;五级,持续改善过程。零级不需要被测评。模型为每个能力级别定义了一个或几个基于过程域的共同特征,只有某一级别所有共同特征都得到满足时,该过程的实施能力才达到对应的能力级别。在执行具体项目时,实施队伍可以根据工程项目的实际需求有选择地执行某些过程域而不是全部。同样,实施队伍也可能需要执行11个过程之外的关键过程。这11个过程域用于信息系统和实施队伍本身的管理,可以和SSE-CMM的过程域配合使用。SSAM是目前使用SSE-CMM来评定组织能力的最佳方法。它要求为评定收集的数据广泛、严格,且每个数据均有充分的证据。

2.3.2.4　NIST SP800-30

信息系统风险管理指南(NIST SP800-30)指出风险评估是风险管理方法学中的第一个过程。该过程是周期性的,它的输出可以辅助确定适当的安全控制,从而在缓和风险的过程中减缓或消除风险。为了确定潜在安全事件发生的可能性,要对信息系统面临的威胁、可能的弱点和信息系统已经部署的安全控制一起进行分析。影响是指一个威胁源攻击弱点造成的危害程度。影响级别是由对使命的潜在影响所支配,反过来也为受到影响的信息资产和资源产生一个相对价值(如信息系统组件和数据的关键性和敏感性)。风险评估方法包括9个主要步骤:

(1) 系统特征描述。定义工作范围,包括确定信息系统的边界,以及组成系统的资源和信息。对信息系统的特征进行描述,确立了风险评估工作的范围,描述了操作批准(或认可)边界,并为风险定义提供了必要的信息(如硬件、软件、系统连通性,负责部门或支持人员)。

(2) 威胁识别。识别出潜在的威胁源,并且编辑出一份威胁声明,其中列出了针对被评估信息系统的潜在威胁源。为了确定威胁攻击弱点的可能性,在识别出潜在的威胁源后,要对成功发起一次攻击所需要的动机、资源和能力做出估计。

(3) 弱点识别。开发出一个可能会被威胁源攻击的系统弱点列表,并对已经被归档的系统弱点做一个全面的分析。

(4) 控制分析。对已经实现的或计划实现的控制进行分析,组织通过这些控制来减小或消除威胁攻击系统弱点的可能性(或概率)。

(5) 可能性确定。产生一个总体可能性评级,来说明一个潜在弱点在相关威胁环境下被攻击的可能性。

(6) 影响分析。确定对弱点进行一次成功的攻击所产生的负面影响。对安全事件的负面影响可以用完整性、可用性和保密性3个安全目标的损失或降低来描述。

(7) 风险确定。评估信息系统的风险级别。为了度量风险,必须制定一个风险尺度和风险级别矩阵,并对矩阵中的风险级别进行必要的描述。风险尺度也表示了高级管理人员和系统所有者对每种风险级别必须采取的行动。

(8) 控制建议。针对组织的操作提出可以用来减缓和消除已识别风险的安全控制。这些建议控制的目标是降低信息系统的风险级别到一个可接受的水平。应该注意的是,在风险减缓过程中,对引入这些建议控制所带来的操作影响和可行性等方面也要仔细评价。

(9) 结果文档。输出风险评估报告。风险评估报告是一份管理报告,它描述了威胁和弱点、风险度量,并为控制实现提供了建议,它可以帮助高级管理人员、所有者对策略、流程、预算以及系统操作和管理变更做出决定。

其中,信息收集工作可以贯穿于整个风险评估过程。需要注意的是,SP800 - 30 指明只用定性分类来描述对安全事件的负面影响和风险级别:高、中、低。另外,SP800 - 30 还指出必要时可以对控制建议措施实施成本—效益分析,以证明实现这些控制来降低风险级别在成本上是合理的。

2.3.2.5　CC 标准

信息技术安全评估公共标准 CCITSE(common criteria of information technical security evaluation,简称 CC),是美国、加拿大及欧洲的 4 个国家经协商同意,于 1993 年 6 月起草的,统一多种准则的结果,是目前最全面的评估准则。

CC 源于 TCSEC,但已经完全改进了 TCSEC。CC 的主要思想和框架都取自 ITSEC(欧洲)和 FC(美国)。它由三部分内容组成:① 准则介绍以及一般模型;② 安全功能需求(技术上的要求);③ 安全认证需求(非技术要求和对开发过程、工程过程的要求)。

CC 与早期的评估准则相比,主要具有四大特征:① CC 符合 PDR 模型;② CC 评估准则是面向整个信息产品生存期的;③ CC 评估准则不仅考虑了保密性,而且还考虑了完整性和可用性多方面的安全特性;④ CC 评估准则有与之配套的安全评估方法 CEM(common evaluation methodology)。

2.3.2.6　ISO/IEC 27000 系列标准

2005 年 4 月,国际上正式通过了信息安全管理体系系列标准的开发计划,即 ISO/IEC 27000。

ISO/IEC 27000,即《信息安全管理体系基础和词汇》。它主要以 ISO/IEC 13335 - 1: 2004《信息和通信技术安全管理第 1 部分:信息和通信技术安全管理的概念和模型》为基础进行研究;该标准规定 27000 系列标准所共用的基本原则、概念和词汇。

ISO/IEC 27001,即《信息安全管理体系要求》,于 2005 年 10 月 15 日发布第一版。该标准规定了一个组织建立、实施、运行、监视、评审、保持、改进信息安全管理体系的要求;它基于风险管理的思想,旨在通过持续改进的过程(PDCA 模型)使组织达到有效的信息安全;ISO/IEC 27001 使用了和 ISO9001、ISO14001 相同的管理体系过程模型;是一个用于认证和审核的标准。该标准与 ISO/IEC 17799 共同使用,一个组织在按照 ISO/IEC 27001 实施其 ISMS 的过程中,应首先选择 ISO/IEC 17799 中推荐的控制措施。

ISO/IEC 17799,即《信息安全管理实用规则》,于 2005 年 6 月 15 日发布第二版。该标准包括 11 个安全类别,汇集了 39 个控制目标、138 个安全控制措施;是实施 ISO/IEC 27001 的支撑标准,给出了组织建立 ISMS 时应选择、实施的控制目标和控制措施集;是一个行业最佳惯例的汇总集,而不是一个认证和审核标准。

ISO/IEC 27003,即《信息安全管理体系实施指南》。该标准提供了 ISO/IEC 27001 具体实施的指南,包括 PDCA 过程的详细指导和帮助。

ISO/IEC 27004,即《信息安全管理测量》。目前处于工作草案阶段。该标准主要是测量组织信息安全管理体系实施的有效性、过程的有效性和控制措施的有效性。

ISO/IEC 27005,即《信息安全风险管理》。目前处于委员会草案阶段。它主要以 ISO/IEC 13335 - 2《信息技术信息和通信技术安全管理第二部分:信息安全风险管理》为制定基础。描述了信息安全风险管理的一般过程及每个过程的详细内容,包括风险分析、风险评价、风险处理、监视和评审风险、保持和改进风险等内容。

此外,常见的模型还有 APPDRR 模型。该模型将风险管理分为安全风险评估(assessment)、安全策略(policy)、安全防护(protection)、安全检测(detection)、安全响应(reaction)及安全恢复(restoration)6 个主要阶段,表现为一个往复循环的过程。

我国国家标准《计算机信息系统安全保护等级划分准则》(GB17859)于 1999 年 9 月正式批准发布。该准则将计算机信息系统安全分为 5 级:用户自主保护级、系统审核保护级、安全标记保护级、结构化保护级和访问验证保护级。我国的标准体系基本上是采取等同、等效的方式借鉴国外的标准,如 GB/T 18336 等同于 ISO/IEC 15408。

综合以上几种标准,表 2-5 对常见的风险管理标准与模型进行了比较。

表 2-5 风险管理标准与模型

模型/标准	主 要 内 容	核 心 特 征
CC	对系统中安装产品的安全特征的技术性要求进行评估,以满足用户对安全性的技术需求。	偏重技术性的标准,重点在系统和产品技术指标评价上。
BS7799	提供了信息安全管理系统(ISMS)的规范,以自上而下的方式提供了度量、监控和控制安全管理的方法。	偏重管理的标准,为组织实施信息安全管理体系提供指导性框架。
SSE - CMM	组织的安全工程过程越成熟,就越能生产出高质量的安全产品、系统和服务。将信息系统安全工程分为 3 个相互联系的部分:风险、工程和保证。	偏重安全工程的标准,针对信息安全工程领域而提供的具有较高可靠性的模型。
OCTAVE 模型	以风险的影响为驱动,以风险的可能性为参考,以缓和安全风险、保证组织的正常业务活动为目标。	非线性和迭代
SP800 - 30 模型	风险评估流程化:系统标识、威胁标识、漏洞标识、控制分析、确定可能性、影响分析、确定风险、控制推荐、结果文档化。	按照风险的组成要素,按部就班地组织风险管理过程。
ISO27000 模型	以风险为中心,分析资产(价值)、安全措施、威胁和脆弱性等影响风险的变化,得到残余风险。	安全管理七要素:资产、威胁、脆弱性、影响、风险、防护措施和剩余风险。
APPDRR 模型	通过风险评估,掌握网络安全面临的风险信息,进而采取必要的处置措施,使信息组织的网络安全水平呈现动态螺旋上升的趋势。	安全性在风险评估、安全策略、系统防护 3 个层次上动态螺旋上升。

在常用的风险管理模型的基础上,国内外学者又从各自的研究角度提出了相应的模型或框架。

范雯提出了一种决策驱动的风险管理模型框架,并给出了安全策略纯效益的算法,该模型与目前国内流行的风险模型相比,能定量分析风险,给出有害事件爆发频率和影响程度的具体缩减值以及计算出每个安全策略的纯效益,得到最佳安全策略。[①]

卫成业在研究 ISO13335 与 CC 的基础上,提出了一个信息系统安全风险模型——RC(risk cycle)模型。[②] Jones 从协同性、可信性、高效性、透明性四方面提出了一个通用的信息安全风险管理框架,包括风险识别、风险评估、风险控制以及监控和报告风险。[③] Veiga 评估了 4 种信息安全标准,从整体的角度提出了一个新的安全管理框架,能够使风险最小化和促进接受残余风险意识形成。[④]

李慧、刘东苏提出一个新的信息安全风险管理模型,该模型通过把风险分析与评估结果映射成安全需求流,能更加合理地选择安全保护措施;通过模型中各个模块之间的信息交互,可把不同层次的管理部门有机地结合起来;通过建立基于 Agent 的入侵检测系统,可及时发现信息系统的薄弱环节和安全漏洞。[⑤]

许培俊提出使用决策矩阵对安全风险进行控制,认为信息安全体系可以看作是一个负反馈控制体系,信息系统通过正常的输入与输出为组织提供服务;威胁可以看作是对信息系统的非正常输入,威胁利用信息系统的脆弱性在信息系统中产生安全事件,对信息系统造成不期望的波动影响,这些影响就是风险。[⑥]

2.3.3　风险管理实践

电子政务系统投入运行后要对其安全性进行有效评估,即评估者给出的评估证据和建设者采用的技术保障设施,确能使系统拥有者相信自己的技术对策,确实减少了系统的安全风险,满足必要的风险策略。风险策略可以是零风险策略、最小风险策略、最大可承受风险策略或不计风险策略,使其达到保护系统资产价值所必需的能力。

刘怀兴等提出了运用层次分析法进行指标权重的计算方法,利用该方法计算的结果可以直观地掌握各类风险的危害程度,为信息安全风险管理决策提供科学依据。[⑦] 武彬等通过对风险识别、风险消减、残余风险控制等问题的研究,给出了相关环节关键要素的识别分析方法、核心要素提取算法,设计并实现了一套包括风险识别与分析、风险消减以及残余风险控制等多环节的综

---

①　见范雯《信息安全风险模型》,《武汉大学学报》(理学版)2005 年第 S2 期,第 195－198 页。

②　见卫成业《信息安全风险评估模型》,《网络安全技术与应用》2002 年第 4 期,第 10－15 页。

③　A. Jones, *A framework for the management of information security risks. BT Technology Journal*, 2007. 25(1), p. 30.

④　A. D. Veiga, J. H. P. Eloff, *An Information Security Governance Framework. Information Systems Management*, 2007. 24(4), p. 361.

⑤　见李慧、刘东苏《一个新的信息安全管理模型》,《情报理论与实践》2005 年第 1 期,第 97－99 页。

⑥　见许培俊《决策理论在信息安全风险管理中的应用》,《信息网络安全》2005 年第 10 期,第 54－55 页。

⑦　见刘怀兴、吴绍民、叶尔江等《层次分析法在信息安全风险评估中的应用》,《情报杂志》2006 年第 5 期,第 14－16 页。

合信息安全风险管理系统。[①]

电子政务系统的风险包括黑客攻击风险、网络病毒的蔓延与破坏风险、信息间谍潜入与机要信息流失风险、内部人员违规与违法风险。这些风险因素发生的主要原因是由于技术的缺陷或漏洞、系统技术的后门,当然也包括由于物理自然环境恶化导致系统更易被黑客攻击和网络病毒的入侵。[②]

电子政务系统的风险管理过程是一个闭合的环状系统,但又不是简单的环状关系,应考虑方法之间的相互衔接和组合风险分析。

Stephen 和 Rodger 提出了电子政务信息安全关键驱动因素,主要有:① 高层领导的积极支持;② 充足的资金保障;③ 信息资产保护;④ 完善的法制、法规;⑤ 员工的安全意识及安全教育;⑥ 保证电子文件的完整性;⑦ 经验教训能促进安全意识的改变。同时,他们还提出了电子政务信息安全的阻碍因素:① 缺少安全意识;② 缺少对全体员工安全教育及安全意识的培训;③ 由于不重视安全问题而无资金保障;④ 没有反面的经验教训;⑤ 反对在组织内建立统一用户界面;⑥ 组织内缺少连续的风险管理过程;⑦ 用户能够访问所有他想要访问的资源;⑧ 安全被认为是阻碍系统的可用性。[③]

最佳安全实践应包括:① 安装和正确配置防火墙;② 软件定时更新;③ 病毒防范(蠕虫、特洛伊);④ 实施强密码政策;⑤ 实施物理安全措施,保护计算机资产;⑥ 实施安全培训策略;⑦ 安全地连接远程用户;⑧ 关闭服务器不必要的服务端口;⑨ 运行入侵检测系统。在电子政务风险管理中应采取最小特权、失效保护、检测消除、建立阻塞点、纵深防御、防御多样化等原则。

笔者认为,电子政务的互联互通使安全风险列表不断扩大,风险管理应该从成本和投资回报的角度,从所属保护等级的角度,从政务系统发展程度等多方面综合考虑,建立一个适合自身情况的和发展现状的电子政务信息安全风险管理体系。

2.4 电子政务信息安全风险评估

信息安全风险评估是指确定在计算机系统和网络中每一种资源缺失或遭到破坏对整个系统造成的预计损失数量,是对威胁、脆弱点以及由此带来的风险大小的评估。

对系统进行风险分析和评估的目的就是了解系统目前与未来的风险所在,评估这些风险可能带来的安全威胁与影响程度,为安全策略的确定、信息系统的建立及安全运行提供依据。

风险评估是开发适当的保护轮廓和安全规范的基础,可以帮助制定更为精确的安全方案,在安全方案花费和安全提升带来的资产获益之间取得平衡。

政府或企业在进行信息安全风险评估的过程中,需要参照一个完整的、容易操作的风险评估

---

① 见武彬、张玉清《信息安全风险管理系统的设计与实现》,《计算机工程》2007 年第 21 期,第 134 - 139 页。
② 见汤志伟、杜人杰、高天鹏《基于 ISM 模型的电子政务信息系统风险分析》,《电子科技大学学报》2005 年第 2 期,第 251 - 253 页。
③ Stephen and Rodger, *Determining key factors in E-government information system security. Information Systems Management*, 2006. 23(2), p. 23.

框架,框架中应该包括对信息安全方案的评估。

黄勤提出了采用"系统聚类法"建立信息安全风险模块化层次结构评估模型。他将一个完整的信息系统分为管理模块、核心模块、分布层模块、服务器模块、边缘分布模块、外网接入模块以及外部环境模块等 7 个模块,并认为信息安全风险内部评估由内部管理人员、技术人员填写调查问卷,提供数据完成。边缘评估主要由系统边界职责部门完成。外部评估由系统的有关协作人员,如网络管理人员、对外工作人员通过填写问卷完成。各评估模块同时展开评估,职责分割,最终评估结果由专家和专业评估人员完成,这样可以保证评估工作的高效率、低风险。①

Bao-Chyuan Guan 等应用层次分析法建立了风险评估的框架,运用 BS7799 和风险等级矩阵来评估风险管理措施的有效性,为信息资产的风险评估建立了一个完整的模型。②

李禾、汪述洋认为风险的评估模型不限于评估模型,还应包括概念模型、过程模型、数据模型、计算模型、数据管理模型等。模型中主要评估构成风险的 5 个方面,即威胁源的动机、威胁行为的能力、脆弱性的被利用性、资产的价值和影响的程度。③

李建华认为一个信息系统的安全模型可以简单地用{TCF(机密性),TIN(完整性),TAV(可用性),TCT(可控性),TSP(可管性)}它们的加权和来表示,即:

$$S = W_{CF} \times TCF + W_{IN} \times TIN + W_{AV} \times TAV + W_{CT} \times TCT + W_{SP} \times TSP$$

其中,W_{CF}、W_{IN}、W_{AV}、W_{CT}、W_{SP} 分别代表某个评价指标在系统中的权重。④

风险模型由资产价值、脆弱性和威胁来决定。

$$R = F(A,T,V,t) = F(Ia,L(T,Va),t)$$

其中,R 表示风险;t 表示某个时刻;A 表示资产;T 表示威胁;V 表示脆弱性;Ia 表示发生的安全事件作用的资产的重要程度;Va 表示某一资产本身的脆弱性;L 表示威胁利用资产的脆弱性导致安全事件发生的可能性。

2.4.1 电子政务信息安全风险

以 Internet 为代表的计算机网络存在安全隐患是毋庸置疑的,加之电子政务系统对 Internet 的依赖性及其自身的复杂性和特殊性决定了其安全问题的多层次性、重要性和迫切性。其安全风险主要来自以下几个方面:

1. 互联网络本身存在固有的缺陷。Internet 由于其开放性和共享性的特点,注定了其缺乏安全的总体架构。因此,无论是硬件还是网络底层协议都潜伏着安全隐患和安全检测缺陷。

2. 我国的信息基础设施受制于人。国外公司基本垄断了信息技术的核心硬件和操作系统

---

① 见黄勤、张月琴、刘益良《信息安全风险模块化层次评估方法研究》,《计算机科学》2007 年第 10 期,第 309 – 311 页。

② Bao-Chyuan Guan、Chi-Chun Lo、Ping Wang and Jaw-Shi Hwang, *Evaluation of information security related risks of an organization-The application of multi-criteria decision-making method*, IEEE 37th International Carnahan Conference on Security Technology (ICCST), 2003, pp. 163 – 175.

③ 见李禾、王述洋《信息安全评估的模型和方法研究》,《中国安全科学学报》2007 年第 2 期,第 144 – 148 页。

④ 见李建华《信息安全内涵属性的系统性分析》,《信息网络安全》2007 年第 2 期,第 70 – 73 页。

软件。国内的硬件厂商基本上是半成品厂商,其中硬件的核心芯片主要依靠进口,而国外厂商的硬件系统内核逻辑编程对外是保密的;另外,我国的软件产业也相对落后,即使有自主开发的软件,其完善性、规范性、实用性都存在许多不足,不能满足客户的需求。因此,国内一些单位和机构在实施电子政务的过程中,常常或不得不将电子政务方案搭建在大量国外技术和产品的基础上。对具有高敏感度的电子政务信息来说,这种依靠国外的产品和技术达到的所谓信息安全防护,其状况是令人担忧的。

3. IT 产品类型繁多和安全管理滞后矛盾。目前,电子政务系统部署了众多的 IT 产品,包括操作系统、数据库平台、应用系统。但是不同类型的信息产品之间缺乏协同,特别是不同厂商的产品,不仅产品之间安全管理数据缺乏共享,而且各种安全机制缺乏协同,各产品缺乏统一的服务接口,从而造成信息安全工程建设的困难。系统中安全功能重复开发,安全产品难以管理,也给信息系统管理留下安全隐患。

4. IT 产品单一性和大规模攻击问题。由于政府统一采购 IT 产品,造成信息系统中软硬件产品单一性,如同一版本的操作系统、同一版本的数据库软件等,这样一来攻击者可以通过软件编程,实现攻击过程的自动化,从而导致大规模网络安全事件的发生,例如网络蠕虫、计算机病毒、"零日"①攻击等安全事件。

5. 网络攻击突发性和防范响应滞后。网络攻击者常常掌握主动权,而防御者被动应付。以漏洞的传播及利用为例,攻击者往往先发现系统中存在的漏洞,然后开发出漏洞攻击工具,最后才是防御者提出漏洞安全对策。

6. 内外网络隔离安全和数据交换方便性。政务内网与政务外网之间的数据交换存在实时性与安全性之间的矛盾。

7. 业务快速发展与安全建设滞后。在电子政务信息化建设过程中,由于业务急需要开通,做法常常是"业务优先,安全靠边",使得安全建设缺乏规划和整体设计,留下安全隐患。安全建设只能是"亡羊补牢",出了安全事件后才去做。

8. 用户安全意识差和安全整体提高困难。目前,在电子政务系统建设过程中还普遍存在"重技术、轻管理,重业务、轻安全"的思想,"安全就是安装防火墙,安全就是安装杀毒软件"。受传统工作方式的影响,工作人员的信息安全意识不高,对信息技术了解不够,人员整体信息安全意识不强,导致一些安全制度或安全流程流于形式。

9. 安全岗位设置和安全管理策略实施难题。根据安全原则,一个系统应该设置多个人员来共同负责管理,但是受成本、技术等限制,在政府内部一个管理员既要负责系统的配置,又要负责安全管理,安全设置和安全审计都是"一肩挑"。这种情况使得安全权限过于集中,一旦管理员的权限被人控制,极易导致安全失控。

10. 信息安全成本投入和经济效益回报的可见性。由于网络攻击手段不断变化,原有的防范机制需要随着网络系统环境和攻击适时而变,因而需要不断地进行信息安全建设资金投入。

---

① 如果一个漏洞被发现后,当天或更准确的定义是在 24 小时内,立即被恶意利用,出现对该漏洞的攻击方法或攻击行为,那么该漏洞被称为"零日漏洞",该攻击被称为"零日攻击"。

但是,一些信息安全事件又不同于物理安全事件,信息安全事件所产生的经济效益往往是间接的,不容易让人清楚明白,从而造成政府领导的误判,进而造成信息安全建设资金投入少。这样一来,信息安全建设投入往往是"事后"进行,即当安全事件产生影响后,政府领导才会意识到安全的重要性。

2.4.2 风险评估方法

风险评估的方法有很多种,概括起来可分为三大类:定量的风险评估方法、定性的风险评估方法、定性与定量相结合的评估方法。

2.4.2.1 定量评估方法

定量的评估方法是指运用数量指标来对风险进行评估。典型的定量分析方法有因子分析法、聚类分析法、时序模型、回归模型、等风险图法、决策树法等。

定量方法的优点是,一个数据所能够说明的问题可能是用一大段文字也不能够阐述清楚的;其缺点是,常常为了量化,使本来比较复杂的事物简单化、模糊化了,有的风险因素被量化以后还可能被误解和曲解。

2.4.2.2 定性评估方法

定性的评估方法主要依据研究者的知识、经验、历史教训、政策走向及特殊变例等非量化资料对系统风险状况做出判断的过程。它主要以调查对象的个案记录为基本资料,然后通过一个理论推导演绎的分析框架,对资料进行编码整理,在此基础上做出调查结论。典型的定性分析方法有因素分析法、逻辑分析法、历史比较法、德尔斐法。

定性评估方法的优点是避免了定量方法的缺点,可以挖掘出一些蕴藏很深的思想,使评估的结论更全面、更深刻;但它的主观性很强,对评估者本身的要求很高。

2.4.2.3 定性与定量相结合的综合评估方法

系统风险评估是一个复杂的过程,需要考虑的因素很多,有些评估要素是可以用量化的形式来表达,而对有些要素的量化又是很困难甚至是不可能的,所以应采用定性与定量相结合的评估方法。定量分析是定性分析的基础和前提,定性分析则是灵魂,是形成概念、观点和得出结论所必须依靠的。

3 种风险评估的分析方法如图 2-17 所示。

国内外很多专家对风险评估分析的方法进行了研究。韩权印等人提出了应用 BS7799 管理标准对组织进行信息安全管理风险评估的评估方法,即层次分析法和失效树法相结合的综合评估方法,并给出了完整的计算过程。[①] 叶铭对 COBIT 风险评估方法进行了分析,指出了该方法的优点与不足。[②] 吴迪等人从信息技术演化过程和驱动因素两个方面对信息系统风险评估方法(ISRAM)进行了分类,通过选择信息技术和 ISRAM 发展的时间主线划分 ISRAM,然后提取 ISRAM 设计实

---

① 见韩权印、张玉清、聂晓伟《BS7799 风险评估的评估方法设计》,《计算机工程》2006 年第 2 期,第 140-143 页。
② 见叶铭《COBIT 信息安全风险评估方法探讨》,《信息网络安全》2005 年第 7 期,第 79-80 页。

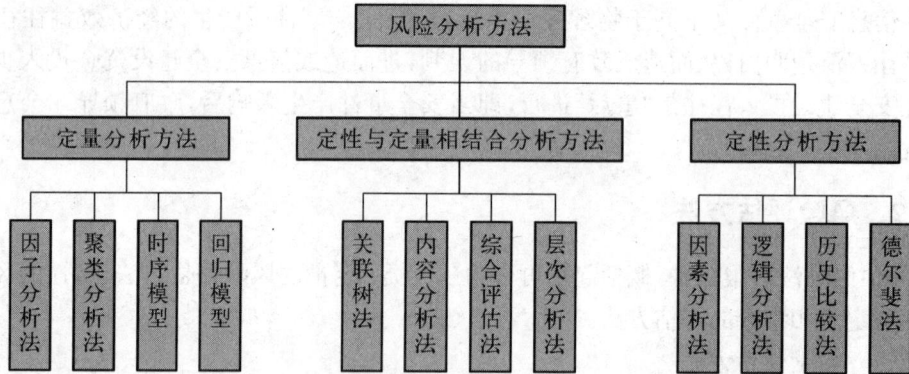

图 2-17　风险分析方法

现过程中考虑的驱动因素划分 ISRAM,并分别给出两种分类方法的半形式化描述。[①]

刘恒等人提出一种可操作的基于模型的安全风险评估方法 OMRA(operational model-based risk assessment)。[②] 这种方法从系统的角度来看待风险、威胁、影响,为管理控制风险提供了有效措施。通过资产驱动的连续性分析和行动,构造面向商业的、可理解的威胁和弱点数据库,来提供合理的决策支持。

李鹤田等人提出了一种改进和完善现代风险评估技术的方法,即利用 Markov 链形式化描述并分析信息系统,确保分布式信息系统风险评估的需要。此外,针对信息安全风险的不确定性,该文提出了通过模糊集理论丰富现代风险评估方法的研究方向。[③] 张鉴分析了故障树分析方法在信息安全风险评估中的应用,并对基于故障树的风险分析的建模方式和分析原理进行了阐述。[④]

肖龙等人运用多层模糊综合评估方法对信息系统风险等级进行评估。[⑤] Dong-Mei Zhao 等人针对层次分析法和模糊逻辑的主观性强的特点,提出风险等级公式和熵权重。[⑥]

2.4.2.4　电子政务信息安全风险评估方法

在电子政务风险评估中,OCTAVE 方法得到较多应用。然而,OCTAVE 是一个相对不太灵活的评估方法。在此方法的实施过程中,只提供一种原则,选择一个目标,建立一个工作小组。一旦选取了原则,其他的工作组也必须使用已经存在的原则去处理他们所面对的问题。然而每一个小组的运行模式也许是不同的,一些会注重数量,而另一些会注重质量。杜人杰以改进的 OCTAVE 方法为起点,结合 AHP 与 FTA 提出了电子政务信息安全的三元集成方法,对单纯的

---

①　见吴迪、陈晓桦、李斌、郭涛《IS 风险评估方法分类研究》,《计算机应用研究》2007 年第 9 期,第 55－57 页。

②　见刘恒、吕述望《基于模型的安全风险评估方法》,《计算机工程》2005 年第 9 期,第 129－131 页。

③　见李鹤田、刘云、何德全《信息系统安全风险评估研究综述》,《中国安全科学学报》2006 年第 1 期,第 108－112 页。

④　见张鉴、范红《信息安全风险分析中的故障树方法研究》,《信息网络安全》2006 年第 10 期,第 33－35 页。

⑤　见肖龙、戴宗坤《信息系统风险的多级模糊综合评判模型》,《四川大学学报》(工程科学版)2004 年第 5 期,第 98－102 页。

⑥　Dong-Mei Zhao、Jing-Hong Wang、Jing Wu、Jian-Feng Ma, *Using Fuzzy Logic and Entropy Theory to Risk Assessment the Information Security. Proceedings of the Fourth International Conference on Machine Learning and Cybernetics*, Guangzhou, 18－21 August 2005, pp. 2448－2453.

OCTAVE 方法进行了改进。[①] 汤志伟提出采用"可操作的关键威胁、资产和弱点评估"模型作为理论依据,利用层次分析法确定权数,以主观概率来描述指标的隶属度,建立了电子政务信息系统风险的模糊综合评估方法。[②]

另外,应用集成的风险研究方法也被应用到电子政务中。此方法将网络系统中的安全防护分为两个方面:一是网络系统中存储和传输的信息数据;二是网络系统中的各类设备。这样,既保证了政务业务的正常运行,同时又防止信息数据被非授权访问者的窃取、篡改和破坏。

应用集成的研究方法只是从微观上进行了评估,将绝大部分注意力主要集中在来自硬件等技术层面的风险,没有把重点放在管理上。

2.4.3　风险评估过程

风险评估过程就是在评估标准的指导下,综合利用相关评估技术、评估方法、评估工具,针对信息系统展开全方位的评估工作的完整历程。对信息系统进行风险评估,首先应确保风险分析的内容与范围应该覆盖信息系统的整个体系,应包括系统基本情况分析、信息系统基本安全状况调查、信息系统安全组织、政策情况分析、信息系统弱点漏洞分析等。

风险评估具体评估过程如图 2-18 所示。

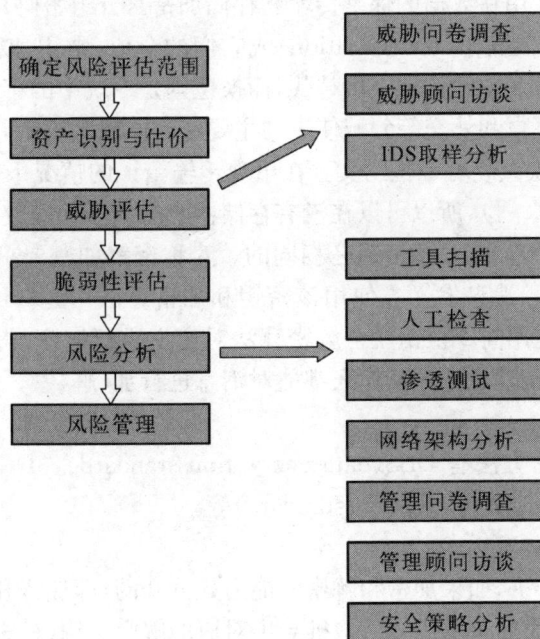

图 2-18　风险评估过程

①　见杜人杰学位论文《电子政务系统安全风险分析研究》(电子科技大学 2006 年),第 28-34 页。
②　见汤志伟、高天鹏《采用 OCTAVE 模型的电子政务信息系统风险评估》,《电子科技大学学报》2009 年第 1 期,第 130-133 页。

2.5　电子政务信息安全技术

开放复杂的电子政务系统面临着诸多风险,为了解决这些风险问题,最直接的做法就是各种安全技术和产品的选择使用。

2.5.1　密码技术

密码技术是电子政务信息安全的核心和关键。其主要包括密码编码(密码算法设计)、密码分析(密码破译)、认证、鉴别、数字签名、密钥管理和密钥托管等技术。现在通用的做法是用高强度密码算法对信息进行加密以保证信息内容的安全和控制信息的安全。

2.5.1.1　对称密钥加密

对称密钥加密是指在密码方案中,从加密密钥容易计算出解密密钥(或反过来从解密密钥容易计算出加密密钥),或者加密密钥与解密密钥相同。有时也把它称为单钥加密或传统加密。加密和解密经由复杂的非线形变换实现。对称密钥加密技术包括分组密码和流密码。

当前分组密码广泛应用在数据的保密传输和存储加密。分组密码是在定长的模块上进行替代操作(substitution)、换位操作(transposition)或它们的合成(乘积加密)。所谓替代是将明文中的一个字母用密文字母表中的其他字母替代,而换位则是一块中的字母简单地置换。

目前流密码是各国军事和外交等领域使用的主要密码体制。流密码也可以看成是块长度为1的分组密码,即加密变换只改变一位明文。在出现传输错误的情况下,使用流加密不会产生错误传播。因为每次只加密一位,所以可以在没有存储器或数据缓冲区较小的情况下使用。

在大多数对称算法中,加(解)密密钥是相同的。对称密钥加密要求发送者和接收者在安全通信之前,商定一个密钥。消息发送方使用该密钥和加密算法一起对明文进行加密,转换为密文;接收方收到密文后,使用同一密钥联合解密算法对密文进行解密,得到明文。对称算法的安全性依赖于密钥,泄漏密钥就意味着任何人都能对消息进行加(解)密。只要通信需要保密,密钥就必须保密。

常用的对称密钥加密方法有 DES(data encryption standard)、3DES(triple data encryption standard)以及 AES(advanced encryption standard)等。

2.5.1.2　公开密钥加密

对于一个密码体制来讲,如果加密和解密的能力是分开的,即加密和解密分别使用两个不同的密钥实现,并且不可能由加密密钥(公钥)推导出对应的解密密钥(私钥),那么这个密码体制称为非对称密码,又称为公钥密码。

自从 1976 年公钥密码的思想提出以来,国际上已经提出了许多种公钥密码体制,但比较流行的主要有两类:一类是基于大整数因子分解问题的,其中最典型的代表是 RSA;另一类是基于离散对数问题的,比如 EIGamal 公钥密码和影响比较大的椭圆曲线公钥密码。

由于分解大整数的能力日益增强,所以对 RSA 的安全带来了一定的威胁,目前 768 比特模长的 RSA 已不安全。一般建议使用 1 024 比特模长,预计要保证 20 年的安全就要选择 1 280 比特的模长,增大模长带来了实现上的难度。而基于离散对数问题的公钥密码在目前技术下 512 比特模长就能够保证其安全性。特别是椭圆曲线上的离散对数的计算要比有限域上的离散对数的计算更困难,目前技术条件下只需要 160 比特模长即可适合于智能卡的实现。

我国学者也提出了一些公钥密码,另外在公钥密码的快速实现方面也做了一定的工作,比如在 RSA 的快速实现和椭圆曲线公钥密码的快速实现方面都有所突破。

2.5.1.3 数字签名

数字签名(digital signature)是目前电子政务、电子商务中应用最普遍、技术最成熟的、可操作性最强的一种电子签名方法。它采用了规范化的程序和科学化的方法,用于鉴定签名人的身份以及对一项电子数据内容的认可。它还能验证出文件的原文在传输过程中有无变动,确保传输电子文件的完整性、真实性和不可抵赖性。

简单地说,所谓数字签名就是附加在数据单元上的一些数据,或是对数据单元所做的密码变换。这种数据或变换允许数据单元的接收者用以确认数据单元的来源和数据单元的完整性并保护数据,防止被人(例如接收者)进行伪造。

数字签名技术是公开密钥加密算法的典型应用。数字签名的应用过程是,数据源发送方使用自己的私钥对数据校验或其他与数据内容有关的变量进行加密处理,完成对数据的合法"签名",数据接收方则利用对方的公钥来解读收到的数字签名,并将解读结果用于对数据完整性的检验,以确认签名的合法性。

数字签名包括普通数字签名和特殊数字签名。普通数字签名算法有 RSA、ElGamal、Fiat-Shamir、椭圆曲线数字签名算法和有限自动机数字签名算法等。特殊数字签名有盲签名、代理签名、群签名、不可否认签名、公平盲签名、门限签名、具有消息恢复功能的签名等,它们与具体应用环境密切相关。

2.5.2 防病毒

计算机病毒起源于 20 世纪 60 年代的磁芯大战。1983 年 11 月,第一个病毒在实验室诞生,1986 年世界上第一个流行病毒——"巴基斯坦"病毒出现,1988 年我国发现首例病毒——小球病毒。1988 年 11 月 3 日,美国 6 000 台计算机被病毒感染,造成 Internet 不能正常运行。这是一次非常典型计算机病毒入侵计算机网络的事件,迫使美国政府立即做出反应,国防部成立了计算机应急行动小组,更引起了世界范围的轰动。此病毒的作者为罗伯特·莫里斯,当年 23 岁,在康乃尔大学攻读研究生。

可以看到,随着计算机和因特网的日益普及,计算机病毒会导致系统崩溃,重要数据遭到破坏和丢失,造成社会财富的巨大浪费,甚至造成全人类的灾难。2002 年以来,病毒越来越多地和黑客技术结合在一起,形成网络攻击行为,其破坏程度更大,影响面更广。

在病毒的发展史上,病毒的出现是有规律的,一般情况下一种新的病毒技术出现后,病毒迅速发展,接着反病毒技术的发展会抑制其流传。病毒可划分为不同的类别,根据病毒存在的媒体,病毒可划分为网络病毒,文件病毒,引导型病毒,混合型病毒。

根据病毒破坏的能力可划分为以下几种：无害（除了传染时减少磁盘的可用空间外，对系统没有其他影响）、无危险型（这类病毒仅仅是减少内存、显示图像、发出声音）、危险型（这类病毒在计算机系统操作中造成严重的错误）、非常危险型（这因病毒删除程序、破坏数据、清除系统内存和操作系统中重要的信息）。

根据病毒特有的算法，病毒可以划分为伴随型病毒（这一类病毒并不改变文件本身，它们根据算法产生可执行文件的伴随体，具有同样的文件名字）、蠕虫型病毒（通过计算机网络传播，不改变文件和资料信息）、寄生型病毒（除了伴随和蠕虫型，其他病毒可以称为寄生型病毒，它们依附在系统的引导扇区或文件中，通过系统的功能进行传播）。

在反病毒技术研究上，上一代的防杀计算机病毒软件只能对计算机系统提供有限的保护，只能识别出已知的计算机病毒。新一代的防杀计算机病毒软件则不仅能识别出已知的计算机病毒，在计算机病毒运行之前发出警报，还能屏蔽掉计算机病毒程序的传染功能和破坏功能，使受感染的程序可以继续运行（即所谓的带毒运行）。同时还能利用计算机病毒的行为特征，防范未知计算机病毒的侵扰和破坏。另外，新一代的防杀计算机病毒软件包还能实现超前防御，将系统中可能被计算机病毒利用的资源都加以保护，不给计算机病毒以可乘之机。防御是对付计算机病毒的积极而有效的措施，比等计算机病毒出现之后再去扫描和清除更有效地保护计算机系统。

新的防病毒产品集中体现在网络防病毒上，主要有下面几种重要技术：

（1）数字免疫系统（digital immune system）。该系统是赛门铁克（Symantec）与IBM共同合作研究开发的一项网络防病毒技术，主要包括封闭循环自动化网络防病毒技术和启发式侦测技术（heuristic technology）。采用该技术的网络防病毒产品能够应付网络病毒的爆发和极端事件的发生。

（2）监控病毒源技术。该技术密切关注、侦测和监控网络系统外部病毒的动向，将所有病毒源堵截在网络入口处，是当前网络防病毒技术的一个重点。

（3）主动内核技术（actives）。主动内核技术是将已经开发的各种网络防病毒技术从源程序级嵌入到操作系统或网络系统的内核中，实现网络防病毒产品与操作系统的无缝连接。例如将实时防毒墙、文件动态解压缩、病毒陷阱、宏病毒分析等功能，组合起来嵌入到操作系统或网络系统中，并作为操作系统本身的一个"补丁"，与其浑然一体。

（4）"集中式管理、分布式杀毒"技术。该技术使安装在网络系统中的每台计算机上的杀毒软件构筑成协调一致的立体防护体系，而网络管理员只需通过控制台，就可实时掌握全网各节点的病毒监测状况，也可远程指挥每台计算机杀毒软件的工作方式。

（5）安全网络技术。这种技术允许网络管理员从一个单独的工作站上管理整个网络的所有防病毒保护程序，并可对整个网络中工作站或服务器上的杀毒软件进行集中安装、卸载、设置、扫描及更新。

2.5.3　防火墙

我们通常所说的网络防火墙是借鉴了古代真正用于防火的防火墙的喻义，它指的是隔离在本地网络与外界网络之间的一道防御系统。防火墙可以使企业内部局域网（LAN）网络与

Internet 之间或者与其他外部网络互相隔离、限制网络互访问来保护内部网络。

自从 1986 年美国 Digital 公司在 Internet 上安装了全球第一个商用防火墙系统后，提出了防火墙的概念，防火墙技术得到了飞速的发展。从近年防火墙产品和技术的发展来看，比较典型的划分方式是将防火墙的发展阶段分为：基于路由器的第一代包过滤防火墙、基于代理技术的第二代防火墙、基于动态包过滤技术的第三代防火墙。

第一代防火墙，又称包过滤防火墙，主要根据数据包源地址、目的地址、端口等参数来决定是否允许该数据包通过，对其进行转发，但这种防火墙很难抵御 IP 地址欺骗等攻击，而且审计功能很差。

第二代防火墙，也称代理服务器，它用来提供网络服务级的控制，起到外部网络向被保护的内部网络申请服务时中间转接的作用，这种方法可以有效地防止对内部网络的直接攻击，安全性较高。

第三代防火墙，称为状检测功能防火墙，基于动态包过滤技术，可以对每一层的数据包进行检测和监控，有效地提高了防火墙的安全性。

典型的防火墙具有以下 3 个方面的基本特性：

（1）内部网络和外部网络之间的所有网络数据流都必须经过防火墙

这是防火墙所处网络位置特性，同时也是一个前提。因为只有当防火墙是内、外部网络之间通信的唯一通道，才可以全面、有效地保护企业内部网络不受侵害。

根据美国国家安全局制定的《信息保障技术框架》，防火墙适用于用户网络系统的边界，属于用户网络边界的安全保护设备。所谓网络边界是采用不同安全策略的两个网络连接处，比如用户网络和互联网之间连接、和其他业务往来单位的网络连接、用户内部网络不同部门之间的连接等。防火墙的目的就是在网络连接之间建立一个安全控制点，通过允许、拒绝或重新定向经过防火墙的数据流，实现对进、出内部网络的服务和访问的审计和控制。

（2）只有符合安全策略的数据流才能通过防火墙

防火墙最基本的功能是确保网络流量的合法性，并在此前提下将网络的流量快速地从一条链路转发到另外的链路上去。从最早的防火墙模型开始谈起，原始的防火墙是一台"双穴主机"，即具备两个网络接口，同时拥有两个网络层地址。防火墙将网络上的流量通过相应的网络接口接收上来，按照 OSI 协议栈的 7 层结构顺序上传，在适当的协议层进行访问规则和安全审查，然后将符合通过条件的报文从相应的网络接口送出，而对于那些不符合通过条件的报文则予以阻断。因此，从这个角度上来说，防火墙是一个类似于桥接或路由器的、多端口的转发设备，它跨接于多个分离的物理网段之间，并在报文转发过程之中完成对报文的审查工作。

（3）防火墙自身应具有非常强的抗攻击免疫力

这是防火墙之所以能担当企业内部网络安全防护重任的先决条件。防火墙处于网络边缘，它就像一个边界卫士一样，每时每刻都要面对黑客的入侵，这样就要求防火墙自身要具有非常强的抗击入侵本领。它之所以具有这强的本领，防火墙操作系统本身是关键，只有自身具有完整信任关系的操作系统才可以谈论系统的安全性。其次就是防火墙自身具有非常低的服务功能，除了专门的防火墙嵌入系统外，再没有其他应用程序在防火墙上运行。当然这些安全性也只能说是相对的。

随着网络攻击手段和信息安全技术的发展,防火墙技术也不断发展创新,总体来讲,主要有4个发展方向:一是大幅度提升性能;二是在包过滤技术基础上采用其他新技术;三是功能不断扩展,实现涵盖包括入侵检测、防病毒等功能的立体防御功能;四是应用部署上突破原来网络边界,采用分布式防火墙多重防护。这个阶段的防火墙已超出了原来传统意义上防火墙的范畴,已经演变成一个全方位的安全技术集成系统,可称之为第四代防火墙,它可以抵御目前常见的网络攻击手段,如 IP 地址欺骗、特洛伊木马攻击、Internet 蠕虫、口令探寻攻击、邮件攻击等。

2.5.4 PKI 与 PMI

2.5.4.1 PKI

公钥基础设施 PKI(public key infrastructure)是 20 世纪 80 年代由美国学者提出来的概念。实际上,授权管理基础设施、可信时间戳服务系统、安全保密管理系统、统一的安全电子政务平台等的构筑都离不开它的支持。数字证书认证中心 CA、审核注册中心 RA(registration authority)、密钥管理中心 KMC(key manager center)都是组成 PKI 的关键组件。作为提供信息安全服务的公共基础设施,PKI 是目前公认的保障网络信息安全的最佳体系。

政府 PKI 系统是电子政务系统的安全核心。它借鉴 PKI 的公钥管理概念,为上层应用提供了完善的密钥和证书管理机制,具有用户管理、密钥管理、证书管理等功能,可保证各种基于公开密钥密码体制的安全机制在系统中的实现。以政府的证书认证系统为核心,可以实现全社会数字身份的统一互相认证。

电子政务 PKI 系统包括以下几部分:

(1) 证书中心 CA(certificate authorities)

它是整个证书与密钥管理系统的核心,可完成系统的核心处理功能,包括:产生和管理 CA 与用户的密钥、签发各种证书和 CRL(证书撤销列表)、管理和维护核心数据库中的用户证书及密钥信息,以及对其他模块的请求进行处理和应答。

(2) 注册中心 RA(registration authority)

它是注册和审核处理机构,主要负责用户的注册管理和各种业务申请信息的审核管理,是 CA 的业务前端。

(3) 管理工具 Admin

它可以实现对整个系统的配置和管理。

(4) 目录服务系统 LDAP

它可以完成证书系统的发布功能,负责存放用户证书、CRL、授权信息及其他用户信息。

CA 中心作为 Intranet/Internet 通信中受信任和具有权威性的第三方,承担公钥体系中公钥的合法性检验的责任。CA 中心为每个使用公开密钥的电子政务发放数字证书,数字证书的作用是证明证书中列出的电子政务合法拥有证书中列出的公开密钥。CA 机构的数字签名使得第三者不能伪造和篡改证书。它将要负责产生、分配并管理所有参与网上信息交换各方所需的数字证书。

PKI/CA 的功能如图 2-19 所示。

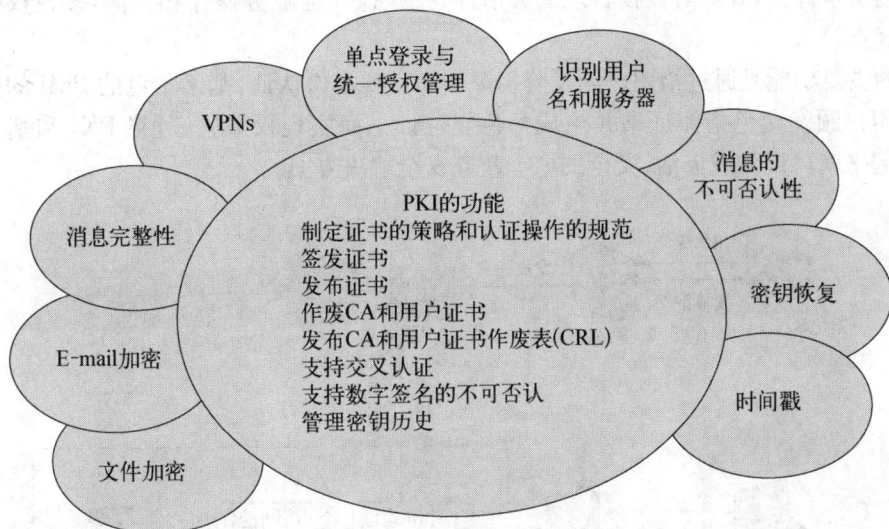

图 2-19　PKI 的功能

　　国内许多专家学者对 PKI 的理论与应用进行了研究。如,张福宾、张春海提出在电子政务信息数据存储中可利用 PKI 的认证和权限,采用非密存储服务解决。[①] 存取不加密,将存储置于一个逻辑隔离区,用户或服务提交的存取或查询请求必须由存取权限服务控制,根据认证和控制策略的判定结果与存储服务进行加密交互,将结果返回提交者。在隔离存储区存放不加密信息,而传输和交互过程是信任和加密的。冯国柱使用 J2EE 软件架构和 PKI 体系设计实现了教育部教育电子政务中的数字身份认证系统。[②] 周永彬通过对一个实际的企业级 PKI 系统的设计和开发,从理论和实践两个方面研究了实现安全、可靠、可扩展的 PKI 系统所涉及的一些关键理论和技术问题。[③]

　　基于公钥基础设施可构建非常好的安全电子政务应用系统,但不论是公钥基础设施还是电子政务都面临着很多的问题,如缺乏国家标准和法律规定;CA 建设自成体系;基于 PKI 的软硬件体系的建设,需要各软硬件厂商的协作和制定相关的行业标准;电子身份证亟待出台等。

2.5.4.2　PMI 设施

　　PMI(privilege management infrastructure)和 VPN(virtual private network)技术是以 PKI 为基础的安全技术。PMI 技术应用于身份认证与授权管理;而 VPN 技术能较好地运用于机密传输与信息流向控制。它们是电子政务安全的技术基石,在这 3 种关键技术的基础上,综合采用其他安全手段和安全管理措施,才能够为电子政务提供一个高度安全和稳定的业务环境。

　　基于 PKI 的 PMI 系统为电子政务系统构建了一个严密的安全体系,充分保证敏感资源访问

---

① 见张福宾、张春海《基于 PKI 的安全电子政务应用》,《计算机工程》2004 年第 6 期,第 130-132 页。
② 见冯国柱学位论文《PKI 关键技术研究及其应用》(国防科学技术大学 2006 年),第 21-28 页。
③ 见周永彬学位论文《PKI 理论与应用技术研究》(中国科学院研究生院(软件研究所)2004 年),第 31-64 页。

的可控性与可审计性,并具有授权管理的灵活性,授权操作与业务操作相分离,多授权模型的灵活支持等优点。

PKI 的主要功能是通过给用户颁发公钥证书而实现身份认证,基于角色的 PMI 的主要功能是通过给用户颁发角色指派证书并生成角色规范证书而实现权限验证,将 PKI 和基于角色的PMI 结合起来就可以构成灵活、安全的电子政务安全解决方案。

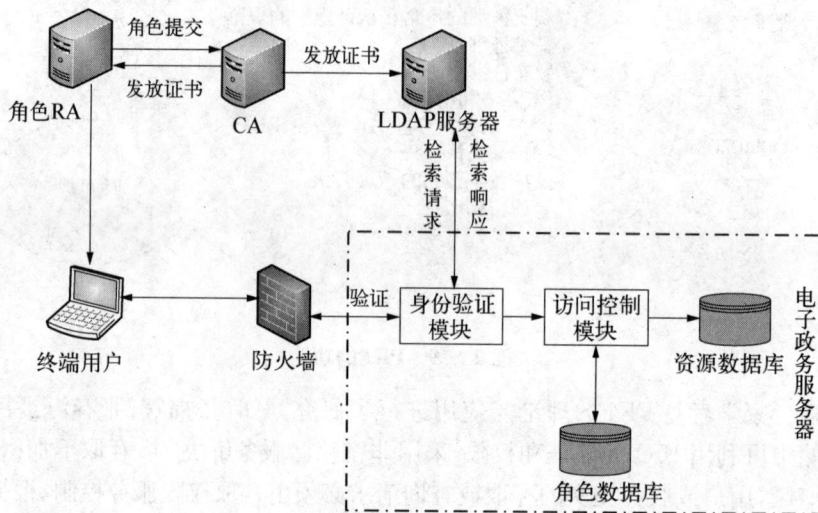

图 2‑20　PKI 与 PMI 结合的电子政务安全系统结构

2.5.5　入侵检测

及时准确地发现计算机和网络系统的入侵,一直是系统管理员和信息安全研究人员力求达到的目标。入侵检测(intrusion detection)技术是为保证计算机系统的安全而设计与配置的一种能够及时发现并报告系统中未授权或异常现象的技术,是一种用于检测计算机网络中违反安全策略行为的技术。进行入侵检测的软件与硬件的组合便是入侵检测系统(intrusion detection system,简称 IDS)。

国内外产业界和学术界对 IDS 进行了系统深入的研究,并形成了大量的实用产品,我国很多信息产业公司,如联想、启明星辰、东软等都有自主的 IDS 产品,很多研究机构都研制了 IDS 原型系统,并发表和出版了大量学术论文和著作。

2.5.5.1　入侵检测的模型

最早的入侵检测模型是由 Denning 给出的,该模型主要根据主机系统审计记录数据,生成有关系统的若干轮廓,并监测轮廓的变化差异发现系统的入侵行为。[①] 该模型独立于特定操作系

---

① Dorothy E. Denning, *An intrusion-detection model. IEEE Transactions on Software Engineering*, 1987, 13(2), pp. 222‑232.

统,与应用环境、系统弱点和入侵类型无关,是一个实时入侵检测专家系统模型,对后续的 IDS 产生了重要的影响,早期的 IDS 大都基于该模型实现。

为了解决 IDS 内部、IDS 之间以及与其他安全系统间的互操作性,UC Davis 制定的 CIDF (common intrusion detection framework)模型将 IDS 分为 4 个组件:事件产生器、事件分析器、响应单元和事件数据库。

CIDF 将入侵检测系统需要分析的数据统称为事件,它可以是网络中的数据包,也可以是从系统日志等其他途径得到的信息。事件产生器是从整个计算环境中获得事件,并向系统的其他部分提供事件;事件分析器分析所得到的数据,并产生分析结果;响应单元对分析结果做出反应,如切断网络连接、改变文件属性、简单报警等应急响应;事件数据库存放各种中间和最终数据,数据存放的形式既可以是复杂的数据库,也可以是简单的文本文件。CIDF 模型具有很强的扩展性,目前已经得到广泛认同。

2.5.5.2　入侵检测技术

入侵检测技术传统上分为两大类型:异常入侵检测(anomaly detection)和误用入侵检测(misuse detection)。

异常入侵检测指建立系统的正常模式轮廓,若实时获得的系统或用户的轮廓值与正常值的差异超出指定的阈值,就进行入侵报警。异常入侵检测方法的优点是不依赖于攻击特征,立足于受检测的目标发现入侵行为。但是,如何对检测建立异常指标,如何定义正常模式轮廓,降低误报率,都是难以解决的课题。

误用入侵检测指根据已知的攻击特征检测入侵,可以直接检测出入侵行为。误用检测方法的优点是误报率低,可以发现已知的攻击行为。但是,这种方法检测的效果取决于检测知识库的完备性,因此,特征库必须及时更新。另外,这种方法无法发现未知的入侵行为。

混合型检测方法试图综合上述两种方法的优点,如基于规范的检测方法、基于生物免疫的检测方法、基于伪装的检测方法、基于入侵报警的关联检测方法等。

2.5.5.3　入侵检测系统的体系结构

根据数据分析的实现方式,IDS 的体系结构可分为集中式结构和分布式结构。

(1) 集中式结构

集中式结构包括单机集中式和网络集中式两种。早期的 IDS 大都采用单机集中式结构,即数据采集、分析都在一台主机上进行。该方式根据主机审计数据进行检测,准确率高、速度快,但它只保护单台主机,且依赖主机的审计子系统。

一些基于网络的"分布式"IDS 虽实现了分布式数据采集,但数据分析仍需集中完成,如 DIDS(distributed intrusion detection system)。这种基于网络的集中式结构具有结构简单、实现容易的优点,适用于小型网络系统。其弱点是检测主机成为网络系统的安全瓶颈;分布式的数据采集会造成网络性能的下降,可扩展性差;IDS 配置和功能更新困难,适应不断变化入侵方式的能力差;处理前的数据在网络中传输,存在被攻击的危险。

(2) 分布式结构

分布式结构包括层次式结构和协同式结构。层次式结构是一个树型的分层体系,结合了集中式结构的简化性和分布式结构的鲁棒性,适用于较大规模的网络系统,如 GrIDS(graph-based intrusion detection system)。该结构底层的检测节点负责信息采集,并进行预处理。中层节点承上启下,接受并处理下层节点处理后的数据,并进行较高层次的关联分析、判断和结果输出。中层节点减轻了上层控制节点的负担,也增强了系统的伸缩性。顶层节点负责整体管理和协调,并根据环境变化调整节点层次关系,实现系统的动态配置。其不足是层次结构和检测节点的设置较困难;一个节点的破坏会影响上下层节点的协同检测能力;顶层节点仍是系统安全瓶颈,报警延迟较大。

协同式结构无"中心节点"的概念,采用多个相互平等的检测节点在网络中分别进行检测,并且协同处理大规模的入侵行为,如 CARDS(coordinated attack response and detection system)。其优点是各节点之间可进行交叉检验,实现互监视和互检测,具有较好的鲁棒性和协同检测能力;适合于复杂、异构的网络环境的不同安全需求;网络规模扩大时,只需加入新的检测节点,可扩展性好;单个检测节点的失效对整个检测网络没有明显的影响。其主要问题是会占用被检测主机的资源;结构复杂,实现困难;报警延迟大。

IDS 只是网络对抗技术中的一个重要组成部分,尽管 IDS 能够识别并记录攻击,但不能及时阻止攻击,而且 IDS 的误报警造成与之联动的防火墙无从下手。要解决当前的实际网络安全需求,入侵检测系统将与漏洞检查系统、防火墙系统、应急响应系统等逐渐融合,形成一个综合的信息安全保障系统。

2.5.6　漏洞扫描

漏洞扫描技术是一类重要的网络安全技术。安全扫描技术与防火墙、入侵检测系统互相配合,能够有效提高网络的安全性。通过对网络的扫描,网络管理员可以了解网络的安全配置和运行的应用服务,及时发现安全漏洞,客观评估网络风险等级。网络管理员可以根据扫描的结果更正网络安全漏洞和系统中的错误配置,在黑客攻击前进行防范。如果说防火墙和网络监控系统是被动的防御手段,那么安全扫描就是一种主动的防范措施,可以有效避免黑客攻击行为,做到防患于未然。

漏洞扫描主要通过以下两种方法来检查目标主机是否存在漏洞。在端口扫描后得知目标主机开启的端口以及端口上的网络服务,将这些相关信息与网络漏洞扫描系统提供的漏洞库进行匹配,查看是否有满足匹配条件的漏洞存在;通过模拟黑客的攻击手法,对目标主机系统进行攻击性的安全漏洞扫描,如测试弱势口令等。若模拟攻击成功,则表明目标主机系统存在安全漏洞。

漏洞扫描基于网络系统漏洞库,漏洞大体包括 CGI 漏洞扫描、POP3 漏洞扫描、FTP 漏洞扫描、SSH 漏洞扫描、HTTP 漏洞扫描等。这些漏洞是基于漏洞库,将扫描结果与漏洞库相关数据匹配比较得到漏洞信息;漏洞扫描还包括相应漏洞库的各种扫描,比如 Unicode 遍历目录漏洞探测、FTP 弱势密码探测、邮件转发漏洞探测等,这些扫描通过插件(功能模块技术)进行模拟攻击,测试出目标主机的漏洞信息。目前,漏洞扫描主要有如下两种方法:

(1)漏洞库的匹配方法。基于网络系统漏洞库的漏洞扫描的关键部分就是它所使用的漏洞库。通过采用基于规则的匹配技术,即根据安全专家对网络系统安全漏洞、黑客攻击案例的分析和系统管理员对网络系统安全配置的实际经验,可以形成一套标准的网络系统漏洞库,然后再在此基础之上构成相应的匹配规则,由扫描程序自动地进行漏洞扫描的工作。

这样,漏洞库信息的完整性和有效性决定了漏洞扫描系统的性能,漏洞库的修订和更新的性能也会影响漏洞扫描系统运行的时间。因此,漏洞库的编制不仅要对每个存在安全隐患的网络服务建立对应的漏洞库文件,而且应当能满足前面所提出的性能要求。

(2) 插件(功能模块技术)技术。插件是由脚本语言编写的子程序,扫描程序可以通过漏洞扫描软件增加新的功能,扫描出更多的漏洞。插件编写规范化后,甚至用户自己都可以用 Perl、C 或自行设计的脚本语言编写的插件来扩充漏洞扫描软件的功能。这种技术使漏洞扫描软件的升级维护变得相对简单,而专用脚本语言的使用也简化了编写新插件的编程工作,使漏洞扫描软件具有更强的扩展性。

2.5.7 VPN

虚拟专用网 VPN(virtual private network)是在公共数据网络上,通过采用数据加密技术和访问控制技术,实现两个或多个可信内部网之间的互联。VPN 的构筑通常都要求采用具有加密功能的路由器或防火墙,以实现数据在公共信道上的可信传递。

VPN 是利用一定的隧道技术或配置技术对公网的通信介质进行某种逻辑上的分割,从而虚拟出私有的通信网络环境技术。集成了鉴别认证、访问控制和密码变换的隧道技术称为安全隧道技术。典型的技术主要有 PPTP(point to point tunneling protocol)协议、L2TP(layer2 tunneling protocol)协议和 IPSec(iP security)协议。VPN 可以分为访问型 VPN、内联网 VPN 和外联网 VPN 等 3 种类型。

根据电子政务建设上下贯通、横纵互联、高速稳定、安全可靠等方面的要求,一方面要保证各种应用业务系统逻辑网络的相对独立性,满足不同业务系统对安全性、可靠性、服务质量和管理等方面的要求;另一方面要能实现不同业务系统之间的互联互通和提供相互访问、信息交换和共享的途径,同时确保安全性。即从技术上主要解决两个问题:一是安全隔离,要保证各业务系统逻辑网络的相对独立性,以满足不同业务系统对安全性、服务质量、管理、拓扑结构的要求;二是受控互访,各业务系统之间的流程整合又需要提供相互访问的途径,而且要保证访问的安全性。

为解决上述互联互通技术上所提出的两个问题,在电子政务中主要采用了 MPLS VPN 技术。MPLS VPN 是一种基于多协议标签交换(MPLS,即 multi protocol label switching)技术的 IP VPN,是在网络路由器和交换设备上应用 MPLS 技术,简化核心路由器的路由选择方式,利用结合传统路由技术的标签交换实现的 IP 虚拟专用网络(IP VPN),可用来构造宽带的 Intranet、Extranet,满足多种灵活的业务需求。

MPLS VPN 技术具有如下一些技术优势:

(1) 适用范围广:由于 MPLS VPN 是基于三层的路由隔离,并且利用 BGP 扩展协议自动扩展 VPN 成员信息,所以 MPLS VPN 适用于广域网、城域网及其他规模比较大的网络。

(2) 安全性高:MPLS VPN 基于三层路由隔离实现,广播报文被自然隔离,VPN 之外的用户根本感觉不到 VPN 的存在,更无法攻击 VPN 内部的网络。

(3) 网络稳定性好:MPLS VPN 基于三层路由隔离,并且有明确分级结构,不存在广播风暴问题。

(4) QoS:MPLS QoS 支持成熟的 Diffserv QoS 模型,可以很好地保证复杂应用业务的 QoS。由于各业务系统的 VPN 流量通过不同的标签交换路径(LSP)隧道承载,可以方便地针对 LSP 实现 MPLS 的区别服务。通过 IP ToS 和 MPLS CoS 域的映射,可以将边缘网络中定义的 IP QoS 级别继承到 MPLS 域中,实现端到端的 QoS。

MPLS VPN 的网络结构包括用户边缘路由器 CE(customer edge)、服务提供商边缘路由器 PE(provider edge router)和骨干路由器 P(provider router)等。

CE 是用于将一个用户站点接入服务提供者网络的用户边缘设备。CE 设备不需要支持 MPLS,它可以是一台路由器、一台交换机或一台单独的主机。CE 不必支持任何 VPN 的特定路由协议或信令。PE 是与用户 CE 设备相连的服务提供者边缘设备。PE 实际上就是 MPLS 中的 LER(标签边缘路由器),它需要能够支持 BGP 协议,一种或几种 IGP 路由协议以及 MPLS 协议(即标签交换协议 LDP)。PE 设备需要具有 IP 包检查以及协议转换等功能。用户站点是指这样一组网络或子网,它们是用户网络的一部分。并且通过一条或多条 PE 或 CE 链路接至 VPN。一组共享相同路由信息的站点就构成了 VPN。一个站点可以同时位于不同的几个 VPN 之中。

VPN 与 PKI、PMI 技术是电子政务中 3 项关键性技术,三者的结合使用是电子政务信息安全的基石。

2.5.8　数据保护

电子政务系统中保存着大量的涉密信息,必须建立一套恢复与备份机制确保出现自然灾害、系统崩溃、网络攻击或硬件故障情况时重要数据能得以恢复。

根据电子政务系统的特点,系统数据安全应具备以下条件:

(1) 支持大容量存储;

(2) 支持异地备份与恢复;

(3) 跨平台的备份能力;

(4) 支持多种存储介质和备份模式;

(5) 支持自动恢复机制。

理想的备份系统应该是全方位、多层次的。目前最先进的数据备份技术是基于网络的备份系统。网络备份管理系统对整个网络的数据进行管理,利用集中式管理工具的帮助,系统管理员可对全网的备份策略进行统一管理,备份服务器可以监控所有机器的备份作业,也可以修改备份策略,并可即时浏览所有目录。所有数据可以备份到同备份服务器或应用服务器相连的任意一台磁带库内。

双机热备是电子政务系统稳定、可靠、有效、持续运行的重要保证。它通过系统冗余的方法解决系统的可靠性问题,并具有安装维护简单、稳定可靠、监测直观等优点。位于网络运转中心部位的数据中心是各种关键性业务应用的中枢点,在确保高可用性方面,服务器集群堪称是最具价值的系统级技术之一。一个服务器群是通过将多台服务器互联在一起而形成的。它以松散的成对配置来共享资源。集群具有一定的自我修正能力,它可以保证系统的不间断运行,把非计划和计划的停机时间降到最低。

异地容灾一般以存储区域网络(SAN)为基础,在存储区域网络与网络之间通过 LAN 或 WAN 相连,速度可从 T1[①] 到 OC3[②] 自由选择。通过光纤通道 SAN 或借助于广域网扩展的 SAN 到远程的复制,支持同步和异步的容灾镜像,支持全面的磁盘同步,当出现较大的灾难时,确保这些数据在另外一个地点的在线拷贝是可用的,以支持尽快恢复在另一台机器上的关键处理。

2.6　本 章 小 结

本章主要从电子政务信息安全特点、信息安全框架、信息安全风险管理、风险评估以及信息安全技术五部分对电子政务信息安全的相关理论与技术进行了阐述。

第一部分对电子政务信息安全特点进行了介绍。主要介绍了电子政务的概念、与传统政务的区别、电子政务总体架构以及电子政务安全目标等内容。

第二部分对电子政务信息安全框架进行了研究与分析。主要分析了电子政务经典模型、电子政务信息安全区域划分、等级划分等内容。

第三部分介绍了电子政务信息安全风险管理理论。主要包括风险管理概述、风险管理标准与模型以及电子政务信息安全风险管理实践等内容。

第四部分进行了电子政务信息安全风险评估研究。分析了电子政务中的信息安全风险、风险评估方法以及风险评估过程等内容。

第五部分介绍了 8 种常用的电子政务信息安全技术。包括密码技术、防病毒、防火墙、PKI/PMI、入侵检测、漏洞扫描、VPN、数据保护等内容。

---

① 这是 ITU - T 统一规定的电接口速率,T1 是北美和日本标准的基群速率 1.544 Mbps。
② OC3 相当于 100 倍的 T1 速度,为 155 Mbps。

3. 电子政务信息安全架构设计

"攻守一法,敌与我分而为二事"。[①] 虽然攻击技术越来越复杂,而且常常超前于网络防御技术,但是,经过防御方策略的调整变化,又将形成一个相对稳定的安全局面。

对攻击与防御进行深入研究有两方面的意义:一方面,可以对黑客采取的攻击策略和手段进行有效地预测和判断,提高自身安全性;另一方面可以对自身网络进行安全测试,用于发现自身网络存在的安全漏洞,及时采取相应防范措施,避免自身的安全漏洞被黑客所利用。

本章首先阐述了信息对抗理论,然后分析了攻防的过程,再次,介绍了可生存性理论与博弈论,最后,构建了电子政务信息安全攻防博弈模型。

本章研究逻辑框架如图 3-1 所示。

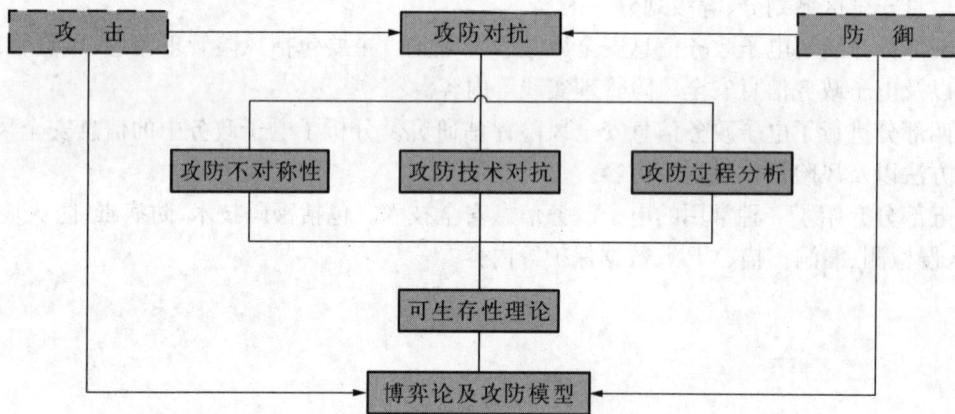

图 3-1　第 3 章研究逻辑框架

3.1　信息安全攻防对抗

真正的安全不是单方面的,也不是静态的,而是基于社会大背景下的一种信息对抗方

---

① 引自《唐李问对·卷下》。

式,是一个动态的过程。信息对抗具有很多独特的地方：有明确的攻防方向,却没有确定的攻击者,因为任何对象(外部用户、内部用户)都可能成为攻击者;信息的非对称方式,攻守双方对攻防知识的认知程度,以及对目标系统的信息观测和控制能力是完全不同的。安全管理员通过对目标系统的控制,有效地设置信息保护和信息封锁,保证了目标系统的安全稳定;而攻击方在攻防对抗知识获取上的优势,使得针对目标系统的安全隐患总是存在。

3.1.1　信息对抗

我国对信息对抗的研究起步较晚,成果也较少。目前主要从网络攻击、网络防御及攻防等角度作了一些探讨,概括起来有以下 3 种观点：

(1)"程序说"。"程序说"认为,信息对抗是"计算机病毒、抗计算机病毒程序以及对网络实施攻击的程序的总称"[①]。

(2)"攻防说"。"攻防说"认为,信息对抗是"研究有关防止敌方攻击信息系统、检测敌方攻击信息系统、恢复破坏的信息系统及如何攻击、破坏敌方信息系统的理论和技术的一门科学"[②]。

(3)"争夺说"。"争夺说"认为,信息对抗是"在信息网络环境中,以信息网络为载体,以计算机或计算机网络为目标,围绕信息侦察、信息干扰、信息欺骗、信息攻击,为争夺信息优势而进行的活动的总称"[③]。

综合以上 3 种观点,可得到如下定义：

信息对抗研究的内容应该包括网络攻击、防御的理论与技术以及各自目标实现的策略过程。信息安全对抗的焦点是信息资源的可用性、机密性和完整性。信息安全对抗的研究领域涉及通信、密码学、数学、计算机、系统科学、控制论等众多领域。

信息对抗最早应用并服务于军事,随着技术发展和网络普及,它在各个领域无所不在：只要有信息的地方,就存在并演绎着信息对抗,为了信息的获取和控制而展开的争夺和较量。

信息对抗主要体现在信息获取、传输、存储和决策处理 4 个阶段：

其一,在信息获取阶段,一方需要获取对方真实完整的信息,而另一方则可以通过各种手段,如伪装、欺骗的方法使对方不能获取所需要的信息;其二,在信息传输阶段,一方要设法将信息正确传输到目的地,而另一方则通过截取、弄假、干扰等手段影响信息的正确传输;其三,在信息的存储阶段,对抗的双方围绕信息的完整性和保密性展开攻防;其四,决策处理阶段的信息对抗体现为双方信息处理与决策支持系统之间的对抗。

黑客对信息的攻击一般都集中在信息的传输、存储和决策处理 3 个阶段中。因此,针对不同阶段中信息所处的不同状态,来研究不同的对抗手段,能更为有效地抵御黑客的攻击。

---

① 见景志宏、王公望《计算机信息对抗技术及其应用前景》,《电子对抗技术》1997 年第 1 期,第 35 - 40 页。
② 见冯登国、蒋建春《网络环境下的信息对抗理论与技术》,《世界科技研究与发展》2000 年第 2 期,第 27 - 30 页。
③ 见胡建伟、汤建龙、杨绍全《网络对抗原理》,西安电子科技大学出版社 2004 年出版。

如图 3-2 所示。

随着网络技术的发展,信息对抗的发展出现如下趋势:信息对抗的自动化程度日益提高,自动攻击已经逐步代替了人工攻击;信息对抗攻防周期日益缩短,发现敌方软件漏洞的时间越来越短,攻击频率越来越快;信息对抗趋向分布式,协调安排多点进行分布式攻击;在短期内大密度实施电子攻击以求瞬间使目标系统瘫痪。

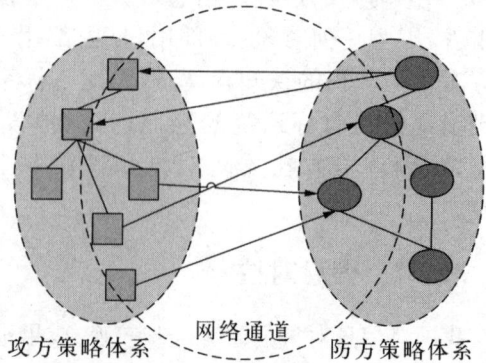

图 3-2　攻防对抗的图论表示

3.1.2　信息对抗的不对称性

在信息安全领域,攻防具有明显的"非对称性"特征,具体表现为:

3.1.2.1　攻防技术不对称

操作系统、应用软件、网络协议等不可避免地存在和隐藏了大量漏洞和脆弱性,而这些漏洞信息和脆弱性资料在 Internet 上几乎完全公开。虽然在漏洞补丁发布之前,这些漏洞信息不会事先公布于众,但由于大多数网络疏于及时更新和启用这些补丁,导致相应的网络存在巨大的安全脆弱性。针对这些漏洞和脆弱性,攻击者不但自行开发了有力、针对性强的攻击工具、入侵软件,还完善了详尽的教程,使得计算机应用初级水平的人都可以掌握这些看起来很复杂的攻击行动。

攻防技术之间的知识不对称,即攻击者所获得的攻防对抗知识总是大于防御者。这个不对称包含两个方面的原因:① 每个防御措施必定针对一个漏洞或者攻击技术,但并非每个漏洞或者攻击形式都存在相应的有效防御,同一漏洞可能存在很多种攻击方式,增加了对攻击行为的预测难度,如图 3-3 所示。相对于攻击知识,防御措施总是有一定滞后;② 虽然是从攻防对抗中获取知识,但由于攻守地位的不同,防御者需要掌握所有的攻击技术和漏洞信息才能达到与攻击者相平衡。

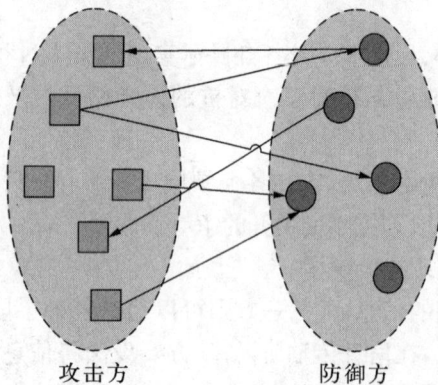

图 3-3　攻防技术不对称的图论表示

3.1.2.2　攻防成本不对称

一台再普通不过的计算机、一条极不起眼的网线就可以组成有效的攻击工具,一个普通的攻击者可能顷刻间就能使许多人花费大量人力、物力、财力建设起来的网络失效或瘫痪,入侵成本极低。

如在一个销售攻击工具的网站价目表中,一个拒绝服务(DDoS)攻击软件为 1 500 元,除去计算机等一次性购置成本和微不足道的网络资费外,这几乎是一个攻击者所需要花费的全部成本,但 DDoS 造成的破坏则可以使一个电子商务网站在数天内损失几百万乃至上千万元的营业额。[1]

除技术成本低廉外,攻击者的风险成本也极低。不同于攻击物理设施,对网络系统的攻击不需要物理位置上的接近。攻击者可以来自世界上的任何地方,跨越多个通信网络,可以有效掩盖其身份和位置,而追踪这些攻击却非常困难且耗时极多。

3.1.2.3 攻防信息不对称[2]

在攻击对抗中,防御者往往习惯于从攻击者的角度思考攻击行为,根据系统所有的漏洞信息来分析攻击者可能采取的行动。这样防御者得到一大堆攻击趋势预测,却无法制定一个有效的反击策略。从攻击者角度进行攻击预测,其方法固然是没有错,但在思考过程中,没有考虑到攻防之间信息的不对称。

攻击者在攻防对抗知识上有自身的优势,但在目标系统信息获取上往往还只是一个盲目搜索和攻击试探的过程;而防御者虽然熟悉自己的安防系统,但却无法预测攻击在何时、何地以何种方式进行,只能全面考虑所有可能的攻击,针对存在的弱点处处设防、时时警惕。

3.1.2.4 攻防主体不对称

网络攻击者掌握主动权,而防御者被动应付,攻击者与防御者处于非对称状态,前者占据有利位置。另外,依靠网络的级连和放大作用,单独的个体就可以向信息对抗中强大的另一方发起攻击。

3.1.3 攻击与防御的关系

从广义上看,网络攻击是指网络上任何的非授权行为。这种行为的目的在于干扰、破坏、摧毁网络和服务器的安全。从狭义上看,网络攻击是指以敌方的信息系统为主要目标,借助各种先进信息技术发动的攻击。

3.1.3.1 攻击先于防御

攻防技术的发展向来是不平衡的,攻击技术总会超前于防御技术。攻击者能取得的知识、工具和技巧总在与日俱增,作为应激反应的防御行为并没有像攻击技术那样来得快。

3.1.3.2 防御与攻击共同发展

攻击和防御技术是随着网络技术的发展而产生出来的,攻击促进了防御的发展,防御技术的发展也刺激了攻击者不断寻找新的攻击方法,从而促进攻击技术的发展。

---

[1] 见沈昌祥、左晓栋《信息安全》,浙江大学出版社 2007 年版,第 39-42 页。

[2] 信息不对称理论产生于 1972 年,经济学家乔·阿克尔洛夫在哈佛大学的经济学期刊发表的论文《次品问题》从分析旧车市场入手,开始触及经济行为中的信息不对称问题(不对称信息指的是某些参与人拥有但另一些参与人不拥有的信息)。他认为:"在旧车交易中,卖者显然比买者对车辆拥有更多信息。信息不对称使得买者难以完全信任卖者提供的信息,只好通过压低价格来弥补信息上的损失。由于买者出价过低,卖者又不愿意贱卖,于是较好的车退出市场,次货开始泛滥。而对次货,买者同样不拥有完备信息,只好继续压低价格。卖者当然还是不愿意接受,次货卖不出手,结果再次退出市场。这个所谓'逆向选择'的过程,最终导致旧车市场的萎缩。"阿克尔洛夫就此得出结论:市场放开并不能解决所有问题,信息是有价值的,由于信息的不对称总是存在,这些摩擦和冲突已经构成经济活动,甚至其他社会活动的普遍特征。

互联网不但为黑客提供了充分发挥的空间,其信息流通能力也大大推动了黑客技术的传播和发展。电子邮件、黑客网站以及各种自由讨论区,都是攻击技术交流的地方。这些公开、大规模的技术共享方式,在整体层次上推动了攻击技术的发展,且其发展不受任何个人和组织的限制。因此,有人称没有一种安全问题像网络安全这样具有如此的技术广泛性。

随着攻击技术发展,安全需求增加,促使以国家、经济团体、社会组织、学术团体以及各种安全机构组成的安全防御技术的发展力量以同样最快、最直接的方式公布针对最新漏洞、最新攻击方法的防御措施。攻击和防御这一对矛盾在 Internet 大背景下高速发展,任何小环境的对抗既是为大背景增加安全内容,更重要的是从这里汲取不断更新的知识。

3.1.4　攻击技术与防御技术

3.1.4.1　针对访问控制的攻击

(1) 对采取物理隔离的目标网络,外部很难利用网络对其进行渗透,只能采用物理破坏或通过放置病毒代码、逻辑炸弹、木马后门等植入目标网络。

(2) 对认证技术来说,基于主机的认证方式大多利用主机 IP 地址作为认证对象,因而可利用 IP 地址欺骗等方式对其进行攻击。基于用户的认证方式安全性更高,对其攻击主要以缓冲区溢出和报文截获分析为主。同时,还可以采用密码破译的方法。

(3) 对防火墙控制技术来说,由于其无法对以隧道方式传输的加密数据包进行分析,因此可利用伪装的含有恶意代码的隧道加密数据包绕过防火墙。另外,利用网络扫描技术可以寻找因用户配置疏忽或其他原因而敞开的网络端口,从而以此为突破口对系统进行入侵。

(4) 对无线网络而言,信号截获、信号欺骗和信号干扰等都是可行的攻击方式。目前攻击方已具备截获慢速短波跳频信号、直扩信号和定频信号的能力。攻击方针对定频信号也可实施欺骗攻击,如能获取目标网络的信号传输设备,则对扩频信号进行欺骗也具有实施的可能,WLAN① 中就常常使用这种方式进行网络嗅探。

3.1.4.2　对加密的攻击

(1) 密码破译:它可用于各层加密,但在各国都十分重视加密技术的今天,企图对核心加密进行密码破译是非常困难的。但对于 Internet 上的一些普通应用而言,密码破译还是相当有用的。

(2) 流量分析:主要用于链路层攻击,对未采用隧道方式的网络层加密攻击也很有效。

(3) 电子干扰:主要针对链路层加密实施。通过降低通信链路的传输质量造成加密设备间频频进行同步处理,导致数据的丢失或频繁重传。

---

　① 　无线局域网络(WLAN,即 Wireless Local Area Networks),是无线的数据传输系统。它利用射频(RF,即 Radio Frequency)的技术,取代双绞线(Coaxial)所构成的局域网络。

（4）欺骗攻击：利用密钥管理机制的不完善以及认证过程中单项认证的缺陷，实施身份欺骗，这多用于 Internet 攻击。

（5）重放攻击：如无法对所截获的报文进行解密，可将其复制、延迟后重传。此攻击可能会造成接收方的处理错误，而且由于解密操作尤其是公钥体制下对系统资源的消耗较大，因而也可能会造成目标系统的拒绝服务。

3.1.4.3　监控的脆弱性及其攻击

病毒扫描和入侵检测共同的脆弱性在于无法识别新的病毒或入侵操作，甚至无法识别已知病毒或入侵操作的变异形式。

入侵检测系统的其他脆弱性有：

（1）实施流量识别与处理时受到处理速度的限制，如出现流量剧增的情况，其检测功能很容易就会崩溃；

（2）当遭受拒绝服务攻击时，部分入侵检测系统的失效开放机制会掩蔽攻击者其他的攻击行为；

（3）管理和维护困难，容易造成配置上的漏洞，形成安全隐患；

（4）漏报率和误报率较高，容易使用户忽视真正攻击的发生。

因此，对监控可实施以下方式的攻击：

（1）欺骗攻击：主要以代码伪装为主，包括代码替代、拆分、编码变换等；

（2）拒绝服务 DoS（Denial of Service）和分布式拒绝服务 DDoS（Distribution Denial of Service）攻击；

（3）新的病毒代码或新的入侵方式。

3.1.4.4　审计攻击

审计攻击的重点是处理目标系统的日志文件，可以利用以下两种方式实施：

（1）直接删除日志或有选择地修改日志，可由攻击者亲自实施或利用一些 Rootkits[①] 程序实施；

（2）利用具有地址欺骗功能的 DDoS 攻击使系统日志文件的大小迅速膨胀，影响系统审计功能的正常执行。

3.1.5　防御技术与攻击技术

针对网络攻击，主要有以下几种防御手段。

3.1.5.1　访问控制

访问控制主要是防止未授权用户使用网络资源，避免网络入侵的发生。主要措施有：

（1）物理隔离。不接入 Internet 或采用专用、封闭式的网络体系能够将外部攻击者拒之网

---

① Rootkits 最早是一组用于 UNIX 操作系统的工具集，黑客使用它们隐藏入侵活动的痕迹，它能在操作系统中隐藏恶意程序。这些程序在植入系统后，Rootkits 将会它们隐藏起来，它能隐藏任何恶意程序过程、文件夹、注册码。目前，在 Windows 操作系统上也已经出现了大量的 Rootkits 工具及使用 Rootkits 技术编写的软件。

外,从而极大地降低了外部攻击发生的可能性。对于电子政务这样重要的应用,物理隔离是一种行之有效的防御手段。

(2)身份认证用于鉴别参与通信的用户、主机或数字证书的真实性。通过身份认证后,不同的用户会被赋予不同的网络访问权限。身份认证是防止欺骗攻击的有效手段。

(3)防火墙是网络间互联互通的一道安全屏障,它根据用户制定的安全策略对网络间的相互访问进行限制,从而达到保护网络的目的。同时,基于代理技术的应用网关防火墙还能够屏蔽网络内部的配置信息,从而抑制部分网络扫描活动。

(4)信号控制接入。直扩、跳频或扩跳结合等信号传输方面的安全措施都是相当有效的网络接入控制手段。

3.1.5.2　加密

加密是对信息进行某种形式的变换,使得只有拥有解密信息的用户才能阅读原始信息。对信息进行加密可以防御网络监听,保护信息的机密性。同时,高强度的信息加密技术极大地抑制了密码破译攻击的成功实施,尤其是采取了算法保密等非技术措施后,企图采用技术手段破译加密系统是极其困难的。另外,加密既可以作为身份认证的一种实现方式,又可以为认证安全提供保障,因而在一定程度上也能够防止欺骗攻击的发生。

网络传输中一般采取链路层加密和网络层加密的保护措施。链路层加密为相邻链路节点间的点对点通信提供传输安全保证。它首先对想传输的链路帧进行加密处理,然后由每一中间节点对所接收的链路帧进行解密及相应的处理操作,如该帧需继续传输,则使用下一条链路的密钥对消息报文重新进行加密。

网络层加密也称作端到端加密,它允许用户报文在从源点到终点的传输过程中始终以密文形式存在,中间节点只负责转发操作而不做任何解密处理,所以用户的信息内容在整个传输过程中都受到保护。同时,各报文均独立加密,单个报文的传输错误不会影响到后续报文。因此,对网络层加密而言,只要保证源点和终点的安全即可。

3.1.5.3　监控

网络防御中的监控可分为恶意代码扫描和入侵检测两部分。恶意扫描主要是病毒扫描和后门程序扫描。现有病毒扫描软件在查杀病毒方面的有效性已得到了公众的认可,是防御恶意代码攻击的有力武器。入侵检测系统主要通过搜集、分析网络或主机系统的信息来识别异常事件的发生,并会及时地报告、制止各种可能对网络或主机系统造成危害的入侵活动。入侵检测系统可以发现网络扫描活动,并对拒绝服务攻击的防御起着重要作用。

3.1.5.4　审计

审计是一种事后措施,用以及早地发现攻击活动、获得入侵证据和入侵特征,从而实现对攻击的分析和追踪。建立系统日志是实现审计功能的重要手段,它可以记录系统中发生的所有活动,因此有利于发现非法扫描、拒绝服务攻击及其他可疑的入侵行为。

网络防御技术体系如图3-4所示。

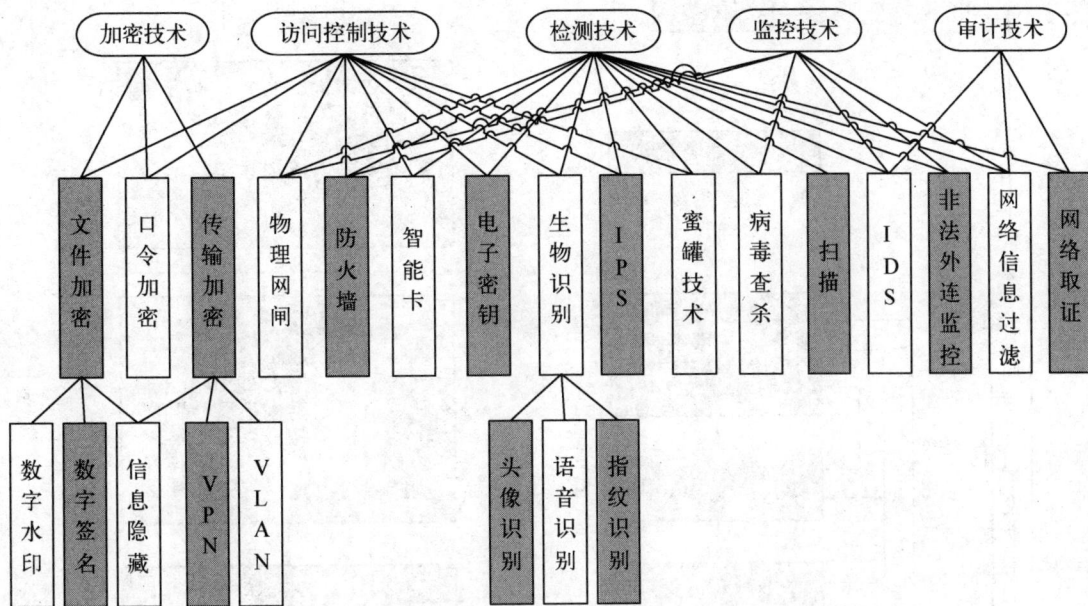

图 3 - 4　网络防御体系技术结构图

3.2　信息安全攻防过程分析

3.2.1　攻防对抗过程分析

如图 3 - 5,攻击与防御首先是一个过程,对于整个系统以及时间轴来讲,这个过程是不断连续的,即攻击与防御贯穿于系统安全的整个过程。

过程是相对于时间而言的,这种时间关系对于双方在信息不对称情况下的攻防对抗非常重要,即获得信息越及时、越早越好;行动也要尽早、尽快,要力争对方来不及反应前动手,即"攻其不备"。

一次攻击与防御过程完成后,便循环进入下一轮的对抗。对于防御方来讲,要充分总结经验、亡羊补牢,加强预防措施,或变被动为主动,主动追击攻击者。对于攻击方来讲,要对攻击行为产生的后果进行评估,判断是否达到了攻击目的,是否隐藏了自己的踪迹,是否需要进入下一轮的攻击……

3.2.2　攻击行为过程分析

3.2.2.1　攻击的分类

Amoroso 认为攻击分类方法应有以下 6 个特性:① 互斥性,各类别应是互斥的,不能有重叠;② 穷举性,全部类别包含了所有可能的攻击;③ 非二义性,各类别精确、清晰,没有不确定性;④ 可重复性,对一个样本多次分类的结果一样;⑤ 可接受性,分类符合逻辑和直觉,能得到认同;⑥ 可用

攻击方　　　　　　　　防御方

产生攻击诸原因

在攻击方采取实际行动进行攻击前，处在被动地位，只可尽力分析己方"漏洞"可能遭攻击的薄弱环节，结合己方要害部位，考虑反攻击预案及补救措施

形成攻击的方法及步骤(含内部模拟试验,对付对方反攻击措施)

当攻击方开始"收集信息"的行动时，是防御方可感知攻击的开始，但对于合乎规则的信息收集很难区分出攻击的"前奏"；尽可能早感知攻击行动内容，进而分析判断攻击方意图及后续措施

收集攻击所需信息、实施准备

感知攻击、攻击内容获取、启动反攻击措施

实时攻击、实时监控攻击

分析攻击后果，采取消除后果的行动

收集攻击效果

感知对方消隐行动，利用对方消隐行动追踪攻击方

消隐攻击痕迹留下再攻击入口

采取手段反制攻击方，总结经验

撤出攻击、总结攻击

时间或过程发展方向

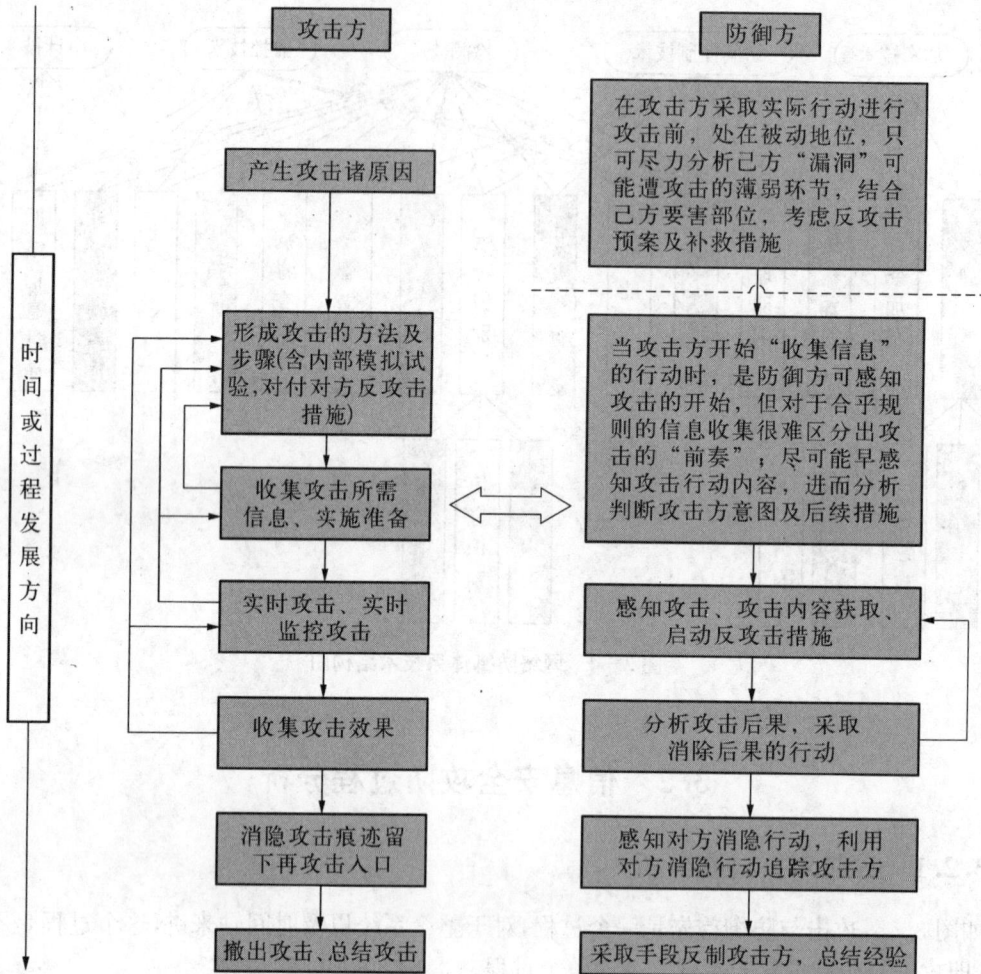

图 3-5　攻击与防御对抗过程简图[1]

性,分类可用于该领域中的深入调查、研究。这些都是一个分类法应该具有的理想特性。[2]

(1)基于漏洞的分类方法

　　攻击行为的分类是在漏洞分类的基础上发展起来的,系统漏洞是攻击的主要对象。根据计算机系统安全漏洞对攻击进行分类的主要研究,有美国海军研究实验室的 Landwehr 等人根据安全漏洞的产生、引入时间和在计算机系统中的位置 3 个方面的分类方法。另外,Bishop 设计了一种六轴分类学模型和一个弱点分类系统,其目的在于让厂商设计更为可靠、更安全和更健壮的系统,其分类机制更利于在厂商发布自己的产品前检查其中的弱点。计算机系统安全漏洞有它多方面的属

　　①　见王越、罗森林《信息系统与安全对抗理论》,北京理工大学出版社 2006 年版,第 82 - 83 页。
　　②　Edward G Amoroso. *Fundamentals of Computer Security Technology. Upper Saddle River*,NJ：Prentice-Hall PTR,1994.

性。① 李昀提出了一种基于星型网模型的安全漏洞分类方法，构造的星型网模型共有七维，分别是漏洞起源、威胁类型、威胁程度、引入时间、漏洞位置、所属系统、漏洞利用的复杂度。②

有关漏洞的详细分类请看附录 2。

（2）基于经验术语分类方法

最初对攻击的描述经常采用经验术语列表的方法，如 Icove 曾经按经验将攻击分成病毒和蠕虫、资料欺骗、拒绝服务、非授权资料拷贝、侵扰、特洛伊木马、隐蔽信道、搭线窃听、会话截持、IP 欺骗、口令窃听、越权访问、扫描、逻辑炸弹、陷门攻击、隧道、伪装、电磁泄露、服务干扰等二十余类。③

Cohen 提出的分类体系将攻击分为：特洛伊木马（trojan horses）、费用欺骗网络（toll fraud networks）、虚构用户（fictitious people）、基础设施观察（infrastructure observation）、E-mail 溢出（e-mail overflow）、时间炸弹（time bombs）、作业获取（get a job）、保护极限截穿（protection limit poking）、基础设施串扰（infrastructure interference）、人员工程（human engineering）、贿赂（bribes）、垃圾搜索（dumpster diving）、共振摆动（sympathetic vibration）、口令猜测（password guessing）、报文插入（packet insertion）、数据欺骗（data diddling）、计算机病毒（computer viruses）、无效参数调用（invalid values on calls）、Van Eck 臭虫（van eck bugging）、报文监视（packet watching）、PBX 臭虫（PBX bugging）、侧翼冲浪（shoulder surfing）、开放式麦克风侦听（open microphone listening）、老磁盘信息（old disk information）、视频浏览（video viewing）、盗窃备份（backup theft）、数据聚簇（data aggregation）、损耗或条件炸弹（user or condition bombs）、绕过处理（process by passing）、错误的磁盘更新（false update disks）、输入溢出（input overflow）、挂断盗用（hang-up hooking）、电话中转伪造（call forwarding fakery）、违法数值插入（illegal value insertion）、E-mail 欺骗（e-mail spoofing）、登陆欺骗（login spoofing）、引诱压力失效（induced stress failures）、网络服务攻击（network services attacks）、组合攻击（combined attacks）等。④

Perry 和 Wallich 对经验术语分类方法进行了一定的改进，其分类体系基于两个元素，即潜在的攻击者和可能的后果。其中潜在的攻击者分成操作员、程序设计员、数据录入员、内部用户、外部用户和入侵者，可能的后果包括物理破坏、信息破坏、数据欺骗、窃取服务、窃取信息等。

基于术语分类的方法往往是根据经验进行的，逻辑性和层次结构不清晰，目的性不强；对于同一种攻击，不同人的分类实践非常可能出现完全不同的结果，很难满足实际工作的需要。因此，这种分类方法并没有得到广泛地应用。

（3）基于网络应用的分类方法

根据具体网络应用而将攻击进行分类。Weaver 等人从目标发现、选择策略、触发方式等角度对计算机蠕虫进行了描述，对于攻击者也按其动机不同进行了划分⑤；Welch 从流量分析、窃

---

① M. A. Bishop. *Taxonomy of UNIX System and Network Security Vulnerabilities*. University of California, 1999.

② 见李昀、李伟华《基于星型网模型的安全漏洞分类》，《计算机工程与应用》2002 年 38 卷第 7 期，第 42－44 页。

③ D Icove、K Seger、W Vonstorch. *Computer Crime: A Crimefighter's Handbook*. O'Reilly ＆ Associates, Inc. 1995.

④ F. Cohen. *Information system attacks: a preliminary classification scheme. Computers and Security*, 1997, 16(1), pp. 29－46.

⑤ *A taxonomy of computer worms*. http://www.cs.berkeley.edu/~nweaver/papers/taxonomy.pdf, 2003. Accessed on 2008.08.20.

听、中间人攻击、重放攻击等方面描述了针对无线网络的安全攻击①。

Mirkovic 等人在对 DDoS 类攻击进行描述时,对其自动化程度、扫描策略、传播机制、攻击的漏洞、攻击速度的动态性、影响等属性进行了划分②;Alvarez 和 Petrovie 在分析对 Web 应用而发起的攻击时,重点从攻击入口、漏洞、行为、长度、HTTP 头及动作、影响范围、权限等方面对攻击进行描述,并用不同长度的比特位所代表的数字来表示每一个属性,从而形成一个攻击编码向量③。

周蓉等人提出了基于网络连接的攻击分类研究④;祝宁提出了基于效果的网络攻击分类方法⑤;熊鹏提出了面向检测的网络攻击分类方法⑥;张磊提出了面向可生存性的网络攻击分类方法⑦;王玉斐等人提出了基于 NIDS 数据源的网络攻击事件分类方法⑧;胡乔林等人提出了基于受害者的网络攻击行为分类方法⑨。

这种针对特定类型应用或特定系统的安全攻击的描述方法对于特定场合是适合的,有利于描述其固有的特点及其中的关键属性,但也正是因为过多地考虑专用的特点,这种方法在普适性方面表现得很差,难以适应于多种应用。

有关国外对攻击的详细分类请看附录 3。

3.2.2.2　攻击过程分析

图 3 - 6 为一般攻击行为过程示意图。一个攻击行为的发生一般有 3 个阶段,即攻击准备、攻击实施和攻击后处理。当然这种攻击行为有可能对攻击目标未造成任何损伤或者说攻击未成功。下面简介各阶段的主要内容及特点:

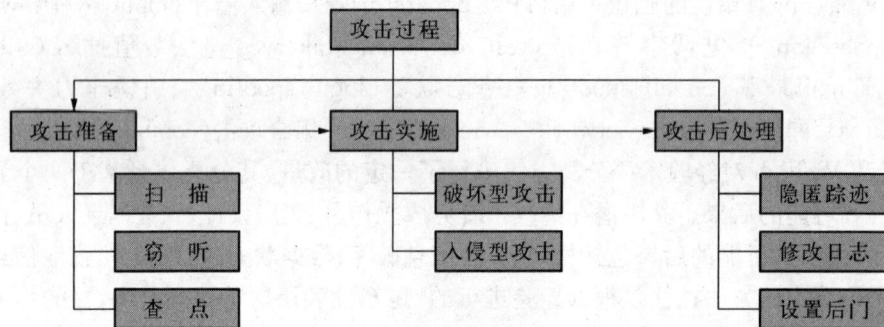

图 3 - 6　攻击行为过程示意图

① D. Welch. *Wireless security threat taxonomy. 2003 IEEE Workshop on Information Assurance*, 2003, pp. 76 - 83.

② J. Mirkovic, J. Martin, P. Reiher. *A Taxonomy of DDoS Attacks & DDoS Defense Mechanisms*. University of California, 2002.

③ *A new taxonomy of Web attacks suitable for efficient encoding*. http://lists.oasis-open.org/archives/was/200308/pdf00000.pdf, 2003. Accessed on 2009.01.20.

④ 见周蓉、周贤伟、郑连等《基于网络连接的攻击分类研究》,《微电子学与计算机》2006 年第 5 期,第 132 - 135 页。

⑤ 见祝宁、陈性元、王前《基于效果的网络攻击分类方法》,《计算机应用》2006 年第 S1 期,第 162 - 164。

⑥ 见熊鹏、何丹《面向检测的网络攻击分类方法研究》,《南昌航空工业学院学报》(自然科学版)2005 年第 4 期,第 77 - 81 页。

⑦ 见张磊、戴浩、马明凯《面向可生存性的网络攻击分类方法》,《计算机应用》2008 年第 S1 期,第 63 - 65 页。

⑧ 见王玉斐、张基温、顾健等《基于 NIDS 数据源的网络攻击事件分类技术研究》,《计算机应用》2005 年第 12 期,第 2748 - 2750 页。

⑨ 见胡乔林、李刚《基于受害者的网络攻击行为分类方法》,《空军雷达学院学报》2005 年第 4 期,第 57 - 60 页。

(1) 攻击准备

攻击的准备阶段可分为确定攻击目标和信息收集两个子过程。攻击前首先确定攻击目标，而后确定要达到什么样的攻击目的，即给对方造成什么样的后果，主要有破坏型和入侵型两种。

破坏型攻击指的是破坏目标，使其不能正常工作；入侵型攻击就是要获得一定的权限达到控制攻击目标或窃取信息的目的。入侵型攻击较为普遍，威胁性大。此类攻击一般利用服务器操作系统、应用软件或者网络协议等系统中存在的漏洞进行。

攻击目标确定之后，通过扫描、窃听、查点等方法收集攻击目标的信息。这些信息主要包括目标的操作系统类型及版本、目标提供的服务类型、各服务器程序的类型、版本及相关的各种信息等。

(2) 攻击实施

当收集到足够的信息后，攻击者就可以实施攻击，对于破坏型攻击只需利用必要的工具发动攻击即可。但作为入侵型攻击，往往要利用收集到的信息找到系统漏洞，通过利用该漏洞获得一定的权限，实现对目标系统的攻击。

系统漏洞一般分为远程和本地漏洞两种。攻击行为一般是从远程漏洞开始，但是利用远程漏洞不一定获得最高权限，往往获得一般用户的权限，只有获得了较高的权限才可以进行入侵行为。

(3) 攻击后处理

攻击者完成攻击后，为了不被系统管理员发现，还要进行必要的善后处理工作。

对于破坏型攻击，攻击者隐匿踪迹是为了不被发现，而且还有可能再次收集信息以此来评估攻击后的效果。对于入侵型攻击最重要的是隐匿踪迹，攻击者可以利用系统最高管理员身份随意修改系统上文件的权限。

隐匿踪迹最简单的方法是删除日志，但这样做虽然避免了系统管理员根据日志的追踪，但也明确地告诉管理员系统已经被入侵了，所以一般采用的方法是修改日志中与攻击行为相关的那一部分日志，而不是删除日志。但只修改日志仍不够，有时还会留下蛛丝马迹，所以高级攻击者可以通过替换一些系统程序的方法进一步隐藏踪迹。

另外，攻击者在入侵系统后还有可能再次入侵该系统，所以为了下次进入的方便，攻击者往往给自己留下后门，如给自己添加一个账号、增加一个网络监听的端口、放置木马等。

3.2.3　防御行为过程分析

由于攻防的不对称，防御方几乎始终处于被动局面，因而只有沉着应战才有可能获取最佳效果，把损失降到最低。相应于攻击行为过程，防御过程也可分为 3 个阶段，如图 3-7 所示，即确认攻击、对抗攻击、补救和预防。

3.2.3.1　确认攻击

确认攻击是防御的首要环节。攻击行为一般会导致系统出现一些异常现象，如异常的访问日志，网络流量突然增大，非授权访问，正常服务的中止，出现可疑的进程或非法服务，系统文件或用户数据被更改，出现可疑的数据等。

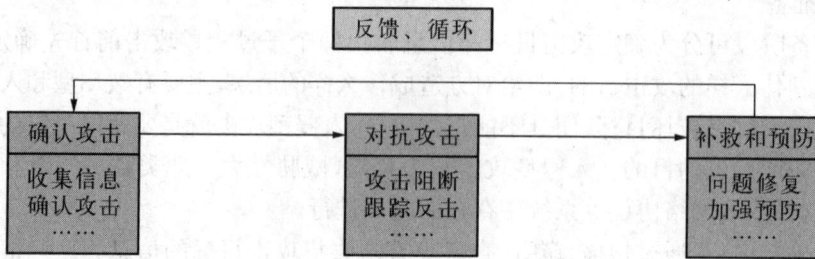

图3-7　防御行为过程示意图

发现异常现象后,要进一步根据攻击的行为特征,分析、核实攻击者入侵的步骤,分析入侵的具体手段和入侵目的。一旦确认出现攻击行为,即可进行有效的反击和补救。

3.2.3.2　对抗攻击

发现攻击行为要立即采取措施以免造成更大的损失。具体地说,可根据获知的攻击行为手段或方式采取相应的措施,如针对于后门攻击及时堵住后门;针对病毒攻击利用杀毒软件或暂时关闭系统以免扩大受害面积等。

3.2.3.3　补救和预防

一次攻击和对抗过程结束后,防御方应吸取教训,及时分析和总结问题所在,对于已造成损失的攻击行为,应尽快修复,尽早使系统工作正常,同时修补漏洞和缺陷;对于未造成损失的攻击要及时修补漏洞或系统缺陷。总之,无论是否造成损失,防御方均要尽可能地找出原因,并适时进行系统修补,而且要进一步采取措施加强预防。

3.3　可生存性理论

3.3.1　可生存性的定义

网络可生存性是对传统网络安全观念的突破和创新,是综合网络系统安全性、可靠性、容错性等领域研究成果的新方向。随着网络系统复杂性的增加以及攻击技术的不断发展,保护互联网上的服务系统完全不受攻击或入侵是不现实的,而很多关键服务要求即使在遭受入侵,甚至系统的某些部件已经受到破坏的情况下仍然能够提供服务,这就必须考虑保证系统的可生存性。

可生存性是 Barnes 等人于1993年提出的,它实际上是指系统提供基本服务的能力,即系统在面临攻击、失效和偶然事件的情况下仍能按需求及时完成任务的能力。

IEEE 定义的可生存性是指当系统的一部分无法工作时,在规定的时间内系统能够无故障地执行和维持关键功能的能力。以 Ellison 等为代表的 CMU/SEI 的研究小组则提出了下面的定义:可生存性是指在面临攻击、故障或意外事故的情况下,系统仍能够及时完成其关键任务的能力。

按定义的字面理解,系统可以提供最大化的可生存安全技术与策略来实现可生存性,但这种做法是不切实际的。实际上,可生存性是在系统功能与系统资源之间提供了一个折中的权衡。系统不一定需要处理所有的攻击、失效和偶然事件。如果在特定环境下系统服务不可用的概率低于需求定义中的门限值;或者在高于需求门限值时系统可提供替代服务或降级服务来满足环境变化以后的系统、用户需求,那么,我们就认为此系统是可生存的。

在定义可生存性时必须要考虑以下 5 个因素:

(1) 系统:要明确提出定义可生存性的分布式网络环境、关键服务类型以及系统是有边界系统还是无边界系统等;

(2) 威胁:可能影响到系统提供服务的威胁因素,主要分为意外威胁、恶意威胁或灾难威胁;

(3) 自适应性:面临威胁事件,系统有能力适应威胁并且继续向用户提供正常服务;

(4) 服务的持续性:服务的可用性应该作为系统需求进行定义,网络性能的下降不应该被用户觉察到;

(5) 响应时间(及时性):服务应该在系统要求或者用户所期望的时间内可用。

本文给出的系统生存性定义是当电子政务系统的一部分由于受到攻击或意外事件不能正常提供服务时,在规定的时间内电子政务系统关键性业务运行和维持的程度。

3.3.2 可生存性系统的特征

为了维持提供基本功能服务的能力,可生存系统必须具备如下 4 种特征:

(1) 抵抗能力(resistance):系统抵抗攻击的能力,例如防火墙、访问控制、认证、加密、多样性、消息过滤等;

(2) 识别能力(recognition):系统检测攻击和识别当前状态的能力,例如入侵检测、日志和审计、追踪调查、自我感知、信任维持、黑盒报告等;

(3) 恢复能力(recovery):恢复受到安全威胁的信息,限制破坏程度的扩大,甚至恢复全部的服务,包括的策略有关键信息和服务的复制、容错设计、冗余组件、备份系统的多样性、系统的动态适应等;

(4) 自适应能力(adaption):攻击过后改进和发展以减轻未来攻击的影响的能力,比如识别更多的攻击模式。

可生存性系统最重要的特征就是在面对攻击、错误和意外事件时仍有提供基本功能服务的能力,核心问题是如何保证系统的完整性、机密性、性能和其他一些关键属性。可生存性的定义中也常常要将如何维持各种关键属性的平衡加以描述。由于关键属性所包含的范围很广,一种属性经常同时涵盖了其他的几种属性。例如,安全属性传统上就包含可用性、完整性、机密性等。如图 3-8 是可生存属性的分解图。

3.3.3 可生存性的网络信息系统

可生存性的网络信息系统是通过实现上述 4 种特征来实现系统生存性目标的。即当系统遭受攻击时,首先采取一定的抵抗与识别措施,以保证系统关键任务的完成。如果抵抗失效,系统要通过响应功能进行报警(目前防火墙和 IDS 中都有这一功能),并全面启动识别功能和恢复功

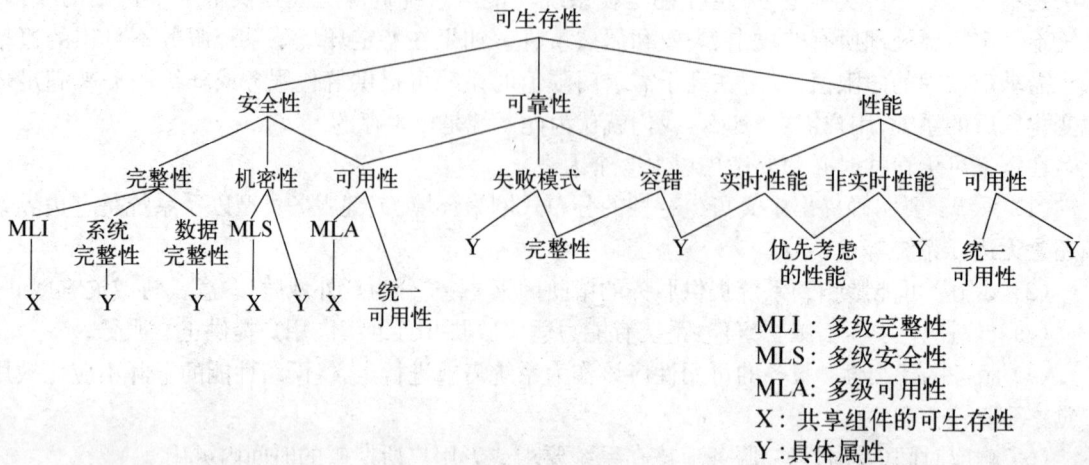

图 3-8 可生存属性分解图

能。在攻击结束后,系统应及时对各项服务进行恢复,使系统在最短时间内恢复到正常状态。在这一过程中,系统通过 IDS 等模块,对系统遭遇的各种攻击进行监控和记录,这些记录为下一步系统的适应进化提供依据。最后,根据此次攻击的新特点,对系统的抵抗功能、识别功能等进行必要的调整和进化,使系统适应不断变化的环境,以提高系统的生存能力。该运行机制可用图3-9表示。

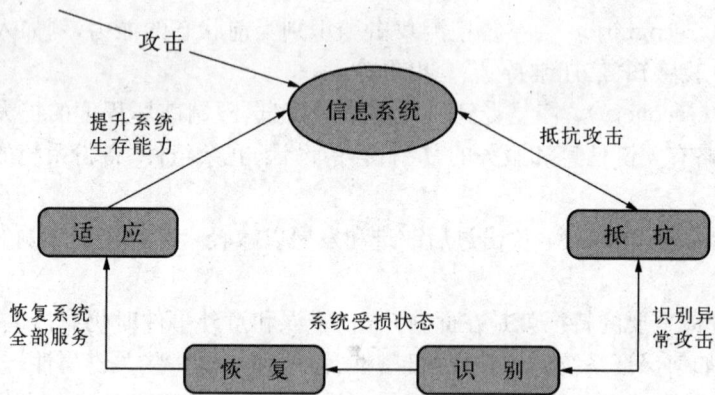

图 3-9 可生存性网络信息系统运行机制

3.3.4 可生存性技术

3.3.4.1 冗余、异构技术

冗余和异构是最为常见的两种提高系统可靠性的方法。冗余根据其实现的层次分为数据信息冗余、构件冗余、系统冗余等,相应的,它们能起到的保障作用和实现冗余所花费的代价是不同的。

数据信息冗余是指关键信息的存储应该不止一台硬件设备和同一地理位置，这是冗余实现的最低级的层次，它只需要信息、存储空间成倍增加，所需要的代价最低。

构件冗余是指系统中重要的功能性构件要有冗余，一旦该构件发生故障或者失效后，能够及时地启用冗余构件，从而不会对整个系统功能的完成造成严重影响。构件冗余是冗余实现的中间层次，代价也介于数据信息冗余和系统冗余之间。

系统冗余是冗余实现的最高层次，它能够对系统的可生存能力提供更可靠的保障。系统冗余是对整体系统进行冗余，包括软硬件环境和数据信息的全部冗余，系统冗余能够提供最高的抗攻击、故障、意外事故等安全事件的能力。

异构往往是和冗余密切相关联的，异构是指对于同样的功能采用不同的方式和技术手段来实现，从而增大攻击者成功的难度。异构通常意味着功能实现方式、软硬件环境的不同。比如同样是提供 Web 服务，一台服务器是 Windows 系统，另一台则是 Unix 系统，所以，攻击者要想成功地入侵系统，必须要能够同时攻破 Windows 和 Unix 两套系统，这大大增加了攻击者成功的难度，也就提高了系统可生存的能力。

对于冗余和异构技术来说，最大的问题就是成本问题。所以冗余和异构的规模和适用范围要与具体的应用服务的关键、重要程度直接相关，需要结合实际情况进行权衡和折中。

3.3.4.2 入侵检测技术（详见 2.5.5 节的介绍）

3.3.4.3 完整性验证技术

完整性验证技术是另外一种发现攻击者对系统或者信息的破坏行为的技术。完整性验证技术首先给要保护的系统或者数据建立基本模型，并保存起来，然后实时地比较系统或者数据的当前模型是否和基本模型一致，从而检测出攻击者对要保护的系统和数据的恶意修改。

完整性验证技术实施过程中的突出问题是，数据模型的建立成本和模型比较的开销较高，另外，验证周期的制订也是一个难点，周期过长会导致无法及时发现攻击者的破坏行为，周期过短则会给系统带来额外的处理负担。

3.3.4.4 自动响应技术

对于大多数已知攻击，入侵检测系统可以比较准确地检测到入侵行为，执行相应的响应措施可以有效地阻止正在发生的攻击行为、降低其造成的影响和破坏。但是从入侵检测系统检测到入侵行为发出报警，到系统管理员执行有效的响应措施，两者之间有显著的时延。这个时延就可能成为信息系统的"致命伤"，迟到的响应可能没有任何意义。Cohen 通过模拟的方法研究了响应时间对于入侵成功概率的影响：对于一个熟练的攻击者，从检测到响应，如果这之间留给他 10 个小时，那他入侵成功的几率为 80%；如果这个时间为 20 小时，那入侵成功的几率为 95%；如果给他 30 个小时，那几乎就是 100% 的成功几率。[①] 由此可见，缩短响应时间是成功阻止入侵事件的重要保障。

---

① Fred Cohen. *Simulating Cyber Attacks*, *Defenses*, *and Consequences*. http://all.net/journal/ntb/simulate/simulate.html. Accessed on 2009.1.20.

Carver 将入侵响应系统分为三类：报警响应、手工响应和自动响应。[①] 目前大部分的响应系统属于报警类型，检测到入侵事件之后，它只提供基本的报警服务。部分手工响应系统可以提供有限的预先编制好的响应程序，并能指导系统管理员选择合适的程序进行响应。与报警类型的系统相比，这类系统优点明显，但是仍然会给攻击者留下较大的入侵时间窗口。而自动入侵响应系统不需要管理员手工干预，检测到入侵行为后，系统自动进行响应决策，自动执行响应措施。不论是从应对数量惊人的入侵事件考虑，还是从响应时间考虑，自动入侵响应系统都是目前较为理想的响应系统。

图 3-10 给出了一个典型的自动入侵响应模型。该模型的核心是响应决策模块，因为及时、有效、合理的响应策略是降低系统损失的关键。

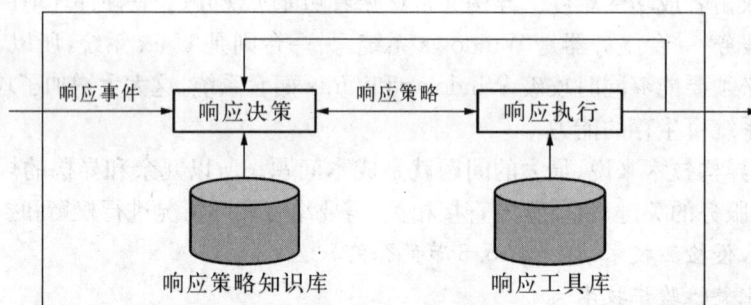

图 3-10 自动入侵响应模型

安全事件由系统前端的入侵检测系统检测输出，响应决策模块依据响应策略知识库，决定对于检测到的安全事件做出什么响应，并由此产生响应策略；响应策略用某种中间语言描述，然后由响应执行模块解释执行，响应执行需要调用响应工具库中预先编制好的程序工具；响应结果应该反馈回响应决策模块，以此来调整和改进响应策略和决策机制。

另外，响应工具应该是与具体受保护系统相关的，因为响应措施最后会具体到一系列的系统命令；而响应工具库建立的目的，是为了使响应系统其他部分尽量与受保护系统无关，从而使得自动入侵响应系统具有较好的通用性或可移植性。

3.3.4.5 自适应重配置技术

自适应重配置是可生存系统中的重要技术。所谓自适应重配置，指的是针对入侵容忍系统对自适应性和安全性等服务的要求，基于故障（入侵）的检测和触发机制，自动地使用一个正确的部件替换掉失效的部件，或者当系统面临较高程度的安全威胁时，以一个充分且高安全度的系统配置替换掉原先不充分或安全度不高的配置的策略。重配置是一种冗余管理方案而不是基于冗余的错误屏蔽，它是系统在遭受故障（入侵）后的恢复和反击行为。

重配置可分为静态重配置和动态重配置。静态重配置是在系统不处于运行期间时对系统进行的配置行为；动态重配置是指系统在运行期间动态地改变系统运行行为，在更改其自身结构后

---

① Curtis A. Carver. *Intrusion Response Systems: A Survey.* http：//faculty. cs. tamu. edu/pooch/course/CPSC665/Spring2001/Lessons/Intrusion_Detection_and_Response/rtirs2. doc. Accessed on 2009-1-20.

不需重新编译就可以进行状态的转化。动态重配置对系统运行的影响应该很小,或者没有。这样,系统一般不需要离线运行或重新启动就可进行安全策略的动态调整。在容忍入侵系统中,动态重配置是应对故障(入侵)的最主要的重配置方法。

3.3.4.6 入侵容忍技术

(1)入侵容忍的概念

入侵容忍的概念最早由 Fraga 于 1985 年提出,但直到近几年才随着美国国防部高级研究计划署 OASIS 和 MAFTIA 项目的研究而发展起来的。入侵容忍系统的目标是保证系统在发生故障时也能正确运转,当系统由于故障原因不能工作时,也应以一种无害的、非灾难性的方式停止。

可以看出,容侵和容错技术的目的是一致的,但两者的区别在于:

① 容错技术在设计和执行阶段对可能发生的偶然和恶意的错误都已预先考虑,对一些能预料到的错误行为可做一些合理的假设。入侵行为从动机上都是恶意的,从形式上很难预料;

② 入侵行为通常是由系统组件外部攻击引起的,传统的容错系统很少考虑这方面行为;

③ 目前的容错技术主要处理已有的软硬件模块错误故障,它们的错误模式相对容易定义,然而面对攻击的分布式服务环境的每一个组件都包含很复杂的功能,定义错误模式更为困难。

(2)入侵容忍技术

入侵容忍主要考虑在攻击存在的情况下系统的生存能力,所关注的是攻击造成的后果而不是攻击的原因。入侵容忍技术包括两个方面的内容:一是容忍技术,可以让系统对入侵和攻击具有可恢复性能,包括资源重新分配,系统冗余等技术;二是错误触发器,监测系统资源、可能的攻击以及系统错误,使系统在被攻击或发生故障的初期,就能够被发现并得到相应的处理,可采用资源监视、验证测试、入侵检测等技术。

(3)入侵容忍系统的特点

① 消除系统中所有的单点失效,也就是说,任何单点发生故障不影响整个系统的运转。

② 抵制内部犯罪。攻击是无法完全禁止的,而内部犯罪可能更加难以根除。入侵容忍系统通过对权力分散及对技术上单点失效的预防,保证任何少数设备、任何局部网络、任何单一场点都不可能出现泄密或破坏系统的事情。

3.4 博弈攻防模型

3.4.1 博弈论的基本概念及分类

3.4.1.1 博弈的基本概念

博弈论(game theory),是研究决策主体的行为发生直接相互作用时候的决策以及这种决策均衡问题的,或者说,其研究的是决策主体在给定信息结构下如何决策使得效用值最大化。在网络空间中,网络实体(攻击实体、防御实体等)参与到各种网络行为中,其行为目的是追求个体利益的最大化,它们之间的关系是理性人的关系。

由于信息安全攻防的动态性,攻防双方的对抗策略处于不断变化中,在动态转换中决策至关重要。为此,在信息安全攻防对抗中,引入博弈论的概念,作为信息安全攻防对抗策略制定的理论基础。

3.4.1.2 博弈的分类

按照博弈论各个基本概念所属种类的不同,可分为:

(1) 按照参与人的先后顺序分为静态博弈(static game)和动态博弈(dynamic game)

静态博弈是指在博弈中,参与人同时选择或虽非同时选择但后行动者并不知道先行动者采取了什么具体行动。动态博弈是指在博弈中,参与人的行动有先后顺序,且后行动者能够观察到先行动者所选择的行动。

(2) 按照参与人对其他参与人的了解程度分为完全信息博弈和不完全信息博弈

完全信息博弈是指在博弈过程中,每一位参与人对其他参与人的特征、策略空间及收益函数有准确的信息。如果参与人对其他参与人的特征、策略空间及收益函数信息了解不够准确,或者不是对所有参与人的特征、策略空间及收益函数都有准确的信息,在这种情况下进行的博弈就是不完全信息博弈。

(3) 按照参与人之间是否合作分为合作博弈和非合作博弈

合作博弈是指博弈开始前,局中人可以不加限制地进行交流,并且可以达到各自所要选择策略的协议,更为重要的是存在这样一个机制使得每个局中人都按照事先达成的协议选择自己的策略,则称这种博弈为合作博弈。反之,就是非合作博弈。

表 3 - 1 博弈的分类

方　法	划分类型	解　　　释
协调程度	合作博弈	在合作博弈(cooperative game)中允许有这样的协议,参与人也可以对其他参与人做出不能改变的威胁,即对特定的策略完全能够自我承诺。
	非合作博弈	在非合作博弈(non-cooperative game)中,其假定局中人完全按照自己的想法行事,事前局中人之间不订立同盟和契约,也不互通信息。
时间行动次序	静态博弈	静态博弈是指在博弈中,参与人同时选择或虽非同时选择但后行动者并不知道先行动者采取了什么具体行动。
	动态博弈	动态博弈(dynamic game)指的是参与人行动有先后次序,且后行动者能观察到先行动者所选择的行动。在现实问题中,绝大多数博弈问题都是非合作、不完全信息、动态的非零和博弈(non-cooperative incomplete nonzero-sum game)。
信息结构	完全信息博弈	在完全信息博弈(complete information game)中,每一位参与人对其他参与人的特征、策略空间及收益函数有准确的信息。
	不完全信息博弈	在不完全信息博弈(incomplete information game)中,参与者(或者至少其中的一部分)只有局部信息。

表 3-2 博弈对应的均衡概念

信息结构	静　　态	动　　态
完全信息	完全信息静态博弈；纳什均衡（Nash，1950-1951）	完全信息动态博弈；子博弈精炼纳什均衡；泽尔腾（Selten 1965）
不完全信息	不完全信息静态博弈；贝叶斯纳什均衡；Harsanyi（1967）	不完全信息动态博弈；精炼贝叶斯纳什均衡；泽尔腾（1975）；Kreps 和 Wilson（1982）；Fudenberg 和 Tirole（1991）

3.4.2　攻防博弈的相关研究

网络对抗包括公共对抗环境、特定目标系统环境、虚拟攻击者与安全管理员等之间的对抗因素；对抗的方法应包括子域分割管理方法、攻击知识描述与对应的攻击知识融合方法，攻击异常分析方法，以及漏洞权图与攻击树描述相结合的攻击趋势分析方法等。

运用博弈论来分析网络对抗，就是分析攻防双方的策略互动。赵莉、禹继国提出了一种基于博弈论的数据传输模型，将攻击者和数据传输者的互动，模拟成非合作的动态博弈过程，并指出该博弈中不存在纯策略纳什均衡，但可以导出博弈双方的最优混合策略。[①]

Kong-wei 运用博弈论分析网络安全的攻防，将攻防双方看作非零和动态博弈中的两个局中人，并计算了双方的最优响应策略。[②] Clark 等人提出多阶段攻击模型框架，应用脆弱性描述，针对网络建模和攻击者能力表达进行定性和定量的复杂脆弱性风险分析。[③]

胡光俊、闫怀志采用不完全信息动态博弈理论分析了网络对抗环境下诱骗系统信息获取各阶段的获取策略特点，给出了博弈双方的收益函数，并计算了双方的纳什均衡解。[④]

由于入侵检测的特征符合博弈理论局中人特征描述，因此可将信息安全员与可疑用户节点作为非合作博弈的对立方，从博弈局中人的相互依赖的行动选择角度建立动态响应的博弈模型。

王从陆、尹长林以博弈论对冲突和合作局势分析与研究的观点和方法解决安全信息融合系统冲突环境下的融合系统决策问题，并建立了相应的模型。[⑤]

董红、邱菀华、吕俊杰结合博弈论及信息安全技术的有关理论，构建了基于成本的入侵检测系统的博弈模型，使得系统管理员可灵活调整响应策略，避免不必要的系统资源浪费，即：当

---

① 见赵莉、禹继国《博弈模型在网络数据传输中的应用》，《网络安全技术与应用》2008 年第 3 期，第 50-51 页。

② L. Kong-wei and M. W. Jeannette, *Game strategies in network security. International Journal of Information Security*, 2005. 4(1-2), p. 71.

③ K. Clark、S. Tyree、J. Dawkins、J. Hale. *Qualitative and Quantitative Analytical Techniques for Network Security Assessment. Proceedings of the 2004 IEEE Workshop on Information Assurance and Security*. United States Military Academy, West Point, NY, 10-11 June 2004.

④ 见胡光俊、闫怀志《基于动态博弈的网络诱骗信息获取策略研究》，《科技导报》2005 年第 1 期，第 32-34 页。

⑤ 见王从陆、尹长林《基于博弈论的安全决策信息融合》，《中国安全科学学报》2005 年第 4 期，第 74-76 页。

$u(i,j \leqslant P_D K)$，则 IDS 报警时，系统管理员执行响应的概率小于 1，IDS 不报警时不响应；当 $u(i, j \geqslant P_D K)$ 时，则 IDS 报警时系统管理员一定执行响应。[①]

王磊、蒋兴浩等人提出了一个基于双矩阵博弈的入侵检测模型，将网络的攻防双方视为对抗性、非零和、非合作的博弈。在假设攻防双方都是"理性人"的角色之下，通过模型寻找出攻防双方的纳什均衡，求出整个博弈的最优混合策略，通过模型分析和预测攻防双方的策略选择心态，进而有效地分析攻防双方的博弈行为。[②]

徐瑞荣、张文东通过对信息系统的风险、性能与触发响应所带来的成本代价等基本要素进行博弈分析，得出了入侵容忍决策的一些有益的结论，即：当响应成本大于容忍代价时，入侵容忍系统选择容忍策略；当响应成本较小时，系统则选择混合策略以获取最大的收益。[③]

3.4.3　信息安全攻防的博弈分析

3.4.3.1　博弈模型的五要素

一个完整的博弈模型通常包括参与者、战略、信息、行动、效用（支付）5 个基本要素，下面对它们逐一进行介绍：

（1）参与者（player）：参与人，或称局中人，是参与博弈的直接当事人，是博弈的决策主体和策略制定者，其通过选择行动（战略）以最大化自己的支付水平。在不同的博弈中，局中人的含义是不同的，既可以是个人也可以是团体或者集团，但这些团体或集团必须是为了一个共同的目标和利益参加博弈的。

在网络攻防对抗中，如同一切博弈理性人，防御方在作为一个理性人进行决策时，其考虑的是己方的安全利益最大化，而攻击方决策时，考虑的是使得攻击效益最大化，这与博弈论中的参与人定义正好相符，属于前面提到的非合作博弈。

（2）战略（strategies）：战略是参与者在给定信息集的情况下的行为规则，它规定参与者在何种情况下采取何种行动。因为信息集包含了一个参与人有关其他参与人之前行动的知识，战略告诉该参与人如何对其他参与人的行动做出反应，因而战略是参与人的"相机行动方案"（contingent action plan）。

对于攻防双方的战略表示，具体说就是防御策略和攻击策略选择规则。在攻防博弈模型中，攻防双方的战略和最优战略求解可表示为多种形式，而且动态博弈过程中需对大量博弈策略的组合进行选择和判断后，即进行策略空间的合理检索，才能求解得出博弈方的均衡策略解。

（3）信息（information）：是对于环境、其他参与人的特征和行动的知识。信息集（information set）是博弈论中描述参与人信息特征的一个基本概念，可以被理解为参与人在特定时刻有关变量值的知识，一个参与人无法准确知道的变量的全体属于一个信息集。

① 见董红、邱苑华、吕俊杰《基于成本分析的入侵检测响应模型》，《北京航空航天大学学报》2008 年第 1 期，第 39 - 42 页。
② 见王磊、蒋兴浩、张少俊等《基于双矩阵博弈的入侵检测模型》，《信息安全与通信保密》2007 年第 12 期，第 102 - 103 页。
③ 见徐瑞荣、张文东《基于博弈分析的入侵容忍决策研究》，《科学技术与工程》2007 年第 24 期，第 6460 - 6462 页。

共同知识(common knowledge)是与信息有关的重要概念。"共同知识指的是所有参与人知道,并且所有参与人知道所有参与人知道……"的那部分知识。除共同知识外,参与人还不同程度地享有私人信息,这也同时构成了博弈双方的不确定信息。

受身份和自身角色的影响,攻防双方对于博弈信息的了解是不对称的,防御方能够准确、具体和全面地了解网络状态和网络拓扑结构,相反,攻击者不知道这些知识,在目标系统信息获取上只能采取盲目搜索和攻击试探。

(4) 行动和行动序列(sequence):行动是参与人在博弈的某个时空点的决策变量。行动可能是离散的或者是连续的,但它一定是有序的。即参与者采取行动都存在顺序。

在动态博弈中,同样的参与人,同样的行动集合,行动的顺序不同,每个参与人的最优选择就不同,博弈的结果就不同。特别是在动态博弈过程中,不同参与人行动有先后关系,其决策是不同时间点上的变量。由于双方在采取行为前的信息量不同,因此其最终结果与静态博弈结果不相同。

在攻防动态博弈中,应采用子博弈精炼纳什均衡方法,将原有均衡中包含的不可置信战略剔除,这要求参与人的决策在任何时间点上都是最优的。在这种情况下,决策者可通过剔除不可置信威胁战略,控制博弈树的增长速度,降低预测和博弈分析的成本。

(5) 效用函数(utility):效用函数是指在特定的战略组合下参与人得到的确定效用水平,或者是指参与人得到的期望效用水平。博弈论最重要的一个特征就是强调个体理性,即在给定约束条件下,追求个体效用函数的最大化,而同时任何个体效用水平不仅取决于自己的战略选择,而且取决于所有其他参与人的战略选择。

一般学者认为,博弈论的效用函数研究主要考虑的是"信息"和"顺序",其中信息决定效用函数的取值,时序影响个体决策方式。因此,博弈论解决任何问题时,都先从个体效用及约束条件出发,定制所有参与人的效用函数及战略空间,然后按照个体效用最大化原则,选择每个参与人采取的最优战略,最后对博弈结果的实际影响进行讨论。

3.4.3.2 攻防博弈的一般模型

博弈论模型是对各种现实生活状况抽象概括,可为探讨博弈论在网络攻防中应用的可行性提供理论基础。

由于网络拓扑异构、应用平台异构、防御者和攻击者的类型差异等诸多原因给网络信息带来了极大的不确定性、模糊性和不完整性,而且攻防双方对于网络环境和对方行为等信息的获取方法存在客观差异,它们的博弈过程属于不完全信息动态博弈,其相应得到的均衡为精炼贝叶斯均衡。根据博弈理论,精炼贝叶斯均衡是在不完全信息的情况下,重复多次静态博弈得到的结果,结合贝叶斯均衡、子博弈精炼均衡和贝叶斯推断方法可计算得到问题的解。

从攻击者和防御者之间攻防对抗的过程和方法来看,博弈模型的基本要素和功能完全符合网络可生存性对抗的特征和分析要求。结合博弈论理论,建立开放式的网络攻防博弈的一般模型,如图3-11。

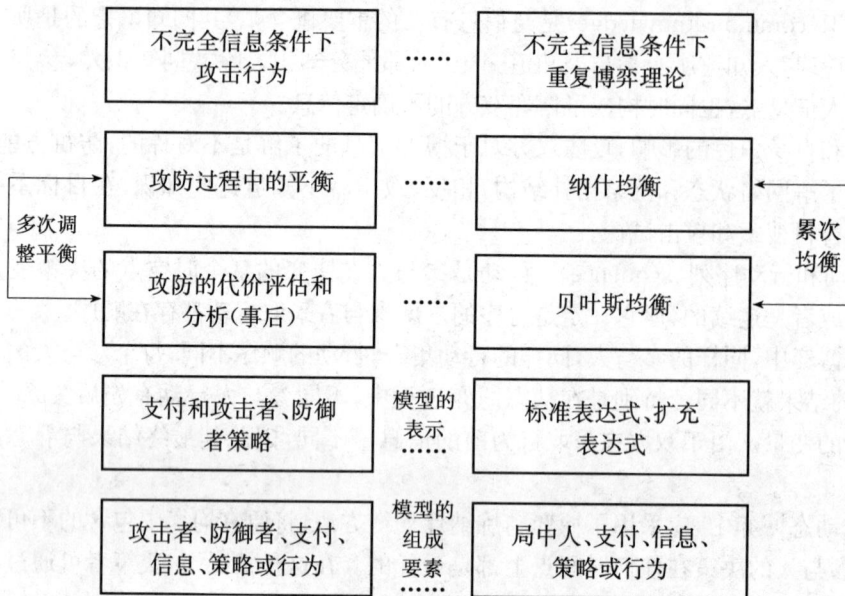

图 3 - 11　网络攻防博弈的一般模型

3.4.3.3　攻防博弈过程分析

根据上述博弈模型要素分析,将信息安全概括为攻防双方的动态博弈过程。假设黑客攻击行为 A^1,防御方行为 A^2,这个随机博弈模型可用如下六元组进行描述:

$$G = (S, A^1, A^2, Q, R^1, R^2, \beta) \tag{3.1}$$

其中 $S = (\xi_1, \xi_2, \cdots, \xi_j, \cdots, \xi_N)$ 是网络时空变化的状态集,博弈不断地由一个状态转换到下一个状态;$A^k = \{a_1^k, \cdots, a_m^k\}\ k = 1, 2, M^k = |A^k|$ 表示攻防双方的策略集,每次状态转移中采取的策略都是其策略集的某个子集,既可以是纯策略,也可以是多策略组合。$R^k: S \times A^1 \times A^2 \times S \rightarrow \mathcal{R}$ 分别是攻防双方在每次状态转变过程中采取一定策略的效用水平;$Q: S_i \times A_k \times B_k \times S_{i+1} \in [0, 1]$ 为状态转移方程,由网络状态、攻防双方采取的策略确定;β 是折现率,$(0 < \beta < 1)$ 用于计算未来的收支情况对于参与人当前行为的影响程度,较高的折现率意味着参与人更重视未来收支。

攻防博弈过程描述如下:假设在时刻 t,博弈处于状态 $S_t \in S$,攻击方和防御方分别从自己的策略集中选取策略 a_t^1 和 a_t^2,这样攻击方和防御方分别获得收益 $R_t^1 = R^1(s_t, a_t^1, a_t^2)$,$R_t^2 = R^2(s_t, a_t^1, a_t^2)$,然后博弈进入下一状态 S_{t+1}。根据不完全信息动态博弈理论,在网络动态对抗的环境下,双方当期收益不仅取决于当前状态和这种状态下攻防双方策略以及系统行为,还取决于决策人对于对方类型所做的概率分布判断。假设此时攻击者对防御者类型的概率判断为 $(\mu, 1 - \mu)$,根据不完全信息博弈理论,其期望收益为 $R_t^1 = R^1(s_t, a_t^1, a_t^2, \mu)$,同理防御方的期望收益也受到其主观判断的影响。

3.4.4 电子政务信息安全攻防博弈模型

在电子政务的信息安全策略研究中,本文将政府的安全管理人员作为防御方,而将黑客或内部滥用者作为攻击方。电子政务信息安全攻防博弈模型就是描绘攻防双方通过控制相关的攻防技术与管理而展开博弈的过程,其对象主要是构建受控网络系统并博弈电子政务系统的脆弱性。

3.4.4.1 模型的建立

攻击方与防御方的策略相互影响、互动是攻防模型的基本假定。作为攻击方,其通过提高攻击能力,运用各种攻击技术,发现、利用对方网络系统的脆弱性,增加防御方网络系统的安全风险,增大攻击成功的可能性,但同时也受防御方和环境影响而存在不确定性,所以攻击方有风险;作为防御方,其通过提高防御水平,运用各种防御技术发现、弥补己方网络系统的脆弱性以降低安全风险并减小受攻击的可能性,但同时也受攻击方和环境影响而存在不确定性,所以防御方也有风险。

根据攻防双方的上述博弈过程,构建信息安全攻防对抗模型,如图3-12所示。

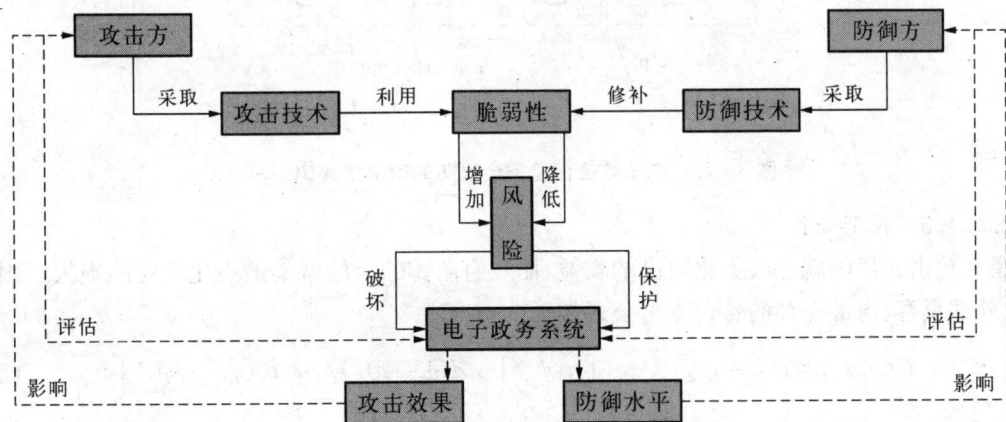

图3-12　电子政务信息安全攻防博弈模型

在电子政务系统可生存性策略分析中,攻击者和防御者是一种非合作博弈,其根本原则就是使成本(损失)最小化或赢得(利益)最大化,并由此确定己方的行为策略。具体而言,对攻击者来说,无论防御者采取何种防护策略,攻击者总希望采用一种合适的混合策略,达到攻击的目的。而同时防御者总想找到一种合适的混合策略来保证系统在面临攻击时仍能持续地提供关键服务,即具有可生存性。

3.4.4.2 模型描述

假设来自外部黑客(external)的概率为 ε ,则来自内部黑客(internal)为 $1-\varepsilon$;外部黑客未能通过认证(unauthorized)的概率为 ξ,进入节点3,通过认证(authorized)的概率为 $1-\xi$,进入节点5;在节点3处的外部黑客可选择[hack(ψ_1), no hack($1-\psi_1$)];在节点5对已通过认证的外部黑客和内部黑客进行[honest($1-\lambda$), dishonest(λ)]区分,其中 dishonest 的黑客进入节点6;在节点6进行[hack(ψ_2), no hack($1-\psi_2$)]的选择,然后进入下一节点;防御方(政府)的策略只有

［defend(ρ），no defend（$1-\rho$）］两种选择。博弈树如图 3-13 所示。

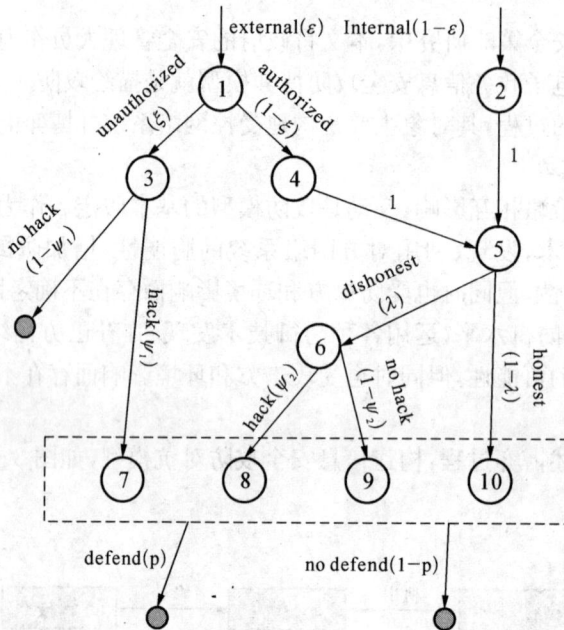

图 3-13　电子政务信息安全攻防的简单博弈树表示

3.4.4.3　模型分析

黑客攻击的目的就是最大化自己的收益，而政府防御的目的就是最小化政府的损失。因此，政府、外部黑客、内部黑客的各自支付公式如下：

$$G(\rho,\psi_1,\psi_2) = -c\rho[1-\varepsilon\xi(1-\psi_1)]-d(1-\rho)[\lambda\psi_2+\varepsilon\xi(\psi_1-\lambda\psi_2)] \tag{3.2}$$

$$H_E(\rho,\psi_1) = \mu\psi_1-\beta\Delta\rho\psi_1 \tag{3.3}$$

$$H_I(\rho,\psi_2) = \mu\psi_2-\beta\Delta\rho\psi_2 \tag{3.4}$$

对攻击方来说，如果 $\frac{\mu}{\beta}>1$；对防御方来说，如果 $\frac{c}{d}<\varepsilon\xi$，那么此时可求得 $\rho=1,\psi_1=1,\psi_2=1$，就是这个模型的纳什均衡点。也就是说，当攻击方的收益值大于惩罚值时，或者是攻击的后果危害性足够大时，攻击是肯定要发生的，而防御不仅要防御来自外部黑客的攻击，同时也要防御来自内部的攻击，安全投资是必须要做的。

3.5　本章小结

电子政务信息安全架构设计就是安全攻防的架构设计。本章第一，介绍了信息对抗理论，分析了攻防的不对称性,研究分析了攻防对抗技术和过程;第二,介绍了可生存性理论,这是目前信息安全重要的研究内容,并介绍了可生存性技术,如入侵容忍技术;第三,介绍了博弈论,分析了博弈的 5 个要素与网络攻防博弈的一般模型;第四,基于前面的模型和相关理论知识,构建了电子政务信息安全攻防博弈模型。

4. 信息安全攻防互动策略

"攻是守之机,守是攻之策,同归乎胜而已矣。"①信息安全中攻防策略是不断变化的,互动策略也就是攻防的策略,有攻有防,在动态变化中不断找到安全的平衡点。

本章运用博弈论分析了电子政务信息安全中的攻防策略,通过将网络攻击分为攻击前、攻击中、攻击后3个阶段,分层次地研究与分析了电子政务信息安全问题。

4.1 互动策略框架

什么是策略? 美国哈佛大学策略大师 Michael Porter 给策略所下的定义是:策略就是做选择(取舍—Trade off—选择与放弃)、设定限制(何者可为,何者不可为)、选择要做的顺序,并且根据所要从事任务的特性量身定做出一整套活动。

我们在第3章建立了信息安全攻防的博弈模型,但如何将复杂与宽泛的信息安全问题分解为简单与具体的问题,并选择博弈模型分析,是本章中研究的一个难点。

通过对相关文献的研究与分析,将攻击分为攻击前、攻击中、攻击后3个阶段,通过对这3个阶段的攻防分析,找到最佳防御策略。

攻击发生前的策略也就是电子政务信息安全中的"未雨绸缪",即在安全事件发生前事先做好准备,比如风险评估、制定安全计划、安全管理,以发布安全通告的方式进行的预警,以及各种防范措施等。在这里主要研究的是:其一是安全投资的问题,由于受政府资金紧张和对安全问题的重视程度等因素影响,安全投资一直是一个重点问题;其二是内部安全管理问题,由于内部人员对电子政务系统非常熟悉,而且了解系统的安全漏洞,所以实施攻击容易并且危害性极大,因此研究如何对内部人员进行安全管理,也是一个研究的重点。

攻击发生过程中的策略也就是电子政务信息安全中的"兵来将挡",即在攻击发生过程中,如何应对攻击。对于攻击方主要是分析其攻击技术、攻击路线、攻击频率、攻击能力、攻击结果等;对于政府防御方来说,主要是研究攻击阻止、攻击识别、主动防御以及入侵容忍等。

攻击发生后的策略也就是电子政务信息安全中的"亡羊补牢",即在事件发生后采取的措施,其目

---

① 引自《唐李问对·卷下》。

的在于把事件造成的损失降低到最小。主要分析攻击发生后的应急响应、备份恢复、总结学习等。

互动策略框架,详见图 4-1。

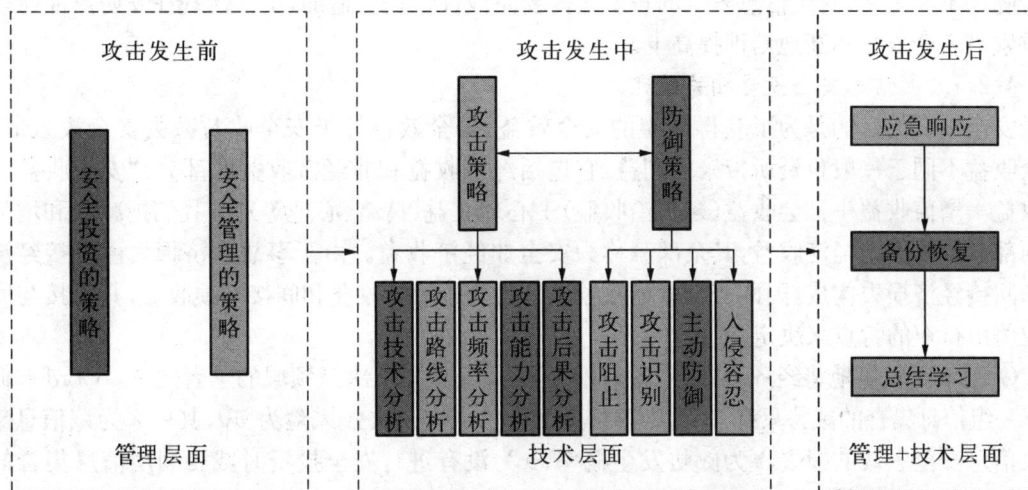

图 4-1　电子政务信息安全互动策略框架

4.2　网络攻击发生前的策略

4.2.1　安全投资的策略

4.2.1.1　安全投资特点

电子政务信息安全的保障要求主要表现在 4 个方面:一是电子政务系统运行的稳定、流畅、不受影响;二是相关信息在存储、传输和使用过程中的真实性、完整性、及时性不受破坏和篡改;三是公众的隐私以及其他权益得到应有的保障;四是涉密信息得到严格的保护,使泄密事件可以得到安全的控制。这些目标的达成,依靠的是在电子政务系统建设和维护中资金以及人力等资源的投入。

电子政务信息安全投资具有如下特点:

(1) 高风险性。信息安全投资的目的是能够在一定程度上保证系统不受侵害,其效益体现在出现安全威胁后所能避免的损失上。然而,系统是否会出现安全问题,何时出现问题,相对而言是一个随机事件,安全问题可能会发生,也可能不会发生;不设保护的安全隐患可能被攻击者发现,也可能不被发现。

(2) 不确定性。这主要体现在投资额的不确定性和收益的不确定性上。与电子商务系统不同,电子商务涉及的关于商业机密的信息更容易折算成其所代表的经济价值,而电子政务系统中的行政性质的信息,难以用具体的金融价值衡量。

(3) 强依赖性。我国政府部门采用的 70% 以上信息安全设备来自国外,客观上留下了很多安全隐患。计算机硬件的换代,操作系统的升级,可能直接导致电子政务系统投资的增加,随之而来的或许是原有信息安全投资的失效。

(4) 持续性。由于攻击技术的不断进步,软硬件安全漏洞的不断出现,信息防护的产品和技术也随之不断更新,对于信息安全的投资也需要阶段性地进行追加,主要体现在安防产品阶段性地重置与安全人员不断地培训提高上。

4.2.1.2 信息安全投资相关研究

安全投资的目的是为了获得期望的安全效益,安全效益等于安全收益减去安全投入成本。安全收益不同于一般投资所带来的利益,它包括经济收益和非经济收益两部分:"安全收益=减损收益+增值收益+社会收益(含政治收益)+心理收益(情绪、心理等)"。我们把减损和增值收益两部分称为安全经济收益,其余部分称为安全非经济收益。由于事故经济损失由直接经济损失和间接经济损失构成,因此安全减损收益也分为直接减损收益和间接减损收益,其直接与间接的比值由行业的特点来决定。

Gordon 是较早地将经济分析的方法引入到信息安全投资决策领域的学者之一。Gordon 假定对于一组信息集合的威胁只有一个,则该信息集合信息安全失效风险为 $v\lambda t$,其中 λ 为该信息集合一次信息安全失效的损失,t 为威胁发生概率,v 为没有进行安全投资时威胁利用信息集合的脆弱性导致其安全失效的概率;且 λ 和 t 均为常量,令 $L = \lambda t$,则信息集合的风险为 vL。Gordon 认为安全投资 z 只对 v 产生影响;令 $S(z, v)$ 为安全投资为 z 时信息集合安全失效的概率函数,Gordon 假定 $S(z, v)$ 满足 3 个条件:① $S(z, 0) = 0$;② $S(0, v) = v$;③ 当 $v \in (0, 1)$ 时,$S'_z(s, v) < 0$,且 $S''_z(s, v) > 0$,即 $S(z, v)$ 随 z 的增大而降低,且降低速度逐渐减小。安全投资 z 所产生的净效益为 $(v - S(z, v))L - z$,所以最佳安全投资 $z^*(v)$ 满足 $-S'_z(z^*, v)L = 1$。①

Gordon 的研究对于如何分析安全决策的经济效益有一定的意义,但其关于安全投资对安全失效概率影响的 3 个假设并不能代表安全方案控制风险的一般规律:安全方案控制风险并非"越贵越好",即花钱越多控制的风险就越大。Gordon 方法不能描述安全方案对风险复杂的作用关系,且其假定一组信息集合只具有一个威胁的前提也不符合实际情况。

Cavusoglu 等学者提出了一个基于博弈论的经济优化模型,该模型在组织信息系统配置入侵检测系统 IDS 和防火墙系统两种安全措施的前提下,将组织和攻击者看作博弈的双方。博弈双方所获支付(payoff)都是以 IDS 和防火墙系统的性能参数(如漏检率、误检率等)、组织特征参数以及攻击者特征参数为自变量的函数。组织所获支付实际上是其面临的风险,进行博弈的目的就是设置决策参数(根据 IDS 日志人工审查用户的概率)以使自身获取的支付最大,即风险最小。组织所获支付与组织配置 IDS 系统和防火墙系统所需费用的差值,就是配置 IDS 系统和防火墙系统对组织产生的总效益。因此,组织可选择适当的 IDS 系统和防火墙系统使得自身的总效益最大。尽管该模型深入探讨了安全措施性能参数对组织风险的影响,但其仅仅考虑了 IDS 和防火墙两种安全措施,不足以描述实际的安全决策情景。②

---

① L. A. Gordon、M. P. Loeb. *The economics of information security investment*. ACM Transactions on Information and System Security (TISSEC), 2002. 5(4), pp. 438 – 457.

② H. Cavusoglu、B. Mishra and S. Raghunathan. *A model for evaluating IT security investments Communications of the ACM*, 2004. 47(7): pp. 87 – 92.

　　朱卫未以投资理论的成本—收益模型为工具,对电子政务系统中保护不同安全要求的信息集合所需要的投资额进行了分析,提出了一个框架来解决政府在电子政务建设中信息安全投资的确定问题。①

　　吕俊杰等人应用博弈论计算了网络安全投资过程,提出了信息安全的投资博弈模型,确定了相互依赖前提下企业的投资成本临界点及其影响因素,以及多个企业进行信息安全投资的多个纳什均衡解;同时,将问题扩展到风险内生的条件下,阐明该条件下企业投资成本临界点的变化不仅取决于相互传染的可能性大小,还取决于内生外部性的正负及其绝对值大小。②

　　但该模型在分析网络安全投资外部性时,只考虑了单个企业和其他企业之间的因素,而没有考虑所有企业共同负担的问题。

　　孙薇等人利用演化博弈论分析了企业组织的信息安全投资问题,根据得益矩阵建立了信息安全投资的演化博弈模型,利用复制动态分析了3种情况下的进化稳定策略,分析结果显示出投资成本是组织策略选择的关键,预测了信息安全投资的长期稳定趋势。③

　　董红、邱菀华等人根据攻防双方信息不对称现象,结合不完全信息博弈论及信息安全的有关理论,构建了一个基于成本—收益的信息安全技术选择的投资博弈模型,得出在两种不同的安全技术配置下(仅使用防火墙或防火墙与入侵检测系统共用)博弈双方的最优策略。通过对用户攻击率、系统响应率和入侵给系统带来的损失及系统的响应成本进行分析比较,给出能动态调整安全技术的自适应入侵响应策略。④

4.2.1.3　信息安全投资类型

　　信息安全的投资由两种不同的投资类型构成。一种可定义为固定资产的投资,如防火墙、加密狗和入侵检测系统等安全设备的购置,在表4-1中主要表现为设备和软硬件部分的内容;另一种定义为可变消耗品的投资,如增加安全管理人员精力的投入和时间所折算的金额,在下表中主要表现为相关服务、补给、人员以及其他资源消耗。

表 4-1　安全投资成本分类

投　资　种　类	投　资　　内　　容
设备和硬件	硬件防火墙、硬件安全网关、加密狗、IDS
软　　件	软件防火墙、入侵检测工具、漏洞扫描软件、杀毒软件
服　　务	商业性服务,如远程管理,在线处理等
补　　给	任何为硬件设备、软件、服务等专门配备的耗材
人　　员	工资、福利、补贴、培训费用
其他资源	上面没有列举出的所有其他资源

①　见朱卫未学位论文《电子政务系统信息安全策略研究》,中国科学技术大学2006年版,第40-54页。
②　见吕俊杰、邱菀华、王元卓《网络安全投资外部性及博弈策略》,《北京航空航天大学学报》2006年第12期,第1499-1502页。
③　见孙薇、孔祥维、何德全等《信息安全投资的演化博弈分析》,《系统工程》2008年第6期,第124-126页。
④　见董红、邱菀华、吕俊杰《信息安全技术投资的自适应模型》,《控制与决策》2008年第5期,第535-540页。

4.2.1.4 安全投资的博弈模型

根据 3.4 节中对博弈论的介绍与分析,安全投资的博弈属于不完全信息动态非零和博弈[①]。根据政府与黑客之间的策略依存性,利用得益矩阵建立信息安全攻防对抗的演化博弈模型,记 B 为政府信息资产的正常收益,C 代表政府投资信息安全的成本。由于信息安全投资不仅关系到政府的直接收益,还会通过影响政府形象间接影响政府的整体收益,所以选取 H 来表现政府投资信息安全所带来的声誉(无形资产),A 代表黑客投入的所有攻击成本。由此建立信息安全攻防对抗的演化博弈模型,如表 4-2 所示。

表 4-2　电子政务信息安全投资模型

政府		黑客	
		攻击	不攻击
	投资	$B-C+H, -A$	$B-C+H, 0$
	不投资	$-B, B-A$	$B, 0$

因政府是具有理性的,在信息安全投资中不会投入 1 000 万去保护 100 万的信息资产,因此 $C < B$。

根据得益矩阵来分析,从政府角度来看,政府的赢得矩阵 M 为:

$$\begin{bmatrix} B-C+H, & B-C+H \\ -B, & B \end{bmatrix}_{\min} \tag{4.1}$$

政府的投资与不投资两种策略可能带来的最少赢得,即矩阵 M 中每行的最小元素分别为:

$$\begin{bmatrix} B-C+H \\ -B \end{bmatrix}_{\max} \tag{4.2}$$

在这些最少赢得中最好的结果是 $B-C+H$,即政府采用投资策略,无论黑客采用什么策略,政府至少获得 $B-C+H$ 的收益。

从黑客的角度来看,只有攻击才可能有收益,其他均为零。

虽然政府不投资,黑客不攻击是这一博弈中最理想结局,但在彼此不合作的情况下,如果黑客攻击,政府不投资,那么政府将出现败局。因此,这个博弈的均衡点为政府投资、黑客攻击。

至于政府如何进行安全投资,投资多少,我们将在第五章中进行详细的讨论。

4.2.2　安全管理的策略

4.2.2.1 来自内部用户的安全威胁

电子政务系统在安全防护上关注的对象不仅仅包括外部网络的所有用户,也包括了内部网

---

① 非零和博弈是最普遍的对策类型,而常和对策与零和对策都是它的特例。

络的合法用户。内部用户已经拥有系统的一般访问权，而且更容易知道系统的安全状况，掌握系统提供服务类型、服务软件版本、安全措施、系统管理员的管理水平。因此，相对于外部用户而言，其更容易规避安保制度，利用系统安全防御措施的漏洞或管理体系的弱点，从内部发起攻击来破坏信息系统的安全，是信息系统安全的主要威胁。据 FBI/CSI2003 安全报告统计，80％的信息系统存在内部人员误用和非法访问的问题。

表 4-3 比较了内部与外部人员在不同的安全目标下对电子政务所构成的威胁。

表 4-3 电子政务系统内外部用户所构成的威胁对照表

安全目标	外 部 威 胁	内 部 威 胁
机 密 性	未加密的密码捕获	机密信息泄露
完 整 性	在不可信区域安装木马，Word 宏病毒等	在可信或不可信区域安装木马
拒绝服务	外部网络攻击，泛洪，攻击暴露的网络设施	使系统丧失防护的能力，耗尽保护的资源
可认证性	攻击渗透，攻击 PKI 基础设施	误用或获得具有更高权限的身份认证
可审计性	攻击欺骗，攻击可审计的基础设施	隐匿审计踪迹和警告日志

由于电子政务的内外网是完全物理隔离的，更增加了外网用户攻击的难度，因此，内网的安全是电子政务最关注也是面临的最大安全问题。

4.2.2.2 安全管理的博弈模型

根据上一节的讨论，内部人员的攻击或误用是造成电子政务系统内部安全的根源。表 4-4 对政府与内部人员在安全管理制度的执行与遵守的博弈方面进行了分析。

这也是一个不完全信息下的动态非零和博弈，从双方收益矩阵中可以看出，内部人员只有选择"不遵守"制度时，才可能有较大的收益；而政府此时必须选择"严格执行规章"策略，才能有效控制内部网络安全问题的发生。

虽然(0, 0)的策略组合看似是双方都得利的，但是人类的天性都是追求自身利益的最大化，因此在任何一方有诱因追求更大利益时，双方都得利的策略是不可能达到的。这也正好解释了信息安全管理为什么是必须要做的。

表 4-4 安全管理的基本模型

		内 部 人 员	
		遵 守	不 遵 守
政 府	严格执行规章	8, 0	8, -2
	不严格执行规章	0, 0	-8, 10

4.2.2.3 安全管理对策

安全管理对策应从以下几个方面着手进行：

（1）组织管理

信息安全管理工作应当指定专人负责，制定专门的制度保障，定期检查系统的执行情况；定期进行全网统一杀毒；定期进行系统漏洞扫描；统一进行系统升级和打补丁；制定相应的安全培训计划，包括系统管理员的培训和其他员工的安全知识培训等等。

（2）人员管理

政府的内部工作人员既是电子政务系统安全的主体，也是系统安全管理的对象。所以，要确保系统的安全，首先应加强人员安全管理。

其具体内容如下：① 程序员、系统管理员、操作员岗位分离；② 只授予用户和系统管理员执行任务所需要的最基本的权限；③ 对于涉及敏感信息的重要任务应该由两人以上完成，责任分离，以减少潜在的损失；④ 对人员录用要经过人事、组织、技术部门的考核，对新雇员要进行与信息安全有关岗前培训；⑤ 对员工定期以多种形式进行计算机安全法律教育、职业道德教育和计算机安全技术教育，对关键岗位的人员要进行定期考核。

（3）技术安全管理

技术安全管理主要包括：

① 软件的管理。软件管理的范围包括对操作系统、数据库管理系统和原始数据、安全软件工具的采购、安装、使用、更新、维护和防病毒的管理。

② 机房管理。包括对机房使用、准入制度等管理。

③ 设备管理。对设备的全方位管理是保证系统安全运行的重要条件，包括设备的购置、使用、维修、保管等管理行为。

④ 账户及口令管理。包括移动、添加和变更系统中的用户账户和管理员账户及对各账户的权限分配，并要求对这些操作记录归档。除此之外，还应当对访问权限进行定期的评估，包括对现有账户和他们的权限同相应的用户及其角色进行比较，这将减少差错、误用以及未授权行为的发生。

4.3 网络攻击过程中的策略

4.3.1 攻击策略分析

4.3.1.1 攻击技术分析

根据在3.2.2中对网络攻击技术分类的研究分析，结合电子政务信息安全特点，将目前常见的攻击技术归纳为5类：病毒类攻击、拒绝服务攻击、信息收集攻击、伪造信息攻击、信息利用攻击。如图4-2所示。

病毒
- 引导区感染型
- 引导区型
- 宏病毒
- 邮件病毒

蠕虫
- 网络蠕虫
- 邮件蠕虫

木马

后门

逻辑炸弹

（a）病毒类攻击

基于主机
- 资源耗尽
- 软件故障
- 物理损坏

基于网络
- TCP Flooding
- UDP Flooding
- ICMP Flooding
- 碎片攻击
- 针对特定服务攻击
- 特殊构造的 TCP 攻击

分布式

（b）拒绝服务攻击

网络嗅探
- 全文嗅探
- 账号密码嗅探
- 敏感字符嗅探

电磁泄漏

信息服务利用
- DNS 域转换
- Finger 服务
- LDAP 服务

扫描

网络拦截
- 会话劫持
- 信息拦截
- 信息重定向

网络窃听

（c）信息收集攻击

恶意程序和脚本
- 线程插入
- 键盘记录程序
- Shell Code 脚本
- 其他

身份认证攻击
- 弱认证
- 密码泄漏
- 口令攻击
  - 口令猜测
  - 暴力破解
  - 字典破解
  - 加密算法破译

错误漏洞
- 安全设备漏洞
- 应用软件漏洞
  - Web 服务器漏洞
  - FTP 服务器漏洞
  - 数据库漏洞
  - 其他
- 网络设备漏洞
- 网络协议漏洞
  - ICMP 协议漏洞
  - FTP 协议漏洞
  - TFTP 协议漏洞
  - Telnet 协议漏洞
  - DNS 协议漏洞
  - 其他
- 操作系统漏洞
  - 越权访问漏洞
  - 信息泄露漏洞
  - 拒绝服务漏洞
  - 伪装欺骗漏洞
  - 代码执行漏洞
    - 缓冲区溢出
      - 堆溢出
      - 栈溢出
    - 参数错误
    - 编码错误
    - 类型误用
    - 远程登录漏洞
      - 管理员权限
      - 一般权限
    - 口令恢复漏洞

社会工程攻击

IP 欺骗

DNS 欺骗

路由欺骗

电子邮件欺骗

（d）伪造信息攻击

（e）信息利用攻击

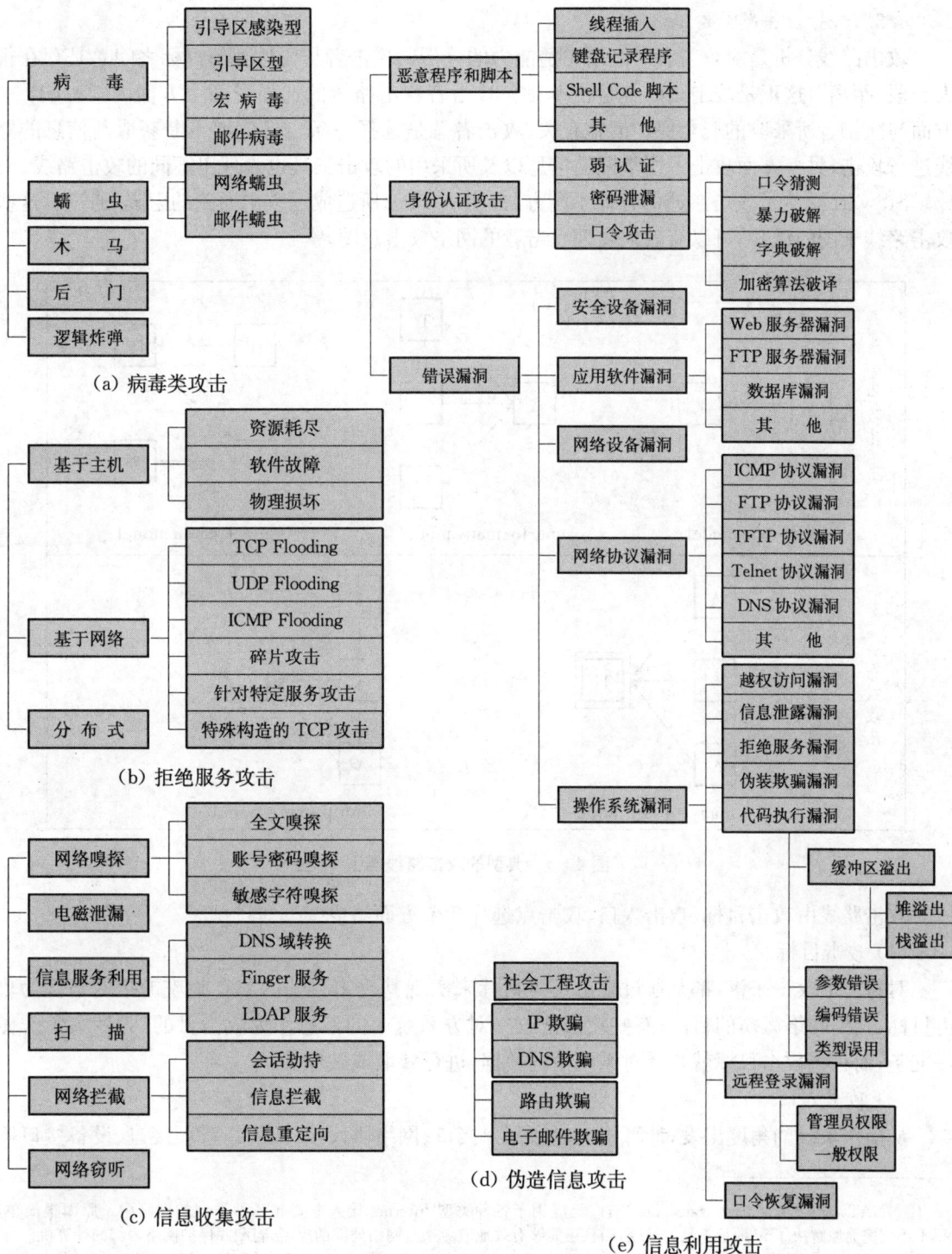

图 4-2 攻击技术分类图

4.3.1.2　攻击路线分析

攻击路线分析是对攻击者的网络渗透能力的分析。攻击者与要达到的目标之间总是存在很大一段"距离",这正是攻击路线分析的基础。攻击者攻击路线的选择受两个方面因素影响:一方面与防御者所采取的安全保护措施有关,攻击者总是选择一条自己能够不断获取新信息的路线进行攻击;另一方面攻击者所掌握的信息以及所采用的攻击工具也表现出不同的攻击路线。

Stewart 总结了攻击渗透的各种不同方法,如 NAT[①] 所造成的攻击通路的阻隔,通过对这些攻击路线子图的认知,可以有效地发现攻击者的网络攻击意图。[②]

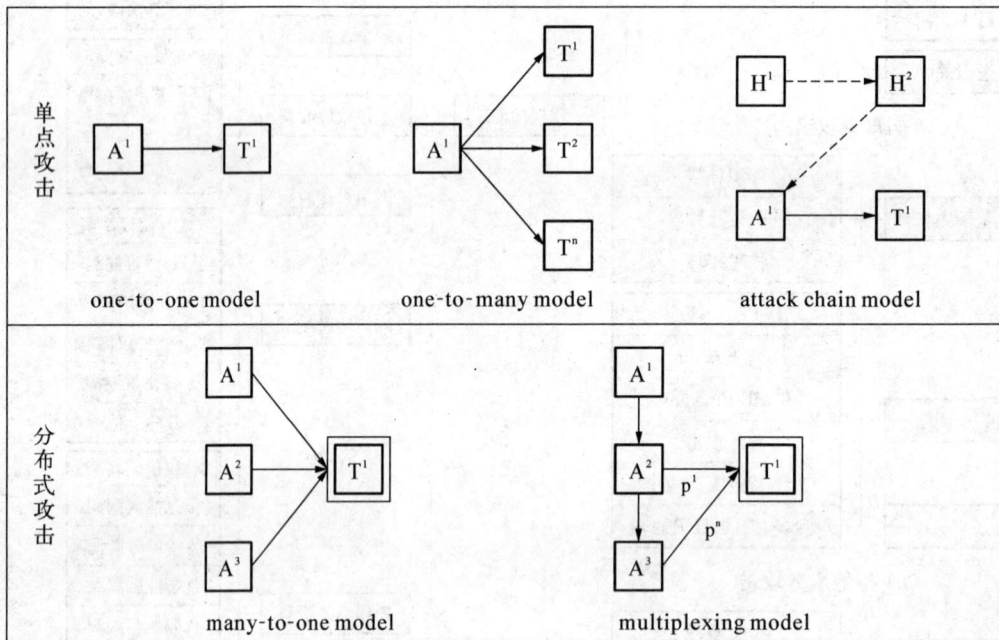

图 4-3　典型的攻击路线类型

攻击路线由攻击目标、攻击入口、攻击点选择 3 个方面组成。

(1) 攻击目标

对每一个攻击来讲,都是通过攻击具体目标来实现其攻击目的的。有些攻击把网络作为攻击目标,达到网络瘫痪的目的;有些攻击把收集对方系统中的信息作为攻击目的,为后续工作做好准备;而有些攻击目标就是针对系统中的数据,进行获取或破坏。

(2) 攻击入口

从操作系统的角度出发,计算机一般有用户接口、网络协议接口、网络管理接口、设备接口等

---

① NAT(network address translation)被广泛应用于各种类型 Internet 接入方式和各种类型的网络中。原因很简单,NAT 不仅完美地解决了 iP 地址不足的问题,而且还能够有效地避免来自网络外部的攻击,隐藏并保护网络内部的计算机。

② Andrew J. Stewart, *Distributed Metastasis: A Computer Network Penetration Methodology*, *Phrack Magazine*, 1999(9).

4 个接口。从分析收集攻击例子来看,所有的攻击都是从这 4 个接口进入系统的,正是因为这 4 个接口的存在,攻击才有可能发生。因此,从攻击的角度讲,为有效地发起攻击,寻找进入目标系统内部的"门户",是攻击者首先要解决的一个问题。

一个攻击不管其危害程度有多大,只要它进入不了目标系统,那么它所有的功能也就无法发挥。因此,从防御的角度上讲,如何在入口进行有效防御是极其重要的。

(3) 攻击点选择

对不同攻击点进行攻击,其攻击后果是不同的,所以从攻击者的角度,在可能的情况下,会选择那些对防御方具有极大破坏程度的点进行攻击。

一般情况下,攻击者能够进入系统并有了落脚点以后,根据落脚点的情况,采用 3 种方式进行下一步攻击:

① 在现有落脚点的条件下,寻找薄弱点进行攻击,实现攻击的有效性;

② 在攻击有效性的前提下,寻找关键的地方进行攻击,体现攻击结果的严重性;

③ 寻找条件更好的立足点,实现攻击点的多样化。

例如,如果攻击者的落脚点在缓冲区中,并可以通过缓冲区获得超级权限,那么它就有多种方式来决定下一步如何进攻。它可以利用缓冲区植入木马;可以在缓冲区中通过进行自身复制和网络传播对其他网络中的系统进行攻击;也可以利用简单的方式破坏缓冲区来影响系统。在落脚点条件好的情况下,可以根据自己最终的攻击目的来打击攻击目标;如果落脚点条件非常差,要实现最终的攻击目的非常困难,那么它将进一步寻找落脚点,直到找到满意的落脚点再发起攻击。

由此可知,落脚点和攻击目的共同决定攻击点,攻击点又决定了攻击结果。因此,加强对攻击点的研究,对于发起攻击,实现攻击结果,达到攻击目的具有十分重要的作用。

4.3.1.3　攻击频率分析

攻击频率分析是对目前的常见攻击技术的攻击频度进行分析,这样有助于防御策略的选择,如及时采取加密措施、主机漏洞发现和修补等防御策略。

表 4-5 是笔者根据 CNCERT/CC 近几年的年度安全报告和历史数据给出的各种攻击方式出现的频率表。

表 4-5　常见攻击技术的攻击频度表

编　号	攻　击　方　式	攻　击　频　度
1	漏洞利用攻击	★★★★
2	网络窃听(中间人攻击)	★★
3	网络病毒	★★★★★
4	IP 欺骗攻击	★★★
5	恶意程序和脚本	★★★

（续表）

编　号	攻　击　方　式	攻　击　频　度
6	社会工程攻击	★
7	DDoS 攻击	★★★
8	网络嗅探	★★★
9	非授权访问攻击	★★★
10	特洛伊木马攻击	★★★
11	垃圾邮件攻击	★★★★
12	应用层的攻击	★★★★
13	Web2.0 攻击	★★
14	缓冲区溢出攻击	★★★

注：★代表频度的高低，最高为 5 颗星

4.3.1.4　攻击能力分析

攻击能力分析，重点研究攻击者对防火墙等防护措施及主机的突破能力。攻击能力主要包括计算能力、协作攻击能力、代码能力。

（1）计算能力：主要是指攻击者最有可能拥有的计算资源规模，这是攻击实施的基础。

（2）协作攻击能力：是指多人配合，跨地域、跨时间段、跨领域（如：同时采用技术和社会工程攻击）实施攻击的能力。

（3）代码能力：是指直接在信息系统的基础核心硬件、软件中植入后门、陷阱等的能力。代码能力的表现有编程能力、逆向工程能力、协议分析能力等。

由于攻击者的技术总是有限的，对某种技术的熟悉程度决定了攻击者所采用的攻击行为模式。攻击者某次攻击所利用的漏洞以及所采用的攻击方法，很有可能还会出现在针对其他系统的攻击中。因此通过综合同一攻击者的所有攻击能力，可得到一个该攻击者的综合能力评估。掌握了攻击者的技术特征与偏好，在针对该攻击者的防御上有特别重要的意义。

另外，攻击者随着攻击的深入，攻击能力也在不断地提升。图 4-4 是攻击者能力提升的状态转移图。图中的节点 H 是攻击者的能力的集合，边 a 表示攻击。在初始状态 $H_0 = \{\ \}$，攻击者发起攻击行为 a_1，获得能力 C_1，进入状态 $H_1 = \{C_1\}$；在具备了发起攻击 a_3 的准备条件 C_1 之后，实施 a_3 攻击，获取新的能力 C_3，进入状态 $H_3 = \{C_1, C_3\}$；而在通过 a_2 获得能力 C_2 之后，H_2 和 H_3 的并集 $\{C_1, C_2, C_3\}$ 构成了发动 a_4 攻击的准备条件，因此，发动 a_4 攻击，获取新能力 C_4 状态转移到 $H_4 = \{C_1, C_2, C_3, C_4\}$，……

由图 4-4 可知，任何一个攻击行为的发起，都需要一定攻击能力作为准备条件，同时，该攻击行为发生以后，又获得了新的攻击能力，给后续的攻击提供准备。也就是说，任何一个攻击行为必须与两个能力状态相对应：一个是发起该攻击的初始状态，是该攻击能成功发起的先决条件；另一个是该攻击奏效后的结果状态，包含了该攻击所获取的新能力。

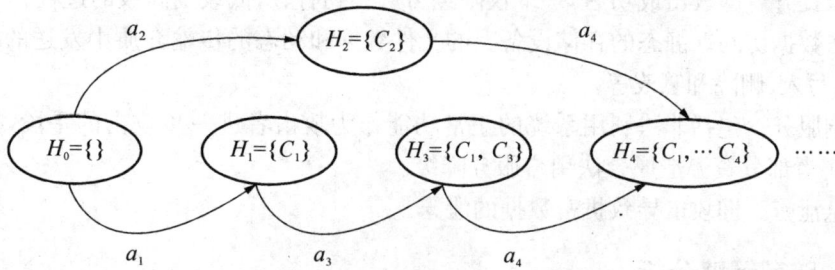

图 4-4　攻击者能力提升的状态转移图

4.3.1.5　攻击后果分析

攻击结果是表现攻击对目标系统造成影响的后果,它是定性评价攻击的一个关键指标。由于信息系统是由硬件资源、数据和服务三者组成的一个综合体,那么从攻击者的角度上来讲,也就是针对硬件资源、数据、服务三者采用收集、破坏、占用、利用等手段来进行攻击。硬件资源是数据和服务的支撑者,实际上,对硬件资源的攻击最终也是对承载的数据和服务的破坏,其攻击结果可以通过数据和服务的攻击结果反映出来。因此,我们主要考虑对数据和服务的攻击是:

(1) 对数据发起的攻击

对数据发起的攻击,主要反映在获取和破坏两个方面。获取数据就是收集、读取目标系统中的对攻击者感兴趣的各种信息;破坏数据就是恶意的对目标系统中包含的各种信息进行修改、删除。

(2) 对服务发起的攻击

对攻击者来讲,对系统中运行的各种服务,要么对其进行破坏,要么利用服务,要么增加服务。如植入木马就是增加的一项服务。

因此,攻击主要有如下后果,如图 4-5 所示:

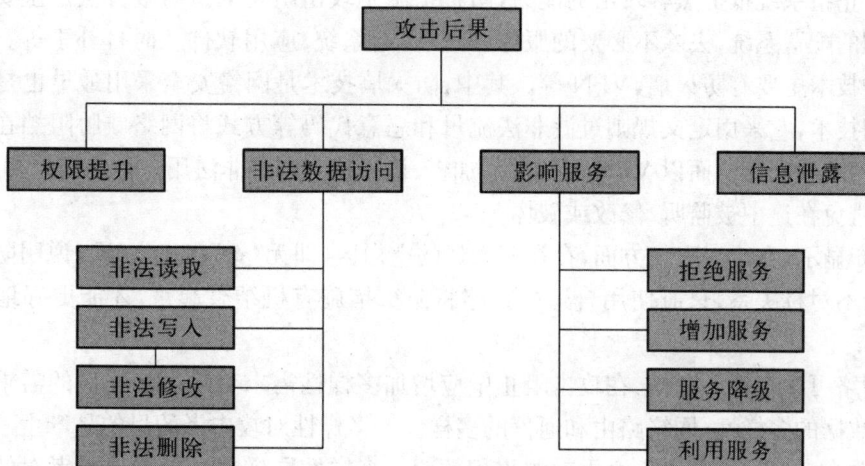

图 4-5　攻击后果分类图

（1）权限提升。即攻击成功后，一个权限经历从无到有、从低级到高级的过程。

（2）非法数据访问。静态的存储设备上的文件数据和动态的传输介质中发送的数据流数据被非法读取、写入、删除和篡改等。

（3）影响服务。包括非法利用系统的正常功能作为攻击者进一步攻击的手段，拒绝服务以及消耗掉受害者部分资源造成合法用户服务降级。

（4）信息泄露。即攻击导致机密数据的泄露。

4.3.2 防御策略分析

网络攻击有着复杂性、独特性、对抗性。一般来说，防御方是被动的，不一定能取得最大收益，但可能会产生更理想的结果。在实现中，防御方可参考 3 种参照方式："防御方收益最大"，"攻击方收益最小"，"相对收益最大"。通过综合选取最佳防御方式，达到防御目的。

在防御策略中，电子政务系统的可生存性设计非常重要。通过对可生存性网络信息系统一般模型的分析，结合电子政务内外网络分开的特点，生成基于可生存的电子政务防御模型，如图 4－6 所示。

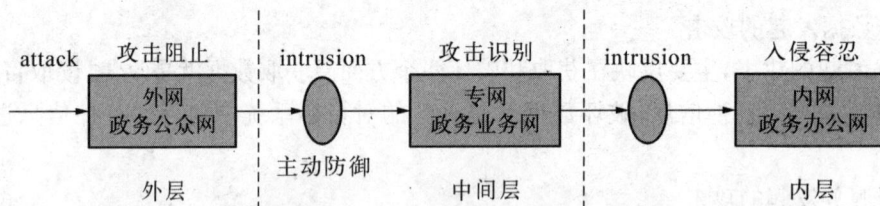

图 4－6　基于可生存的电子政务防御模型

4.3.2.1　攻击阻止

攻击阻止指系统抵抗黑客攻击的能力，防护措施是攻击阻止的最有效方法。主要的防护措施包括合理的配置系统，去除不必要的服务和选项；给系统、应用软件及时打补丁等。在网络层次上的防护技术主要有防火墙、VPN 等。其中，防火墙技术是网络安全采用最早也是目前使用最为广泛的技术，它采用定义规则过滤非法流量和恶意代码等方式将网络威胁阻挡在网络入口处，保证了内网的安全。而以 VPN 为代表的加密、认证技术则将非法用户拒之门外，并将发送的数据加密，避免在途中被监听、修改或破坏。

表 4－6 显示，在攻击阻止方面，存在着大量的空白区（即无"★"标志之处），说明防御与攻击之间存在的不对称关系，只有使用合适的策略将防御措施有机结合起来，才能更好地实现攻击阻止。

基于网络可生存性的考虑，在攻击阻止中应增加多样性需求策略。多样性的需求包括软件的多样性，数据的多样性，网络路由和通信的多样性。多样性对攻击者的目的是产生一个变化的目标，使得攻击者对系统产生一个无效的累积效应。多样性同样也会减少攻击者对使用相同的软件，具有相同的脆弱性的多个节点的入侵机会。

表 4-6　攻击阻止对应关系表

攻击 防御	扫描		漏洞利用	网络窃听	病毒后门	嗅探监听	欺骗陷阱	拒绝服务	垃圾邮件	Web2.0攻击
	端口扫描	漏洞扫描								
物理网闸			★	★	★		★			
抗攻击网关		★			★		★			
防火墙	★	★	★	★	★			★	★	★
IDS/IPS	★	★	★	★	★			★		★
VPN/VLAN			★	★		★	★			
电子密钥			★				★			
生物识别							★			
信息隐藏			★			★				
HoneyPot							★			
防病毒					★					
脆弱性扫描	★	★	★	★				★		
监控			★		★					
审计			★							
反垃圾邮件									★	

4.3.2.2　攻击识别

攻击识别是指系统识别攻击的能力,在面临攻击时响应或识别的能力主要体现在系统能从攻击中生存,而不是被完全打倒。没有对攻击的识别、响应和适应是不可能的,因此攻击识别是提高系统可生存能力的一项重要内容。

根据 Carol、Jim 的总结,攻击识别需求主要包括以下 4 个方面:

(1) 实时检测。进行实时或接近于实时的检测是为了将攻击损失降低到最低程度,加强系统的恢复能力。如果没有或没有及时发现攻击,那就可能导致很大损失,甚至会迫使系统重装。

(2) 对特定攻击的识别。标识特定攻击,然后根据攻击特征来识别特定攻击,能提高攻击识别的效率,增强系统的生存力。目前这项任务由滥用识别技术来完成。

(3) 在系统抽象的较低层对攻击进行识别,使攻击在尚未完成时就被发现,并将其消灭于萌芽状态。这不仅降低了阻止攻击的成本,将攻击损失降到最低程度,而且极大地提高了系统的生存力。

(4) 对系统边界攻击的识别。这主要是识别来自系统外部对系统的攻击。如缓冲区溢出攻击,它的爆发很快,一旦进入系统内部就很难停止其攻击。因此,理想状态是在进入系统前,识别并过滤包含缓冲区溢出攻击的流量。①

目前识别攻击的方法主要有两种：一种是通过对采集的信息按已知的知识进行分析，发现正在发生和已经发生的攻击行为，这种方法被称为滥用识别方法；另外一种方法是通过采集和统计，发现网络或系统中的异常行为，然后向管理员提出警告，这种方法被称为异常识别方法。

滥用识别是根据已定义好的入侵模式，运用已知的攻击方法来判断入侵是否出现。由于大部分入侵是利用了系统的脆弱性，所以通过分析入侵过程的特征、条件、排列以及事件间的关系，能具体描述入侵行为的迹象。这种识别方法的优点是只关心必须用于匹配模式的数据项，也可减少需要监控事件的数量和类型；另外，由于统计中没有浮点计算，所以检测效率高。

异常识别是根据使用者的行为或资源使用状况是否偏离正常的情况来判断入侵是否发生，而不依赖于具体行为是否出现。具体来说，首先为系统中的主体和对象定义阈值。阈值以内为正常，当用户的行为超过阈值的一定百分比时，视为异常。这种有异常的行为有可能使系统遭受入侵。然后，根据以上数据建立系统正常运行的剖析模型。当系统活动时，通过观察剖析模型的变化判断是否有入侵。基于这种识别技术的模型包括统计分析方法、神经网络方法和数据挖掘等。

由于滥用识别无法检测到未知、新型的攻击，因此漏报率高，异常识别则因难以全面定义系统的正常轮廓而误报率高。因此，如何降低攻击识别中的漏报率和误报率是目前急需解决的问题。

未来对生存性网络的需求会需要额外的攻击识别策略，如自我感知、信任维持、黑盒报告等。自我感知是指建立一个高级别的语义计算模型，这样的系统或组件可以理解系统行为，即在一定位置阻止那些危险的行为。信任维持是指在一个系统中周期的查询，持续的测试信任关系。黑盒报告是指从一个被攻击的系统或组件中获得一些入侵消息，从而使别的系统用来借鉴。

4.3.2.3　主动防御

主动防御一词来源于英文"pro-active defense"，其确切的含义为"前摄性防御"，是指由于某些机制的存在，使攻击者无法完成对攻击目标的攻击。由于这些前摄性措施能够在无需人为被动响应情况下预防安全事件，因此就有了通常所说的"主动防御"。

（1）传统防御技术的不足

主动防御主要是针对传统的被动防御而言的，传统的防御技术主要是采用诸如防火墙、入侵检测、网络防毒、漏洞扫描、灾难恢复等手段，它们都存在一些共同的缺点：一是防护能力是静态的。传统防御完全依靠网络管理员对设备的人工配置来实现，难以应对当前数量越来越多、技术手段越来越高的网络入侵事件；二是防御具有很大的被动性。采用传统的防御技术只能被动地接受攻击者的每一次攻击，而不能对攻击者实施任何影响；三是不能识别新的网络攻击。传统防御技术大多都依靠基于特征库的检测技术，这就使防御始终落后于攻击，难以从根本上解决网络

---

① Carol Taylor、Jim Alves-Foss. *Attack Recognition for System Survivability: A Low-level Approach. Proceedings of the 36th Annual Hawaii International Conference on System sciences（HICSS'03）-Track 9. System Science*，2003，pp. 335－341.

安全问题。

（2）主动防御的优势

主动防御作为一种新的对抗网络攻击的技术，采用了完全不同于传统防御手段的思想和技术，克服了传统被动防御的缺陷。主动防御技术的优势主要体现在以下几个方面：一是主动防御可以预测未来的攻击形势，检测未知的攻击，从根本上改变以往防御落后于攻击的不利局面；二是具有自学习的功能，系统可以实现对网络安全防御系统进行动态的加固；三是主动防御系统能够对网络进行监控，对检测到的网络攻击进行实时响应。这种响应包括牵制和转移黑客的攻击，对黑客入侵方法进行技术分析，对网络入侵进行取证，对入侵者进行跟踪甚至进行反击等。

（3）电子政务主动防御体系设计

根据电子政务系统特点，本文设计了基于策略管理的电子政务主动防御体系，系统结构如图4-7所示。该体系分为三大模块，包括入侵防御模块、主动防御模块和策略管理模块，这些模块根据需要部署在网络的不同节点上，可以很好地抵御已知攻击和未知攻击。

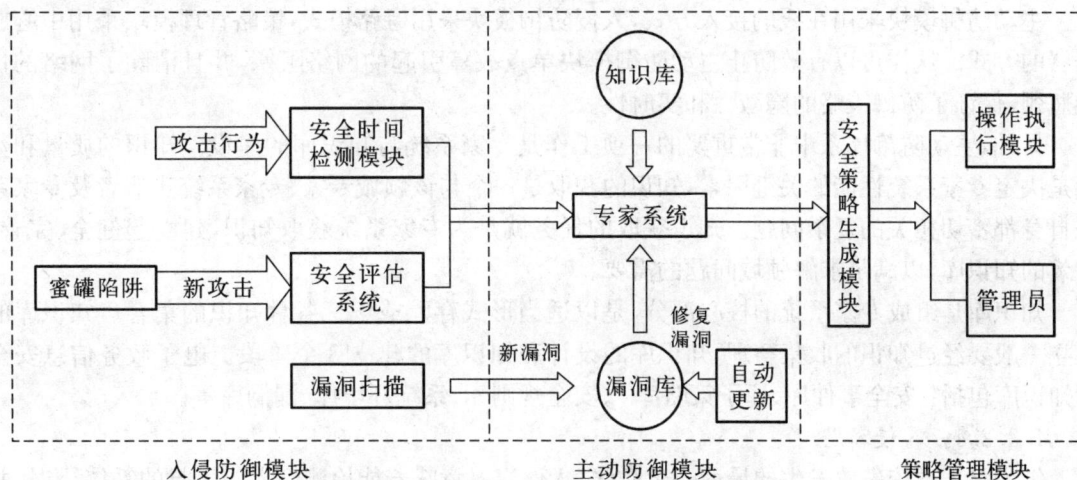

图4-7　基于策略的电子政务主动防御系统框架

入侵防御模块具备阻止已知攻击的能力，包括基于特征、基于策略、基于行为和基于异常的检测算法阻止已知攻击。这些算法除了能够在标准的网络层防火墙进行处理，还能够在应用层进行操作，并且能够区分攻击和正常事件。当入侵防御模块发现未知攻击后，主动提取攻击特征，并发送给管理员和发送到入侵防御特征库中。

主动防御模块将系统漏洞扫描、漏洞库搜集关联以及为管理人员提供及时有效的安全措施建议等技术手段结合起来。策略管理模块中的专家系统会根据知识库和漏洞库中相关的知识来进行安全策略的推理，得到相对合适的安全策略。

主动防御模块通过流量类型和检测结果的匹配得出入侵警报或者入侵类型，然后由策略强化模块进行策略修改或者实施阻断行为。流量分类器和入侵检测引擎监视网络数据流，为策略分析器提供数据。策略分析的结果再由策略强化模块具体实施。如图 4-8 所示。

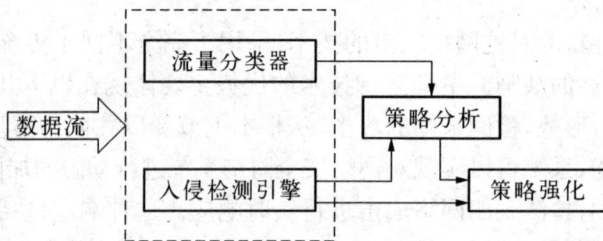

图 4-8　策略定义与强化模块

策略分析通过对可疑事件和流量分类的匹配得出的是攻击类型,策略强化过程只需根据攻击类型做具体的动作,不必从成百上千条报警中寻找响应处理方法。策略强化还可以根据攻击的发生发展程度进行不同的动作,如在攻击开始时采取抛弃数据包的方式;如果攻击持续,就会采取阻断源地址链接的方式,甚至禁用网络接口阻断整个网络。

主动防御模块采用在线的接入方式,入侵防御模块采用旁路模式,策略管理模块采用中心服务器的方式。这样可以有效防止主动防御模块单点故障引起的网络阻塞,并且消除了网络的性能瓶颈,保证了防御策略的隐蔽性和实时性。

另外,主动防御体系中非常重要的一项工作是专家系统与知识库的建设。知识的质量和数量是决定专家系统性能的关键因素,知识的获取是一个与该领域专家、专家系统建造者及专家系统自身都密切相关的复杂问题。知识获取的任务就是为专家系统获取知识,建立起健全、完善、有效的知识库,以满足求解领域问题的需要。

知识库是组成专家系统的核心部分,是以适当形式存贮或记忆各种知识的集合。知识库的建立一般要经过知识的收集整理、知识库的设计和知识库的建立 3 个阶段。电子政务信息安全的知识库包括:安全事件库、原子策略库①、安全规则库、系统环境库、漏洞库等。

4.3.2.4　入侵容忍

作为阻止系统失效发生的最后一道防线,入侵容忍意味着能检测到入侵引起的系统错误,并采用相应机制进行错误处理。

(1) 入侵容忍中的状态转移模型分析

殷立华、周华等人认为入侵容忍系统在抵抗入侵的过程中,其状态在一个状态转移图中变迁(见图 4-9),并基于这个状态转移图定量评估了其容忍入侵能力。②③ 该模型定义了如下 9 种状态:

① 状态 G(good state):系统开始工作时处于正常状态 G,这时网络系统运行良好;

② 状态 V(vulnerable state):当系统处于授权的用户非法读取、未授权的用户进行读取、更

---

① 原子策略库是由安全专家将系统中可采用的最小动作方式以可描述的方式存于知识库中,用以组成安全策略的元素。其中既包含对其他安全设备或设备代理的联动指令信息,也包含安全服务流程对应的服务流程指令信息。

② 见殷循华、方滨兴《入侵容忍系统安全属性分析》,《计算机学报》2006 年第 8 期,第 1505-1511 页。

③ 见周华、孟相如、杨茂繁等《入侵容忍系统的状态转移模型定量分析》,《北京邮电大学学报》2008 年第 3 期,第 94-97 页。

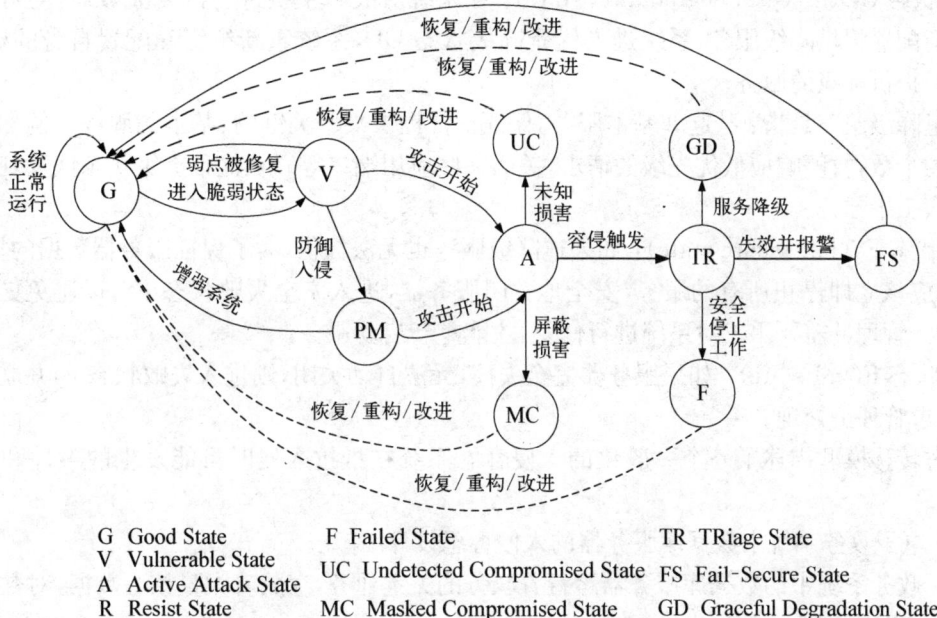

图中文字标注：

恢复/重构/改进
恢复/重构/改进
恢复/重构/改进

系统正常运行

G
V
UC
GD

弱点被修复进入脆弱状态
攻击开始
未知损害

防御入侵
A
容侵触发
TR
失效并报警
FS

增强系统
服务降级

PM
攻击开始
屏蔽损害
安全停止工作

恢复/重构/改进
MC
F

恢复/重构/改进

G Good State	F Failed State	TR TRiage State
V Vulnerable State	UC Undetected Compromised State	FS Fail-Secure State
A Active Attack State	MC Masked Compromised State	GD Graceful Degradation State
R Resist State		

图 4-9 入侵容忍系统状态转换模型

改信息或泄露和拒绝别人对系统的访问资源等服务时，系统就是处于易受攻击状态 V；

此状态是被攻击状态的预备状态，攻击者还没有对应用和服务造成伤害。如果此时这种攻击行为的前奏被检测到了，则系统可以试图通过相应的预防措施返回 G 状态。例如暂时封锁该 IP 地址、删除恶意代码等；

③ 状态 A(active attack state)：当系统进入 V 状态后，系统运行过程中发现某台主机提供的数据不正确，或者系统中的 IDS 发现存在攻击者入侵，系统就进入被攻击状态 A。在被攻击状态下，应用服务器的某些部分或者某些功能已经被破坏。这种损害可能是静态的、瞬间的(如破坏数据等)，也有可能是动态的、有延续性的(如创建了恶意进程等)；

④ 状态 MC(masked compromised state)：如果入侵未被 IDS 和其他的安全机制发现，但在系统的设计中已经准备了一些容错措施对这种损害加以控制和消除，则系统进入屏蔽破坏状态 MC。如果系统中还设计有纠错机制，则系统可以自动恢复被破坏的数据和资源，以透明的方式恢复系统，返回 G 状态；

⑤ 状态 UC(undetected compromised state)：如果入侵未被 IDS 和其他的安全机制发现，也没有任何措施加以控制和消除，则系统进入了漏检破坏状态 UC。在这个状态下，系统将带着已经造成的损害继续运行，但其提供的服务和系统的安全性将无法得到保证。从这种状态恢复正常状态 G 的唯一办法就是手动恢复；

⑥ 状态 TR(triage state)：如果入侵检测系统 IDS 成功地检测到了入侵行为，进入鉴别归类状态 TR，系统开始及时诊断、恢复和重构，尽可能地屏蔽攻击破坏的影响、减少系统的损失，恢复被破坏的数据和资源，并启动相应的服务。如果成功，则系统将回到 G 状态；

⑦ 状态 GD(graceful degradation state)：在系统对故障主机进行恢复失败后，还可以通过自动重新配置提供降级服务，系统进入优雅降级状态 GD，系统重新组织和配置自身的资源，为合法用户提供降级的服务；

这里降级服务是指：挂起非基本服务，保证正常提供某些关键的、基本的服务。例如限制处理请求的个数，暂停响应低优先级的请求，关闭某些应用端口等。从优雅降级状态恢复到正常状态需要人工干预；

⑧ 状态 FS(fail secure state)：如果连降级服务也无法提供，为了保证服务器数据的机密性、完整性，应该立即停止所有的服务，安全地关闭服务器，进入安全失败状态 FS，以避免更大的损失。此时，管理员需要手工对系统进行修复，才能重新启动服务；

⑨ 状态 F(fail state)：如果服务器完全失控，无法自动关闭，则进入失败状态 F，并立即发出警报，请求管理员处理。

状态转移模型描述了一个一般化的入侵容忍系统在抵抗入侵时可能发生的事件和到达的状态。

(2) 电子政务系统中数据库服务器的入侵容忍设计

电子政务系统中的数据库服务器运行着政务的关键业务，存放着大量核心数据，对数据库服务器的攻击是黑客攻击的重点。

① 数据库多级安全模型

数据库系统是运行在操作系统之上的系统软件。因此，每次对数据库中数据的访问，应经过以下几个层次：用户层、操作系统层、数据库管理系统层、事务层。在每个层次都会有安全问题的存在，如：在 SQL Server 中，如果采用操作系统的身份认证，一旦操作系统的口令被攻破，则 SQL Server 中的数据很容易被入侵者获取或篡改，这是由于操作系统层的安全问题造成了数据库系统的安全问题。另外，如果是由于数据库系统层的弱口令问题，入侵者获取合法用户的权限后所进行的攻击操作就是发生在事务层的安全问题了。所以，我们应从系统的整体构架上来考虑入侵容忍问题。如图 4-10 所示的数据库多级安全模型。

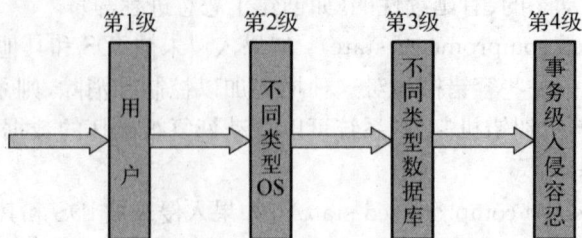

图 4-10　数据库多级安全模型

第 1 级——用户：其主要策略有防火墙、身份认证、访问控制、加密等。用户访问数据库系统时，首先要经过防火墙过滤，客户与服务器进行互相认证，必要时对机密信息进行加密，过滤未授权用户的攻击。

第 2 级——不同类型 OS：采用 Windows、Unix、Lunix 等多种不同的操作系统。由于一种恶意攻击往往只对一种 OS 有效,引入多种 OS 的冗余能增加攻击者的攻击难度,有效防止恶意攻击对数据库造成破坏。

第 3 级——不同类型的 DBMS：采用 Oracle、DB2、SQL Server、Sybase 等多种数据库管理系统存储数据。由于攻击者不可能对所有 DBMS 都熟悉,一种恶意攻击往往只对一种 DBMS 有效,因此将机密数据存放在不同类型的 DBMS 中能有效防止恶意攻击对数据库造成破坏。

第 4 级——事务级入侵容忍：容忍入侵技术主要考虑在入侵存在的情况下系统的生存能力,保证系统关键功能的安全性。数据库安全面临的最大问题是利用合法身份进行的、来自内部的恶意攻击,事务级入侵容忍能很好地抵御这类攻击,保障数据库的数据安全。

② 电子政务数据库系统内部容忍体系设计

内部容忍体系主要是使数据库系统具有抗恶意内部攻击的能力。其设计的基本思想是利用服务代理及分布式数据库技术,给系统的子模块引入一定的冗余度,同时在入侵检测的基础上,在事件管理器的控制下,及时对入侵进行相应的处理(隔离或修复),使整个内部系统即使在入侵成功的条件下,也能及时对错误处理,保证对合法用户的不间断服务。

内部容忍模块主要有以下 5 个部件组成,如图 4-11 所示。

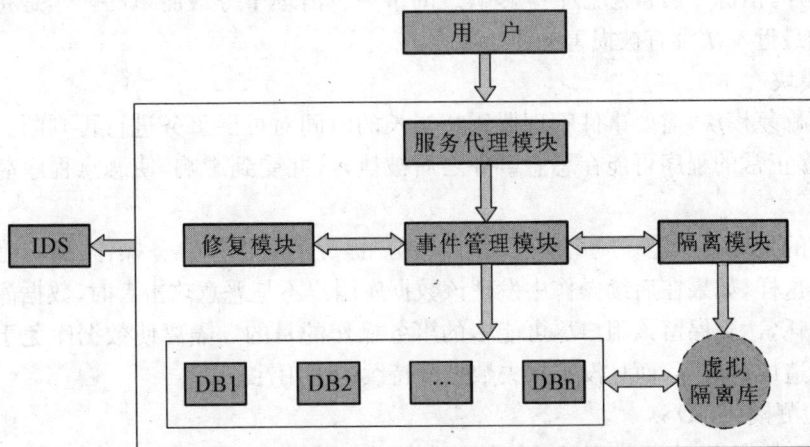

图 4-11　电子政务数据库系统内部容忍体系框图

a) 服务代理模块

服务代理模块主要起防护系统的作用,可以使外界服务请求和服务器不直接接触,是内部容忍系统阻隔入侵的第一道防线。通过服务代理模块保护服务器的安全。服务代理可以是简单的防火墙或多个异构的代理服务器,动态地对服务情况进行初级处理,过滤大量可以被简单检测出的恶意行为。

b) 事件管理模块

作为内部容忍模块的核心部件,它负责联结内部数据库组与外部服务代理模块,起到了桥梁纽带的作用。同时,它与 IDS 相互通信,在入侵检测结果的基础上,采取一定的措施,控制和管理其他的部件。

最外层的服务代理模块易受到攻击,事件管理器可不断向其发出检测信号,然后根据反馈信号检测代理服务器的状态,并根据此信号判断其受损程度,然后通过一定的机制,降低代理的服务优先级,直至停止其工作能力,以保证内部系统的安全。

当入侵绕过服务代理模块,进入系统内部后。IDS 首先检测到服务的异常行为,并将检测结果报告给事件管理器。由于当前 IDS 存在较高的误报率,事件管理器利用内部的审计模块,对入侵再一次分析,并根据此次分析结果,对正常事件不做任何处理,对可疑事件调用隔离模块对事件隔离,对恶意事件调用修复模块将事件修复。

c) 修复模块

入侵容忍数据库设计的目标在于当数据库受到入侵后能找到受损的部件,并能尽快地修复它,使整个数据库即使在面临攻击的情况下依然可用。因此,修复模块是入侵容忍数据库必不可少的部件。

在修复模块中,可以设置两个子模块,错误评估子模块和错误修复子模块。错误评估子模块的作用在于找到被此恶意事务影响的所有事务,可以采用事务跟踪技术,找到一系列被恶意事务影响的事务。错误修复子模块的作用在于恢复数据库的正确性。该模块可以通过设置一个特殊的事务清理程序,清除所有被恶意事务影响过的事务。清理事务最简单的操作是将受影响事务的数据恢复到最近一次没有被损害的原始数据。

d) 隔离模块

直接调用修复模块,需要事件管理器用相当长的时间对可疑事务进行再判断。在判断的反应时间里,很多正常的程序可能在恶意事务之后被执行,并受到影响,使恶意程序蔓延到很广的范围。

入侵隔离的主要思想是在应用层隔离可疑用户提交的数据库事务操作,而不是立即终止该用户的操作。这样,如果在后续操作中发现该数据库用户不是恶意攻击者时,数据库系统能够以较少的资源消耗,达到保留该用户尽可能多的事务操作的目的。隔离使数据库免于遭受一系列可疑事务可能造成的破坏,而且没有损失数据库持续的可用性。

e) 入侵检测模块(IDS)

IDS 对容忍数据库、容忍代理及系统的整个活动实施监视。IDS 可以单独运行在专用平台,也可以嵌入到系统的某个具体模块。

IDS 技术的详细介绍请看 2.5.5 节的介绍。

4.4　网络攻击发生后的策略

攻击发生后的策略一是对于网络中的突发事件能够及时地响应,减少由于安全事件造成业务停顿的时间,避免非法入侵者对网络的数据造成破坏;二是对于已经破坏的数据采取相应的技术手段进行恢复;三是通过培训提高工作人员对于突发事件的处理能力。

4.4.1　应急响应

应急响应主要包括两个方面：一方面是安全事件前的准备，例如，风险评估、制定安全计划、安全意识的培训、以发布安全通告的方式进行的预警以及各种防范措施；另一方面是在事件发生后采取的措施，其目的在于把事件造成的损失降低到最小。例如，发现攻击事件发生后，所进行的系统备份、病毒查杀、后门检测、隔离、系统恢复、调查与追踪、入侵者取证等一系列操作。

我们这里研究的主要是系统遭到攻击后的应急响应。

4.4.1.1　应急响应的概念

"应急响应"对应的英文是"incident response"或"emergency response"等，通常是指一个组织为了应对各种突发事件的发生所做的准备以及在事件发生后所采取的措施。计算机网络应急响应的对象是指计算机或网络所存储、传输、处理的信息的安全事件，事件的主体可能来自自然界、系统自身故障、组织内部或外部的人、计算机病毒或蠕虫等。①

4.4.1.2　应急响应的相关技术与工具

应急响应涉及的技术与工具很多，大体上可以分为系统、网络、日志和备份等 4 个类别。

（1）系统方面，当出现安全事件需要处理时，我们首先应当了解计算机中各种设备的使用情况，如 CPU 的占用、磁盘空间的使用、进程、内存的使用和端口的开放等。

（2）网络方面，大部分的攻击都会从网络上进行，对内部的攻击我们可以从交换机、服务器上的情况入手调查。对于外部的攻击除了上面的检查点外，还可以从路由器、防火墙等处进行检查，由于系统信息与网络信息不是孤立的，所以在检查网络方面信息的时候注意要与系统信息结合起来。

（3）系统日志是对特定事件的记录。日志对系统安全来说尤为重要，可以帮助我们审计，还可以实时的监测系统状态和追踪入侵者等。

（4）文件与数据的备份是系统安全管理中一项不可缺少的工作，制作备份的目的是为了尽可能快速和方便地恢复单个文件或整个文件系统及相关数据，良好的备份习惯对以后系统能否安全而稳定的运行起到非常关键的作用。

4.4.1.3　信息安全事件应急响应的一般处置流程

（1）封锁。对于扩散性较强的安全事件，立即采取措施，切断其与网络的连接，保障整个系统的可用性，防止安全事件扩散；

（2）缓解。采取措施，缓解安全事件造成的影响，保障系统的正常运行，尽量降低安全事件带来的损失；

（3）消除。分析网络与信息安全事件的特点，采取措施消除事件；

（4）追踪。对于黑客入侵、DoS 攻击等人为破坏，需根据现场情况进行取证，采取一定的技术手段追踪对方信息，取证后提交给公安机关处理；

（5）恢复。消除事件之后，对系统进行检查，彻底消除系统的安全隐患，以免再次发生同类

---

① 见阮飞、杨世松《计算机网络应急响应和主要技术》，《计算机安全》2003 年第 11 期，第 10－13 页。

型网络与信息安全事件,恢复系统上线运行。

4.4.1.4 应急策略设计

(1)应急措施的设计。对关键业务的应急保护,如数据的备份、系统的备份。

(2)应急资源的保证。如通信线路的冗余以及对关键设备的保证。国家网络安全应急组织机构图见附录 4。

(3)相关部门的协调。电子政务系统内部需要有一个应急响应的计划和程序,它需要组织内部的管理人员和技术人员共同参与,有时可能会借助外部的协助。

(4)应急预案。电子政务系统的应急预案应通过预测、评估、分析,以及对系统的破坏程度、造成后果严重程度等对安全事件依次进行等级划分,并制订出不同安全事件的应急预案。应急预案正式批准之前都必须有步骤、有计划地进行演练。演练可在仿真条件下进行,参加演练的人员须与实际执行人员的组成相近。

以上这些工作是相辅相成、相互补充的。事前的预案和准备为事件发生后的响应动作提供了指导框架;同时,事后的响应可能发现事前计划的不足,吸取教训,从而进一步完善安全计划。因此,这两个方面应该形成一种正反馈的机制,逐步强化组织的安全防范体系。

4.4.2 备份恢复

4.4.2.1 灾难备份与恢复的概念

对于计算机系统来说,灾难是指一切引起系统非正常停机的事件。灾难备份和灾难恢复是降低灾难发生的损失,保证计算机系统连续运行的重要措施。灾难备份是指为了减少灾难发生的概率,以及减少灾难发生时或发生后造成的损失而采取的各种防范措施。灾难恢复是指计算机系统灾难发生后,在远离灾难现场的地方重新组织系统运行和恢复运营的过程。

灾难备份的主要目标是:保护数据和系统的完整性,使业务数据损失最少甚至没有业务数据损失;灾难恢复的主要目标是:业务快速恢复,使业务停顿时间最短甚至不中断业务。灾难备份和恢复需要通过技术和管理的双重手段。

4.4.2.2 备份设计

一个好的备份设计应该包括灾难避免计划与灾难恢复计划。

(1)灾难避免计划

灾难避免计划必须预见可能影响系统运行的事件并准备好这类事件的应对措施。成功的灾难避免计划应包括地理冗余和备份磁带的远程存储,这样可以确保区域性灾难不会导致丧失提供服务的能力。

(2)灾难恢复计划

灾难恢复计划中的一个重要考虑因素就是业务影响分析(BIA,Business Impact Analysis)。主要任务包括识别关键的业务过程和支撑这些业务过程的数据和 IT 设施、人员,设定相应的优先级别,评估停机开销。BIA 是决定高可用性及业务连续性的基础。参与 BIA 的人员包括业务部门、安全部门和信息部门的人员。

BIA 的主要目标包括:

(1) 识别不同宕机时间所造成的相应损失；

(2) 识别信息系统的恢复时间目标[①]；

(3) 识别信息系统的恢复点目标[②]；

(4) 识别信息系统的网络恢复目标[③]。

这几个目标并非总是一致的，不同的应用系统有着不同的目标要求，需要根据实际情况仔细确定。

电子政务 BIA 的基本步骤：

(1) 识别电子政务关键的业务流程和关键的资源。根据数据收集阶段所获取的数据，识别电子政务系统所支持的关键业务流程，以及关键业务流程所依赖的关键资源（硬件、网络、软件、数据）。

(2) 识别中断影响和可接受的中断时间。分析前一步识别的关键资源，决定特定的资源被破坏后对系统运行所造成的影响。

这其中主要有两个度量：一个度量是某个应用或资源中断后，其他应用还能持续正常运行的最大时间；另一个度量是恢复中断需要占用的资源。应该尽量找到两者的最佳接合点，优化灾难恢复。

(3) 设定恢复的优先顺序。根据电子政务中内外网业务的不同特点，设定恢复的优先级。

4.4.2.3　容灾设计

(1) 数据级容灾

数据级容灾是指建立一个异地或本地的数据系统，作为系统关键业务数据的一个备份。数据级容灾系统需要保证业务数据的完整性、可靠性和安全性。

数据级容灾只是对业务数据备份，不对系统数据与应用程序进行备份，需要通过安装盘重新安装来进行系统的恢复，因此在灾难发生时，用户的服务请求会被中断。

(2) 系统级容灾

系统级容灾不但进行业务数据的备份，而且要对系统的系统数据、运行环境、用户设置、系统参数、应用程序和数据库系统等信息进行备份，以便迅速恢复整个系统。系统级容灾需要同时保证业务数据和系统数据的完整性、可靠性和安全性。

在网络环境中，系统和应用程序安装起来并不是那么简单，必须找出所有的安装盘和原来的安装说明进行安装，然后重新设置各种参数、用户信息、权限等等，这个过程可能要持续几天。因此，最有效的方法是对整个系统进行备份。这样，无论系统遇到多大的灾难，都能够应付自如。

系统级容灾同数据级容灾的最大区别在于：在整个系统都失效时，系统级容灾能够迅速恢

---

① 恢复时间目标(RTO, recovery time objective)，是指从灾难中恢复正常服务所需的时间。它决定了可容忍的系统最长停机时间。

② 恢复点目标(RPO, recovery point objective)，是指数据能恢复到的最近时间点。它决定了可容忍的数据丢失量，丢失的数据需要重新创建。

③ 网络恢复目标(network recovery objective)，是指恢复或失效切换所需的时间。一个完整的系统恢复包括网络恢复，以便客户能访问网络服务。

复系统,而数据级容灾则不行,在开始数据恢复之前,必须重新装入系统。数据级容灾只能处理狭义的数据失效,而系统级容灾则可以处理广义的数据失效。

(3)应用级容灾

应用级容灾可提供不间断的应用服务。在灾难发生时,让用户的服务请求能够透明地继续运行,保证系统所提供服务的完整性、可靠性和安全性。应用级容灾要同时进行业务数据和业务应用的异地备份。当某地方的一个应用节点突然停掉的话,容灾系统能够在另外一个地方启动相同的应用。这就需要建立一个同生产系统功能完全一致(包括数据与应用的一致)的备份系统。在未发生灾难的情况下,生产系统提供信息服务,备份系统则实时跟踪生产系统的处理,备份生产系统的相关信息,保证在灾难发生时,能将信息服务功能切换到备份系统,承担生产系统的职责,抵御灾难,而且服务对于用户完全透明,没有任何损失和影响。

应用级容灾是在数据级容灾和系统级容灾的基础上,增加对整个应用的实时备份,使得实现的难度大、费用高①,因此一般用于对业务连续性要求很高的系统中,如银行、证券系统中。

在电子政务系统的容灾设计中,应根据系统的安全保护等级选择 3 种方式中的一种进行工作。3 种方式的比较以及灾难恢复的等级体系请参见附录 5。

4.4.3 总结学习

凡事都有其两面性,网络攻击虽然带来危害,但同时也能增强人们对网络攻击的认识和了解,为提高攻击应对能力奠定了基础。因此,在攻击事件的善后处理阶段,离不开总结学习。通过总结经验教训,人们反思存在的问题,化"危"为"机",寻找发展的机会、机遇,进而改进工作中的不足,改善信息安全管理措施与方法,提高电子政务信息安全保障水平。

4.4.3.1 重新评估

灾难恢复完成后的第一项工作就是应对原有应急预案进行重新评估,修改预案中存在的问题。

编制应急预案的目的就是在发生信息安全事件时能通过执行预案来尽量维持业务的连续运行,或使业务不受影响,或减少受影响业务的范围和程度,或缩短影响业务的时间,或提高业务恢复能力等等。

重新评估的内容包括:

(1)评估政府的业务。

对电子政务的三大类业务,核心业务、支持业务和辅助业务进行评估。

(2)评估各个业务在 IT 资源中断后的继续维持的能力。

需要了解所有 IT 资源完全中断后的业务维持能力,仅存关键 IT 资源后的业务维持能力。系统是否有关键 IT 资源临时替代方法,如用无线网替代部分节点的网络设备、用前端数据资源替代数据库、用其他链路替代正常链路等,可使系统在中断或部分中断后,继续维持关键业务,哪

---

① 应用级容灾是非常复杂的,不仅需要一份可用的数据复制,还要有包括网络、主机、应用甚至 IP 等资源,以及各资源之间的良好协调。

怕效率会降低。

（3）评估各类子信息系统故障对业务的影响。

目前，各级政府部门的电子政务经过多年的建设，使用的子信息系统已经十分庞杂，必须重新对现有的子信息系统进行梳理，包括系统平台、网络、存储、容灾、主机、桌面、数据处理、中间件、公共模块、应用系统、移动应用、共享方式、处理能力等各项内容，并将其视为电子政务系统可提供业务使用的信息资源。

在对组织、业务、子信息系统有了充分了解的基础上，可以根据业务和 IT 资源之间的多对多关系来进行评估。按照攻击、故障、灾害等各类事件可能对电子政务系统造成的损失进行评估，根据经验按各类事件发生的概率加权，发现各类事件中最容易受损的 IT 资源，将各项 IT 资源按易受伤害的程度排序，得到 IT 资源的薄弱序列，并与业务进行标识后，重新组合排序后就得到了电子政务系统故障对业务的影响列表。

4.4.3.2　安全培训

安全培训是解决信息安全问题的重要手段，具有投入小、收效大的特点。安全培训应该包括以下内容：

（1）安全意识培训。包括信息系统安全保护有哪些内容？现状如何？为什么要加强系统安全保护？忽略信息系统安全保护的后果是什么？

（2）安全技术培训。理论结合实际，为工作人员讲解常用的信息安全技术。例如，如何熟练地安装和使用一般的安全工具，如何进行计算机硬件参数与软件配置等。

（3）安全情况通报。对出现的安全问题及时通报，总结安全问题，避免类似问题的再次出现。

（4）安全应急演练。安全防护计划的许多措施是针对随机发生的风险而制定的。这些风险可能发生，也可能一直没有出现。由于大部分防护计划的有效性只局限于理论上，缺乏实践性，久而久之，工作人员就会产生懈怠思想。所以，要定期或随机对某一项或某几项安全措施进行演练，把发现的情况记录在案，出现的问题重点标注，以便改进提高。

（5）安全普法教育。对从事安全工作的重点人员进行法律和职业道德教育，有助于他们自觉地奉公守法，减少安全事故发生。

4.5　本 章 小 结

本章主要研究了电子政务信息安全的攻防策略。以网络攻击的攻击前、攻击中、攻击后 3 个阶段为线索，从管理层面、技术层面、管理与技术层面三部分的攻防互动形成本章的整体框架。

攻击前主要研究分析了政府信息安全投资与信息安全管理两方面的内容；攻击中分析了攻击方的攻击技术、攻击路线、攻击频率、攻击能力与攻击后果等内容，与之相对应，分析了防御方的攻击阻止、攻击识别、主动防御、入侵容忍等内容，并分别设计了电子政务主动防御体系和电子政务数据库容忍体系；攻击后主要是对应急响应、备份恢复和总结学习等内容的研究。

5. 电子政务信息安全策略配置

我们在第三、四章已经讨论了信息安全问题产生的原因，并运用博弈论对攻击与防御技术进行了详尽地分析；由于防御不可能做到100%的有效，所以引入了可生存理论，研究电子政务系统在受到攻击后，关键业务还能保持正常的运行。那么，基于对电子政务信息安全环境、安全风险点以及安全投资的综合考虑，如何实现对电子政务信息安全策略的最优配置将是本章中所要重点研究的问题。

最优策略配置就是讨论在较少的资金投入下，找到最有效的安全措施组合。因此，本章首先介绍了多属性决策方法；接着提出了电子政务信息安全决策的总体框架；然后对电子政务系统进行了风险评估，归纳了6类风险，并对这6类风险进行了排序；最后运用多属性决策方法对电子政务的12种安全技术备选方案进行了分析和排序，并给出了信息安全保障的最优模型。

5.1 多属性决策方法评述

决策是指人们在寻求生存与发展过程中，以对事物发展规律及主观条件的认识为依据，寻求并实现某种最佳(满意)准则和行动方案而进行的活动。决策也是一种认识现状、预测未来、指导行动的动态过程。

多准则决策(MCDM, multiple criteria decision making)的起源可以追溯到1896年Pareto提出的帕累托最优概念[①]。多准则决策作为规范决策方法引入决策科学领域则是在20世纪60年代，并以Charnes和Cooper在目标规划上的研究和Roy提出的ELECTRE方法为代表。

在决策科学中，有3个重要术语：准则(criteria)、属性(attribute)和目标(objective)。准则是指衡量、判断事物价值的标准，是事物对主体有效性的标度，是比较、评价的标准。它在实际问题中有两种基本的表现形式，即属性与目标。属性是指备选方案固有的特征、品质或性能；目标是指主体对客体所希望达到的状态、所追求的方向的陈述。

---

① 帕累托最优是指资源分配的一种状态，在不使任何人境况变坏的情况下，而不可能再使某些人的处境变好。

多准则决策问题可以划分为两大类:一是无限个方案的多目标决策,又称为多目标决策(MODM, multiple objective decision making);二是有限个方案的多目标决策,也称为多属性决策(MADM, multiple attribute decision-making)。[①] 多属性决策问题考虑如何在事先已经确定好的有限数目的备选方案中进行选择,其决策变量是离散的。多目标规划决策问题中的方案却没有事先给定,决策者要考虑如何在有限资源的限制条件下,找到一个最佳方案,其决策变量是连续的。两者的比较详见表 5-1。

表 5-1 多属性决策与多目标决策的比较

	多 属 性 决 策	多 目 标 规 划 决 策
评价准则	多个指标(属性)	多个目标
目 标	隐 含	明 确
指 标	明 确	隐 含
约 束	静态的	动态的
方 案	有限个、离散	无限个、连续
迭代次数	不很多	较 多
用 途	选择/评估	设计规划

5.1.1 多属性决策理论

多属性决策是现代决策科学的一个重要组成部分,它在工程设计、经济、管理和军事等诸多领域中都有着广泛的理论与实际应用背景,如投资决策、项目评估、工厂选址、投标招标、产业部门发展排序、经济效益综合评价等。

(1) 多属性决策的实质是利用已有的决策信息通过一定的方式对一组(有限个)备选方案进行排序并择优。它主要由两部分组成:

① 决策信息的获取。决策信息一般包括两个方面的内容:属性权重和属性值(主要有三种形式:实数、区间数和模糊语言)。属性权重的确定是多属性决策中的一个核心问题,近年来关于这方面的研究已受到人们的关注,并取得了较大进展。

② 通过一定的方式对决策信息进行集结并对方案进行排序和择优。目前主要有加性加权平均(AWA)法、TOPSIS法、ELECTRE法、LINMAP法、有序加权平均(OWA)法等几种方法。

(2) 多属性决策问题的 3 种类型:

① 选择:给定方案集 A,选择问题是从 A 中找出最满意方案集 A';

[①] 见徐玖平、吴巍《多属性决策的理论与方法》,清华大学出版社 2006 年版,第 3-4 页。

② 排序：是在 A 上建立一个偏序关系或者全序关系；

③ 分类：是将 A 中的每一个方案分派到预先定义的类型中去，一个方案被分派到一个适当的类型中取决于方案的内在价值。

(3) 多属性决策的特点：

① 属性之间通常是相互冲突和不可公度的（各属性的量纲不同）；

② 在属性集中，可能同时存在定性属性和定量属性；

③ 决策信息有时是不完全的，决策者只能提供决策参数的不完全信息；

④ 决策者的判断可能是不确定的，也就是没有 100% 把握做出主观判断。

属性间的相互冲突性也就是属性的矛盾性，是指如果采用一种方案去改进某一属性的值，可能会使另一属性的值变坏。属性间的不可公度性是指各个目标没有统一的度量标准，因而难以进行比较。

因此，基于上述 4 个特点，一般不能把多个属性直接归并为单个属性，再使用单属性决策方法来进行解决。多属性之间相互依赖、相互矛盾的关系反映了所研究问题的内部联系和本质，也增加了多属性决策问题求解的难度和复杂性。

对电子政务系统的信息安全决策，从决策准则的角度看，也就是在追求系统安全性这一属性最大化的同时，还要考虑成本、技术等级要求等多种属性，在安全方案集合中找出最满意的方案集。

5.1.1.1　多属性决策的五要素

每个多属性决策问题都含有 5 个要素：决策单元、目标集、属性集、决策准则和决策情况。

(1) 决策人和决策单元：决策人是指制定决策的人，他们是一个人或一群人（决策群），决策单元除了包含决策人外，还可能包含有分析者、计算机、绘图仪器等。

(2) 目标集：目标是关于被研究问题的某决策人所希望达到的状态的陈述。对于多属性决策问题，必须首先定义它的目标，也就是可行方案。如我们定义目标集，即备选方案集为 A，$A = (a_1, a_2, \cdots, a_m)$，则有 m 个可行方案可供选择或排序。

(3) 属性集：对于每个目标，又都设定一属性集或代用属性。属性是可测量的，是方案的性能、特征和质量、数量参数等，它反映了该属性所关联的目标达到目的的程度大小。我们定义属性集为 X，$X = (x_1, x_2, \cdots, x_n)$，则每个备选方案都有 n 个属性 $x_i(i = 1, 2, \cdots, n)$。

(4) 决策准则：决策中用于评判排列方案的优劣次序的规则称为决策准则，它是判断备选方案的有效性或好坏的标准。一般可分为两类，最优化准则和满意准则。满意准则把可行方案划分为若干有序子集，牺牲了最优性，将问题简化，寻求令人满意的方案。

(5) 决策情况：多属性决策问题的决策情况是指决策问题的结构和决策环境。它需要标明决策问题输入的数量和类型，决策变量及其属性，测量决策变量和属性所采用的标度，决策变量和属性之间的因果关系，决策环境和状态等。

5.1.1.2　多属性决策分析的基本步骤

一般来说，多属性决策分析主要包括以下几个基本步骤：

(1) 列出所需解决的问题的一般说明；

(2) 形成广泛的目的和特定的目标。这些目的、目标应该反映(1)中指出的需要和社会价值；

(3) 确定恰当的决策变量；

(4) 选择多属性分析的数学方法，如数学规划、效用评价等；

(5) 形成一个目标函数集。每个函数必须是针对(2)中提出的一个或多个目的和目标，但必须用(3)中的决策变量来表达；

(6) 形成一个物理约束的集合。这些约束必须是决策变量的函数，它们表示对可用资源的限制；

(7) 生成一个可供选择的解(计划方案)；

(8) 评价直接和伴随的实际后果。一旦产生了一个解，可以通过实际资源的利用情况以及(2)中给出的目的满足情况，对其后果进行概括；

(9) 确定决策者是否接受可供选择的解。决策者对当前解的值或效用进行主观评价，某些目标函数所达到的值可能低于决策者所期望的，如果决策者对此是肯定的，则转到第14步；

(10) 确定决策者是否愿意放宽某些愿望。本质上，此时决策者必须确定，他在希望某些目标能够更好地实现的情况下，是否能接受另一些目标上的损失，也必须考虑可接受的总量值。如果是肯定的，转到(11)，否则转到(12)；

(11) 从决策者那儿得到他对目标函数相对价值的回答。把这些回答构成的"权数"组合到数学过程中以产生另一个供选择的解；

(12) 确定是否能指定附加的可用资源或技术，即是否有附加的资源，如回答是肯定的，转到(6)，否则转到(13)；

(13) 没有合适的可执行计划；

(14) 执行这个选择的计划方案。

这些基本步骤可用图 5-1 来表示。

5.1.1.3　多属性决策求解的基本思想

多属性决策问题可描述为以下形式：

$$\text{DR } F(x) \qquad x \in X \tag{5.1}$$

式中，x 表示决策变量，这里表示方案；

X 表示决策变量 x 的集合，即方案集，$X = (x_1, x_2, \cdots, x_m)$；$f_i(x)$ 表示目标函数，这里是方案的各属性函数，$F(x) = [f_1(x), \cdots, f_n(x)]$；DR 为决策规则，即决策者在比较 X 中不同方案 x_i 和 x_j 时所持的判据。

该式表示运用决策准则 DR，按照属性 $f_1, f_2, \cdots, f_n$ 的值在方案集 X 中选择一个最好的方案。从上式可以看出，X 决定了 $F(x)$，而 $F(x)$ 决定了 X 的偏好值。也就是说，准则本身是无序的、无目标的，它们体现了设计者的设计指标和条件。

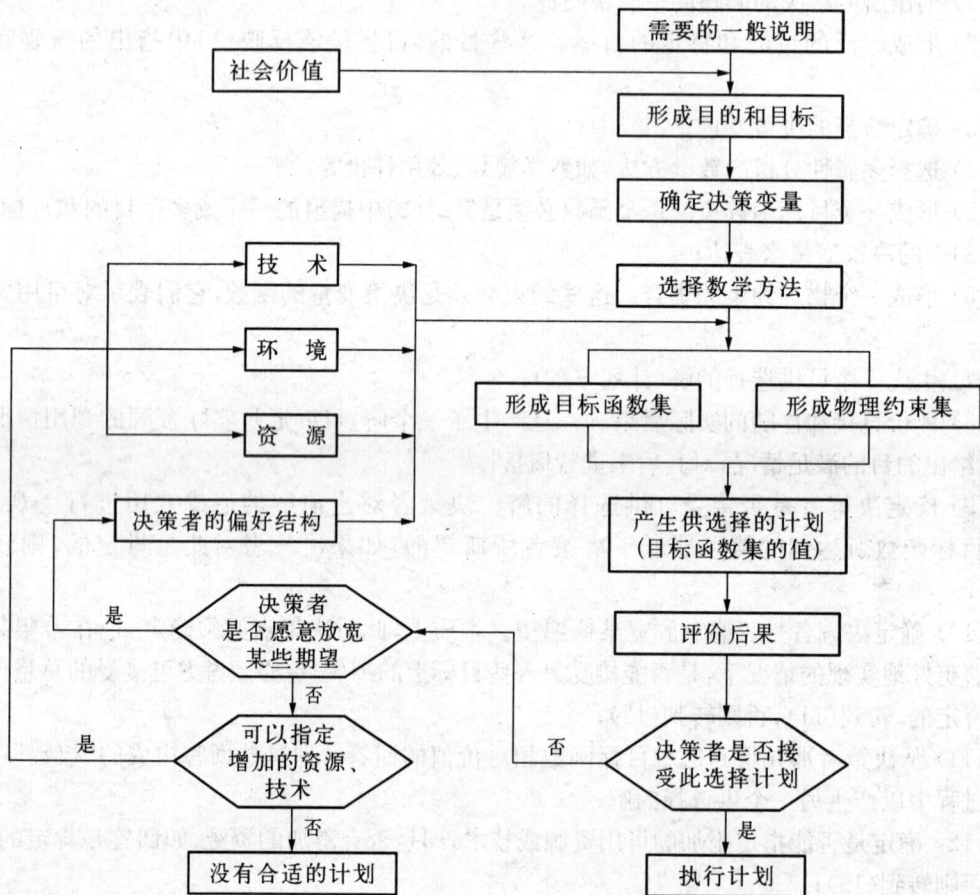

图 5－1　多属性决策分析的基本步骤

如果设计准则有所变化,则衡量设计方案的性能指标体系所做出的评价结果也会发生变化。不同的 DR 和不同的方案集就构成了许多不同的多属性决策方法。

5.1.2　多属性决策求解过程

多属性之间相互依赖、相互矛盾的关系反映了所研究问题的内部联系和本质,也增加了多属性决策问题求解的难度和复杂性。

设多属性决策问题的方案集为 $A:\{A_i \mid i = 1, 2, \cdots, m\}$,多属性决策问题的目标是要从 $A_1, A_2, \cdots, A_m$ 这 m 个方案中选择最佳方案,或者对这些方案进行排序(给出优劣顺序)。为此,首先需要从多个方面、多个角度来考虑这些方案,也就是说用多个属性(指标)来反映这 m 个方案的本质特征。

设这些属性构成属性集 $X:\{X_j \mid j = 1, 2, \cdots, n\}$,则多属性决策问题可用如表 5－2 中的决策矩阵 $X = (x_{ij})_{m \times n}$ 表示,其中 x_{ij} 为第 i 个方案在第 j 个属性下的取值(属性值)。

表 5-2　多属性决策矩阵表示

备选方案	属性			
	x_1	x_2	⋯	x_n
A_1	x_{11}	x_{12}	⋯	x_{1n}
A_2	x_{21}	x_{22}	⋯	x_{2n}
⋯	⋯	⋯	⋯	⋯
A_m	x_{m1}	x_{m2}	⋯	x_{mn}
权重	w_1	w_2	⋯	w_n

考虑 n 个属性具有不同的权重,形成属性权重集 $W = \{w_j \mid j = 1, 2, \cdots, n\}$,将属性值矩阵和权重向量相乘,得到决策向量 D',$D' = X \cdot W^T = (d'_1, d'_2, \cdots, d'_m)^T$。对向量 D' 中元素排序,选出 $A = \{A_i \mid i = 1, 2, \cdots, m\}$ 中的最优决策。

多属性决策问题的求解过程,一般都涉及 3 个方面的内容,如图 5-2 所示,即决策矩阵的规范化、各属性权重的确定和方案的综合排序。

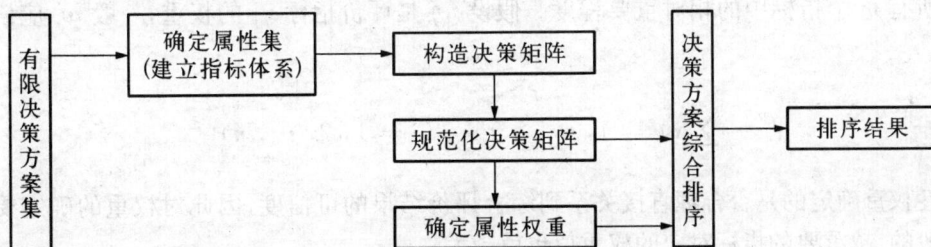

图 5-2　多属性决策问题求解的一般过程

5.1.2.1　规范化处理

由于多属性决策的属性间具有不可公度性,即各个属性没有统一的度量标准,属性的种类又有效益型、成本型、固定型、区间型、偏离型、偏离区间型等不同类型,故难以直接进行比较。为了消除不同量纲、数量级和属性类型对决策结果的影响,决策矩阵的规范化处理也就成了多属性决策中不可缺少的一个重要环节。

规范化处理的实质是利用一定的数学变换把量纲、性质各异的属性值转化为可以综合处理的"量化值"。现有的规范化方法主要有向量规范法、线性变换法、极差变换法等。这些方法一般都是把属性值统一变换到[0,1]的范围内。

5.1.2.2　属性权重的确定

对多属性决策问题,人们从不同角度,提出了许多确定权重的方法,这些属性赋权法大致可以分为 4 类:

(1) 客观赋权法。客观赋权法是利用客观信息(属性值)赋权的一类方法,该方法不含人的主观因素。主要有熵值法、形心法、离差最大化法、线性规划法、目标规划法、基于方案满意度法、基于方案贴近度法、两阶段法等。

(2) 主观赋权法。主观赋权法是由决策者根据自己的经验及对各属性的主观重视程度而赋权的一类方法,主要有点估计值法、环比评分法、比较矩阵法、Fuzzy 子集法、判断矩阵法等。其中,判断矩阵法是一种常用的主观赋权法,它是指决策者根据一定的标度对属性进行两两比较,并构造判断矩阵,再按一定的排序方法求得属性的权重向量。标度不同,判断矩阵的形式也会有所不同,一般可以分为互反判断矩阵、模糊互补判断矩阵和混合判断矩阵。

(3) 组合赋权法。由于主观赋权法客观性较差,而客观赋权法所确定的属性权重有时又与属性的实际重要程度相悖,于是人们提出了综合主、客观赋权法的组合赋权法,主要有方差最大化赋权法、最佳协调赋权法、组合目标规划法、组合最小二乘法等。

(4) 交互式赋权法。上述 3 类赋权法的一个共同特点,即属性权重均由决策者一次性导出。而实际上,这种导出应该是多次循环、不断调整和修正的过程,是决策者和分析者相互协调而最终确定的过程,是交互式过程。交互式决策既能够充分利用已知的客观信息,又能最大限度地考虑决策者的交互要求,发挥决策者的主观能动性,并通过对权重属性的不断调整和修正最终产生最佳协调权重,从而使决策更具合理性。目前,这方面的研究已经受到人们的广泛关注。

相对于某种目标来说,评价指标之间的相对重要程度是不同的,属性权重的大小反映了该项指标在所有 m 个指标中的相对重要程度。假设 w_j 是评价指标 x_j 的权重,一般 w_j 应该满足以下条件:

$$\sum_{j=1}^{n} w_j = 1, \ w_j \geqslant 0 \qquad (j = 1, 2, \cdots, n) \tag{5.2}$$

属性权重确定的是否合理直接关系到综合评价结果的可信度,因此对权重的确定要特别谨慎。一般的,越重要的指标对应的权重值也就越大。

本文对于多属性决策问题的研究暂时只考虑属性权重已经给出的情况,关于这方面的研究还有待日后进一步深入,这里也就不详细介绍属性权重确定的方法了。

5.1.2.3　综合评价

在对决策矩阵进行规范化处理及确定了属性权重的大小后就需要对各方案进行综合排序或择优,即综合评价。从数学的角度看,所谓多属性(多指标)综合评价,是指通过一定的数学模型(或算法)将多个指标评价值“合成”一个整体性的综合评价值。

到目前为止,已有多种综合评价方法,每一种单独的评价方法理论也已经十分成熟,但这并不意味着综合评价方法和理论已经非常完善,因为对于方法的应用还处在发展阶段,还有许多问题有待于进一步的研究和改进。

常见的综合评价方法有简单线性加权法、理想点法、层次分析法、灰色关联评价法(GRA)等。这些方法各有优缺点,应根据实际情况确定综合评价方法。

5.1.3　信息安全决策的相关研究

国内外很多学者对信息安全风险决策进行了研究。Daniel Bilar 提出的信息风险安全决策的方法,是网络主机上软件具有的脆弱性被利用后所造成的各种危害性导致了风险,若各个软件的总风险超过了系统管理员设置的阈值,则必须进行安全决策,即更换软件以降低其总风险。[①]安全决策是以网络主机为单位展开的,Daniel Bilar 将单个网络主机上的安全决策问题转化为一个多约束条件下的单目标优化问题,即在满足软件功能约束、软件成本约束以及总风险小于相应阈值的约束 3 个条件前提下,使得网络主机总风险最小。

Daniel Bilar 的做法尽管实现了对安全方案进行成本控制的思想,但其更换软件以控制风险的做法在实践中的应用值得探讨。对于某些组织定制的重要软件系统,一般不能采用更换软件而是选取特定安全措施来控制其安全风险。

Ashish Gehani 提出了一套基于主机的风险管理与决策模型。该模型是将所有威胁利用脆弱性破坏主机上对象(如文件)所造成的损害值之和视为主机风险。若主机风险超过相应阈值,则可采取两类安全措施控制风险:一类是可降低威胁成功可能性的访问控制机制,假设共有 P 种;一类是控制威胁访问的对象范围以降低风险后果的对象控制机制,假设共有 O 种,则控制主机的安全方案共有 2^{P+O} 种。Ashish Gehani 将基于主机的安全决策问题转化为一个单约束条件下的单目标优化问题:目标为主机风险最小,约束条件为主机风险小于其阈值。

Ashish Gehani 指出解该单目标优化问题就是在 2^{P+O} 种安全方案中选取最优安全方案的整数线性规划问题,是一个 NP[②] 困难的问题。但 Ashish Gehani 并未给出相应的求解方法。

Shawn A. Butler 提出了一种协助信息安全管理人员进行安全措施选择权衡分析的多属性决策方法。该方法首先评估各种信息系统风险的相对大小;然后计算各安全措施所能降低的总风险,即各安全措施的风险控制效用;最后根据风险控制效用、维护难易程度、购买费用以及对系统运行的影响等属性来对各种安全措施进行综合排序。[③] 该方法虽然能从多个角度对安全措施进行综合评价,但它只是一种安全措施的"单选"方法;信息安全风险的复杂性往往使得单个安全措施不足以完成整个信息系统的风险控制任务,安全决策的结果应该是形成一个较为完备的安全措施体系,即将信息系统风险控制在可接受范围内的完备安全方案。

Nick 给出了一个组织控制信息安全风险的费效分析框架。该框架将一类不当用例构成的威胁视为一种风险,并认为一类防护措施(category of preventions)只能对应地对一种风险产生效用,一组防护措施构成安全方案;他还定义了安全方案的总费用、总效益、净效益、系统效益以及效费比等概念和相应的计算方法,并以案例说明了根据安全方案总费用、系统效益以及费效比选择最优的安全方案的过程。[④] 上述方法回避了安全措施可控制多种安全风险的"多对一"关系,使决策过程大大简化,但并不符合信息系统安全实践现状。

苟大鹏等人提出一种网络安全资源分配模型,该模型充分考虑了网络脆弱性、内部和外部攻

---

① D. Bilar. *Quantitative risk analysis of computer networks.* Dartmouth College, 2003, p. 131.

② NP 难题就是非多项式算法问题。

③ S. A. Butler, *Security attribute evaluation method: a cost-benefit approach. In Proceedings of the 24th International Conference on Software Engineering.* May. 2002, ACM Press 1515 Broadway, 17th Floor New York, pp. 232 - 240.

④ Nick(Ning) Xie, Nancy R. Mead, *Square Project: Cost/Benefit Analysis Framework for Information Security Improvement Projects in Small Companies. Department of Computer Science, University of California at Davis: Technical Report TCMU/SEI - 2004 - TN - 045,* 2004.

击事件比例等变量对安全投资策略的影响,给出了针对网络内部和外部威胁的最优安全投资策略。[①]

Pinto 认为网络安全不仅是使用更多的安全技术,而且是实现技术与资源之间的平衡。他提出了 RROI(risk based return on investment)模型来建立一个合理的投资与可接受风险之间的平衡。其中涉及关键的两个概念是黑客攻击的事件类型以及攻击的成功概率,主要从事件造成的危害、执行的成本、攻击事件成功的概率等方面来分析投资的合理性。[②]

Varadharajan 以印度管理学院为实例,分析了如何在有限的资金条件下,获取最大的安全性。他提出了两个方案:一是采用自由软件与版权软件相结合的方式;二是采用信息安全外包的服务方式。[③]

张立涛等人在网络安全风险分析和网络安全产品对威胁的防御能力分析的基础上,提出了构建网络安全的风险分析与投资决策模型。[④]

王震雷提出用 AHP 方法对信息安全投资方案进行分析,从方案组成决策、产品选型决策和安全投资决策 3 个方面进行决策,并在对安全方案进行效益评估的基础上,进行方案组成决策和产品选型决策,然后在此基础上形成决策结论。[⑤]

5.2　信息安全决策的总体框架

5.2.1　基本假设

理性指的是一种行为方式,是指在给定条件和约束的限度内适于达到给定目标的行为方式。我们把考虑到活动者信息处理能力限度的理论,称为有限理性理论[⑥]。

电子政务信息安全策略配置也就是信息安全决策,即从备选安全技术方案中选择特定的安全措施组合形成安全解决方案。这样就不可避免地需要在给定的多个约束条件下同时实现多个目标的最优化。

由于安全决策者处理决策信息的能力限度,一味地追求"绝对最优的结果"是不切实际的。这是因为,安全决策所追求的多个决策目标往往相互制约,决策者由于决策能力的限制也往往难以对各个决策目标的相对重要性做出评价,因而导致在给定约束条件下难以或不可能同时实现

①　见蔺大鹏、杨武、杨永田《一种网络安全资源分配方法》,《辽宁工程技术大学学报》(自然科学版)2008 年第 2 期,第 248－251 页。
②　C. A. Pinto, et al., *Challenges to Sustainable Risk Management: Case Example in Information Network Security. Engineering Management Journal*, 2006. 18(1), p.17.
③　S. Varadharajan and B. Bharat, *Managing information security on a shoestring budget. Annals of Cases on Information Technology*, 2003. 5, p.151.
④　见张立涛、钱省三《网络安全风险分析与投资决策初探》,《计算机工程与应用》2001 年第 18 期,第 40－41 页。
⑤　见王震雷《信息系统安全决策模型研究》,《信息安全与通信保密》2005 年第 11 期,第 79－81 页。
⑥　赫伯特·西蒙在试图阐述影响决策的因素时提出了有限理性理论。他指出,决策者必须应付以下困难:对问题和解决方法了解不够,缺乏时间和财力去收集更加全面的信息,没有能力牢记大量的信息,另外,他们的智力本身也有局限性。资料来源:《管理学教程》。[美]詹姆斯·斯通纳等著,刘学等译,华夏出版社 2001 年版,第 203－204 页。

对多个决策目标的最优化,而只能是在尽可能优化多个决策目标的情况下,寻找一个最令决策者"满意"的、能解决信息安全风险问题的安全方案。

因此,本文可做出如下假设。

基本假设:信息安全决策中,有限理性的决策者很难选择"绝对最优"的安全方案,安全决策的目标是寻求一个"满意"的方案。

根据上述分析,决策者进行安全决策,就是要基于风险评估和安全保障体系分析的结果,在已知的有限个可行解(安全方案)中,寻求一个能充分反映决策者偏好的满意解。

因此,基于基本假设,安全决策过程主要应考虑以下两个问题:

(1) 确定可行安全方案集;

(2) 利用恰当的方法在可行安全方案集中选择满意解。

在基本假设这一统帅全文的前提下,有如下求解假设:

求解假设1:电子政务系统面临的安全风险概率是可以量化的;

求解假设2:某一安全措施对抗某一风险的有效性是可以量化的,并且根据历史数据和专家经验可以进行分析得到的。

5.2.2　安全决策问题描述

如图5-3所示,安全决策可分为如下几部分。

5.2.2.1　输入

(1) 在不实施任何附加的安全措施时,各种安全风险与威胁所造成后果危害性的基本估计;

(2) 在不实施任何附加的安全措施时,各种攻击的成功概率;

(3) 实施各种安全措施所需要的成本;

(4) 各种安全技术所对应防御风险的有效性。

5.2.2.2　决策变量

安全决策者可选的各种安全措施入选安全方案的情况。

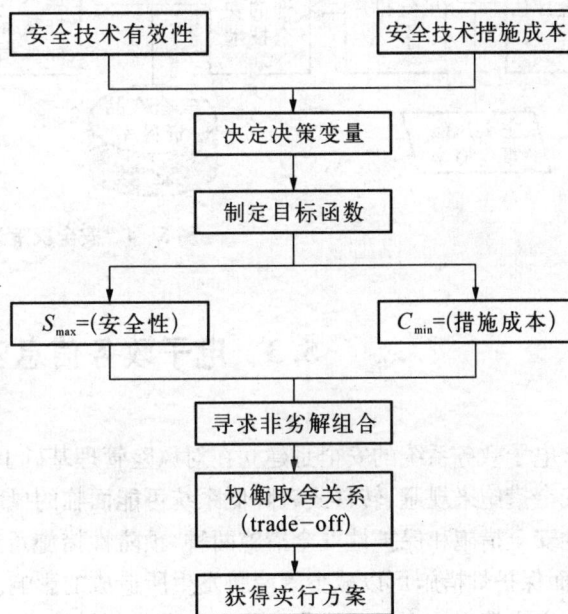

图5-3　安全决策问题描述图

5.2.2.3　优化目标

优化目标函数的设置用于衡量安全方案的优劣。本文中优化目标函数为两个:一是安全方案的技术有效性,目标函数越大越好;二是安全成本(购置成本、维护成本),目标函数越小越好。

5.2.2.4　输出

最优的安全方案(决策变量)

最小的安全投资额 C_{min}（目标函数值）

最有效的安全技术 S_{max}（目标函数值）

5.2.3 安全决策的总体框架

安全决策过程主要有以下 3 个阶段：

第一个阶段为风险评估阶段，对电子政务系统进行风险评估，围绕着电子政务的关键业务及资产，对内外部风险与威胁进行分析，并对风险进行排序；

第二个阶段为对备选的安全技术进行有效性指数分析；

第三个阶段为决策阶段，即在安全技术有效性和成本最优性之间进行选择，确定投资方案。

因此，安全决策的总体框架如图 5 - 4 所示。

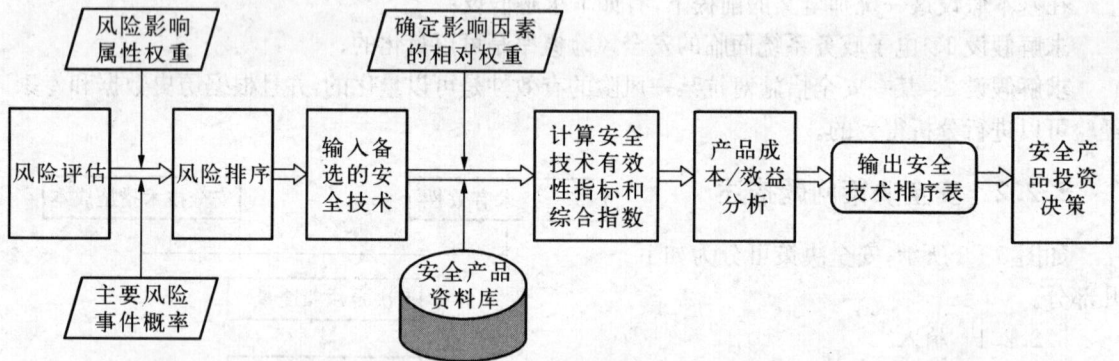

图 5 - 4 安全决策总体框架

5.3 电子政务信息安全风险评估

电子政务系统的安全是建立在对风险管理基础上的，为保障系统的安全，我们需要采取若干的安全措施来规避、转移或者降低系统可能面临的风险（如图 5 - 5 所示）。安全措施可以分为预防性安全措施和保护性安全措施两种，预防性措施可以降低威胁发生的可能性和减少安全脆弱性，而保护性措施可以减少因威胁发生所造成的影响。

安全管理员应对已采取的信息安全控制措施进行识别并对控制措施的有效性进行确认，将有效的安全控制措施继续保持，以避免不必要的工作和费用，防止控制措施的重复实施。对于那些确认为不适当的控制应核查是否应被取消，或者用更合适的控制代替。

5.3.1 风险识别

为了有效地评估电子政务系统的安全，必须明确描述可能造成风险的威胁。因此，风险识别的目标是制定一个使电子政务系统遭受攻击的潜在风险列表。

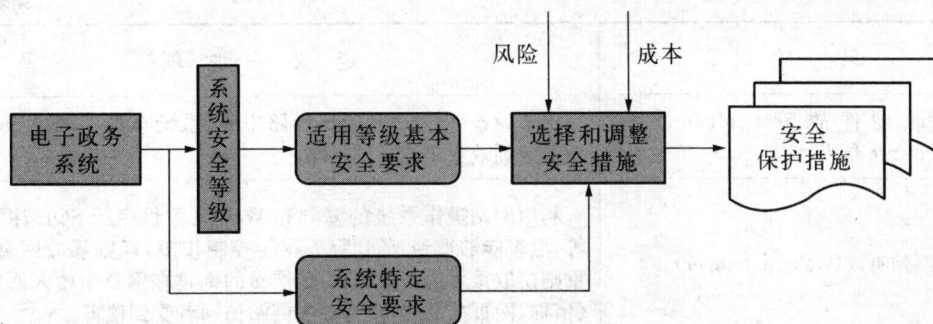

图 5-5　电子政务信息安全风险评估框图

　　确定电子政务系统面临风险的方法很多,主要有专家调查法、故障树分析法、层次分解法、聚类分析法、投入产出法等。

　　2008 年 3 月至 8 月,笔者对引发电子政务信息安全风险的风险因素、危害程度、发生频率以及相应安全技术等进行了问卷调查。调查的对象是市(县)级机关信息中心的主任和安全技术人员,共发放问卷 110 份,回收有效问卷 78 份,并实地走访了相关安全专家。通过统计分析,确定电子政务系统所面临的主要风险[①],生成风险集 $T:\{t_i \mid i = 1, 2, \cdots, n\}$,其中 t_i 为第 i 种威胁,n 为电子政务系统所面临的风险种类数。

　　电子政务系统信息安全面临的风险如表 5-3 所示。

　　调查问卷内容见附录 6。

表 5-3　电子政务信息安全关键风险列表

序号	风　险　T	定　义 / 说　明
1	内部滥用(employee abuse)	内部人员滥用,指内部人员越权、将重要信息泄露给外部人员、误操作、无作为、与外部人员内外勾结攻击系统获取利益等行为。
2	外部主动攻击(positive attack)[②]	利用电子政务系统的漏洞或脆弱性进行的主动攻击。
3	外部被动攻击(passive attack)[③]	攻击者在网络上对系统传输的数据进行监听或截取,以获得系统内的重要信息。
4	恶意代码和病毒(malice code and virus)	具有自我复制、自我传播能力,对信息系统构成破坏的程序代码。

---

　　① 参照了国家标准《信息安全风险评估指南》(征求意见稿)。

　　② 外部主动攻击:利用系统存在的漏洞或脆弱性对电子政务系统发起主动攻击,主动从系统内部获取系统重要信息或直接对系统进行控制进而破坏系统配置,破坏整个系统的正常运行。这种攻击的危害性远大于被动攻击,常见的攻击形式有:利用缓存区溢出(BOF)漏洞执行代码、插入和利用恶意代码、扫描、密码猜测攻击、安装后门、嗅探、伪造和欺骗、拒绝服务攻击等手段。主动攻击可以检测,但难以防范。

　　③ 外部被动攻击:是指攻击者在网络上对系统传输的数据进行监听或截取,以获得系统内的重要信息。这种攻击并不会对系统的运作带来什么影响,但却会使内部的重要信息被外部人员获取。被动攻击非常难以检测,但可以防范。

序号	风　险　T	定　义／说　明
5	软硬件故障（software and hardware fault）	由于设备硬件故障、通讯链路中断、系统本身或软件 Bug 导致对业务高效稳定运行的影响。
6	网站篡改（website tamper）	利用网站操作系统的漏洞和 Web 服务程序的 SQL 注入漏洞等，黑客能够得到 Web 服务器的控制权限，轻则篡改网页内容，重则窃取重要内部数据，更为严重的则是在网页中植入恶意代码（俗称"网页挂马"），使得更多网站访问者受到侵害。

5.3.2　风险赋值

5.3.2.1　确定风险的后果属性及其权重

根据电子政务系统的业务实际，确定风险后果的属性类型，即可能在哪些方面造成安全损害。通常的后果属性类型有信息泄密、损害政府形象、影响业务运行、造成经济损失、危害公共安全等方面。

参照 5.1.2.2 节中对属性赋值的描述，本文采用主观赋值法，根据风险对电子政务系统影响的大小，定义如表 5 – 4 所示的风险后果属性及其权重。

表 5 – 4　电子政务安全风险后果属性及其权重

序　　号	后　果　属　性　X	权　重　W
1	信息泄密	0.45
2	损害政府形象	0.20
3	影响业务运行	0.35

5.3.2.2　确定风险发生概率

通过对 CNCERT/CC 几年来安全报告的分析，调查收集了历史上发生的有关该类威胁事件的资料数据，并根据对 78 份问卷的统计分析，最终确定了电子政务安全风险发生概率如表 5 – 5 所示。

发生概率 $P:\{p_i \mid i=1, 2, \cdots, n\}$ 及其相应的后果属性值集合 $C:\{c_{ij} \mid i=1, 2, \cdots, n, j=1, 2, \cdots, m\}$，其中 p_i 是风险集合 T 中第 i 种风险 t_i 的发生概率，c_{ij} 为风险 t_i 在后果属性 x_i 上可能造成的影响值。

因有两种以上攻击同时发生的可能性，因此：

$$\sum_{j=1}^{n} p_i \geqslant 1, \ p_i \geqslant 0 \quad (i=1, 2, \cdots, n)$$

电子政务信息安全风险发生概率与后果属性值如表 5-5 所示①。

表 5-5　电子政务风险发生概率与后果属性值

序号	风　险	概率 p	后　果　属　性　值		
			信息泄密② $w_1=0.45$	损害政府形象③ $w_2=0.20$	影响业务运行④ $w_3=0.35$
			c_1	c_2	c_3
1	内部滥用	$p_1=60\%$	5	5	20 小时
2	外部主动攻击	$p_2=35\%$	4	4	15 小时
3	外部被动攻击	$p_3=15\%$	3	3	2 小时
4	恶意代码和病毒	$p_4=30\%$	4	2	5 小时
5	软硬件故障	$p_5=15\%$	3	2	8 小时
6	网站篡改	$p_6=23\%$	2	4	3 小时

5.3.3　风险排序

风险排序是把风险发生概率和风险损失后果这两个因素综合考虑,用某一指标表示其大小,如期望值、标准差、风险度等。主要方法是将风险概率、风险后果属性值、后果属性权重结合起来,得到各个风险的威胁指数 TI,用于表示该威胁可能造成风险的严重程度。

对于风险 t_i,对应的威胁指数 TI_i 为:

$$TI_i = p_i \times \sum_{j=1}^{m}(w_j c_{ij}) \tag{5.3}$$

其中, p_i 是风险 t_i 可能发生的概率, $\sum_{j=1}^{m}(w_j c_{ij})$ 是风险 t_i 可能造成的总的后果影响, w_j 为后果属性 x_j 的权重, c_{ij} 为风险 t_i 在后果属性 x_j 上可能造成的影响值。

如前所述,安全风险评价的主要目标不是为了给出某个威胁的严重程度的绝对值,而是为了度量出各个威胁的相对严重程度,并对其进行排序,以利于进行安全决策。因此,为了使结果更加清晰和便于比较,这里用相对威胁指数 RTI 来表示威胁的相对严重程度。RTI_i 是对 TI_i 进行归一化的结果:

$$RTI_i = \left(\frac{TI_i}{\max\{TI_k \mid k=1, \cdots, n\}}\right) \times 100 \tag{5.4}$$

---

① 概率值与后果属性值是通过 78 份有效问卷统计分析得到,调查问卷内容参见附录 6。
② 将信息泄密分为 1—5 级,5 级为最严重,1 级为最轻。
③ 将对政府形象的损害分为 1—5 级,5 级为最严重,1 级为最轻。
④ 影响业务运行的指标用恢复系统正常运行所需的时间来计算。

由式(5.3)、(5.4)和表5-5中的数据,可以得到如表5-6所示的各类风险的相对威胁指数。

表5-6 电子政务信息安全指数及风险等级

排 序	风险 T	相对威胁指数 RTI	风险等级①
1	内部滥用	100	5
2	外部主动攻击	44.67	4
3	恶意代码和病毒	19.27	4
4	软硬件故障	11.10	4
5	网站篡改	10.28	3
6	外部被动攻击	6.46	2

5.4 电子政务信息安全决策

5.4.1 安全技术备选方案

5.4.1.1 WPDRRC 模型

WPDRRC 安全模型是我国 863 信息安全专家组博采众长推出的信息安全保障模型。该模型全面涵盖了各个安全因素,突出了人、策略、管理的重要性,反映了各个安全组件之间的内在联系。人是该模型的核心;政策(包括法律、法规、制度、管理)是桥梁;技术落实在 WPDRRC 模型 6 个环节的各个方面,在各个环节中起作用。

信息安全保障体系中 3 个要素与 6 种能力之间的关系,如图5-6所示。

WPDRRC 以安全策略为指导,在安全威胁演变的各个环节实施预警、保护、检测、响应、恢复、反击等 6 种行为,6 个环节构成一个闭合的循环结构。这 6 个环节是有时间关系和动态反馈关系的,其中:

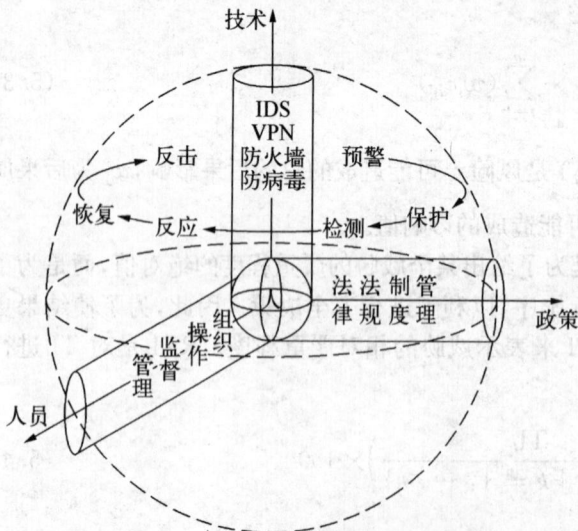

图5-6 WPDRRC 信息安全保障模型

① 将风险等级分为 1—5 级,5 级为最严重,1 级为最轻微。

预警(warning)：采用多检测点数据收集和智能化的数据分析方法，检测是否存在某种恶意的攻击行为，并评测攻击的威胁程度、攻击的本质、范围和起源，同时预测敌方可能的行动。

保护(protection)：采用一系列的手段(识别、认证、授权、访问控制、数据加密)保障数据的保密性、完整性、可用性、可控性和不可否认性等。

检测(detection)：利用强力度检测工具检查系统可能存在的提供黑客攻击、内部人员犯罪、病毒泛滥的脆弱性。即对系统进行脆弱性检测、入侵检测。

响应(reaction)：对危及安全的事件、行为、过程及时做出响应和处置，杜绝危害的进一步蔓延扩大，力求系统能提供正常服务。包括审计跟踪、事件报警、事件处理。

恢复(recovery)：对所有数据进行备份，并采用容错、冗余、替换、修复和一致性保证等相应技术使遭受破坏的系统迅速恢复运转。

反击(counterattack)：是指使用高技术工具，提供犯罪分子的犯罪线索、犯罪依据，以便依法侦查犯罪分子处理犯罪案件。

5.4.1.2　电子政务安全技术分类

按照 WPDRRC 安全保障方法将安全技术进行分类，如下表 5-7 所示。

表 5-7　电子政务安全技术分类

预警(W)	保护(P)	检测(D)	响应(R)	恢复(R)	反击(C)
入侵检测	主机防护系统	漏洞扫描	报　警	备份恢复	日志分析
安全报警	防火墙	安全审计	切断连接		跟踪反击
安全评估	防病毒	渗透测试			取证软件
	加　密				审　计
	OS 加固①				
	认证授权				
	应用防火墙②				
	数据库系统安全加固				

5.4.1.3　电子政务系统风险与安全技术

根据第 3 节中对电子政务信息安全风险的分析排序结果，应对主要风险进行安全防护。主要风险与相应技术层面的备选方案参见表 5-8。

---

①　OS 加固(reinforcement operating system technique)是一项利用安全内核来提升操作系统安全等级的技术，这项技术的核心就是在操作系统的核心层重构操作系统的权限访问模型，实现真正的强制访问控制。

②　应用防火墙是传统防火墙的补充。传统防火墙工作在网络层，而应用防火墙通过执行应用会话内部的请求来处理应用层，专门保护 Web 应用通信流和所有相关的应用资源免受利用 Web 协议或应用程序漏洞引发的攻击。应用防火墙可以阻止将应用行为用于恶意目的的浏览器和 HTTP 攻击，一些强大的应用防火墙甚至能够模拟代理成为网站服务器接受应用交付，形象地说这相当于给原网站加上了一个安全的绝缘外壳。

表 5-8 电子政务系统风险和安全技术对照表

风险	解 决 方 法					
	预 警	防 护	检 测	响 应	恢 复	反 击
内部滥用	入侵检测	认证授权	漏洞扫描	安全报警	数据备份恢复	审计跟踪
		访问控制	安全审计			日志分析
		加 密				
		数据库与应用系统安全加固				
		OS加固				
外部主动攻击	入侵检测	防火墙	漏洞扫描	安全报警	数据备份恢复	审计跟踪
	安全评估	数据库系统安全加固	安全审计	切断连接		日志分析
		加密				
		OS加固				
		应用防火墙				
恶意代码和病毒	入侵检测	防病毒	漏洞扫描	安全报警	数据备份恢复	审计跟踪
		防火墙		切断连接		日志分析
		OS加固				
软硬件故障	硬件报警	冗余链路	漏洞扫描		数据备份恢复	日志分析
		双机热备				
网站篡改	入侵检测	OS加固	安全审计	切断连接	数据备份恢复	审计跟踪
		应用防火墙				日志分析
		数据库系统安全加固				
外部被动攻击		加密			数据备份恢复	审计跟踪
		防火墙				日志分析
		VPN				

5.4.1.4 确定备选安全技术措施

在以上安全备选技术方案中,有以下几点需要加以说明:

（1）数据备份与恢复是电子政务系统中所必备的关键性技术与措施，因此不在安全备选方案中。

（2）安全报警、日志分析、审计跟踪、跟踪反击等功能已包含在入侵检测、安全审计、防火墙等系统内，因此也不在备选方案中。

（3）考虑电子政务系统业务的特点，针对软硬件故障的冗余链路和双机热备技术，由于该方案价格较高，实现有一定难度，因此该技术也不在备选方案中。

最终，通过分析，确定备选的安全技术集合 $S: \{s_j \mid j = 1, 2, \cdots, l\}$，其中 s_j 是第 j 种安全技术，l 是备选安全技术的个数，如表 5-9 所示。

表 5-9　电子政务信息安全技术备选方案

方　案	安全技术与措施
1	防火墙
2	入侵检测
3	防病毒
4	安全审计
5	漏洞扫描
6	加　密
7	认证授权
8	访问控制
9	OS 加固
10	应用防火墙
11	VPN
12	数据库系统加固

5.4.2　安全方案有效性

构建安全电子政务系统的基本思想是采用全面、动态防御的方法，通过不同类型安全技术的组合来减弱电子政务系统的脆弱性。防护的目的在于阻止攻击或延迟攻击所需的时间，以便为检测和响应预留时间，一旦防护失效，通过检测、响应和恢复，可以及时修复漏洞，防止灾害扩大，确保电子政务系统运行的持续性。

针对电子政务的安全风险，基于历史数据和对调查问卷的统计分析，对备选安全技术进行研究，确定备选安全技术可以应对的安全风险以及应对该安全风险的有效性。如表 5-10 所示。

表 5-10 安全方案的有效性

序　号	风险及等级	安　全　方　案	有　效　性　%
1	内部滥用(5级)	入侵检测	40
		认证授权	75
		访问控制	40
		加　密	60
		数据库系统安全加固	55
		漏洞扫描	20
		安全审计	25
		OS 加固	40
2	外部主动攻击(4级)	防火墙	75
		入侵检测	70
		数据库系统安全加固	50
		漏洞扫描	70
		加　密	60
		OS 加固	50
		应用防火墙	35
		安全审计	60
3	恶意代码与病毒(4级)	入侵检测	50
		防火墙	40
		防病毒	90
		OS 加固	60
		漏洞扫描	45
4	软硬件故障①(4级)	漏洞扫描	40
5	网站篡改(3级)	应用防火墙	85
		入侵检测	30
		数据库系统安全加固	60
6	外部被动攻击(2级)	加　密	80
		VPN	90
		防火墙	40

---

① 在对该风险的策略中未考虑硬件故障问题,而只是针对软件出现故障所应采取的措施。

　　表 5-10 的数据可能没有准确地反映出这些安全技术对特定安全风险的有效性信息,但这是一组可行的估计值,这些数值可根据实际情况更新。

　　有效性指数 EI 是衡量安全技术有效性的指标。确定有效性指数的思路是:不同的风险对于电子政务系统的危害程度是不同的,而一种安全技术可能对某种或多种风险有效。综合考虑风险的相对威胁指数和安全技术对不同风险的有效性,可以计算得到安全技术的有效性指数。

　　以安全技术 s_j 为例,针对风险 T:$\{t_i \mid i = 1, 2, \cdots, n\}$ 的有效性指数 EI_j 为:

$$EI_j = \sum_{i=1}^{n} (RTI_i \times e_{ji}) \tag{5.5}$$

其中,RTI_i 为风险 t_i 的风险等级,e_{ji} 为安全技术 s_j 针对风险 t_i 进行安全保障的有效性,一般是由专家根据历史数据和实际情况给出的。

　　为了使安全技术有效性指数的计算结果更加清晰和便于比较,这里用相对有效性指数 REI 来表示安全技术的相对有效程度。

　　REI_i 是对 EI_i 进行归一化的结果:

$$REI_i = \left(\frac{EI_i}{\max\{EI_k \mid k = 1, \cdots, l\}} \right) \times 100 \tag{5.6}$$

　　根据表 5-10 中的数据,依据式(5.5)和(5.6)就可计算出备选安全技术的有效性指数和相对有效性指数。计算结果如表 5-11 所示。

表 5-11　电子政务信息安全技术相对有效性指数

序　　号	安 全 技 术	有效性指数 EI	相对有效性指数 REI
1	入侵检测	7.7	100
2	漏洞扫描	7.2	93.51
3	加　密	7.0	90.91
4	数据库系统安全加固	6.55	85.06
5	OS 加固	6.4	83.12
6	防火墙	5.4	70.13
7	应用防火墙	3.95	51.30
8	认证授权	3.75	48.70
9	安全审计	3.65	47.40
10	防病毒	3.6	46.75
11	访问控制	2	25.97
12	VPN	1.8	23.38

5.4.3 安全技术排序

5.4.3.1 确定安全决策的主要影响因素及其权重

在电子政务安全体系中,选择一种安全技术加入现有的系统之前,除了考虑安全技术的有效性之外,往往还必须考虑购买成本、维护费用、技术等级要求等其他因素,所以需要根据实际情况,确定各种影响因素 $F: \{f_i \mid i = 1, 2, \cdots, q\}$ 和相应的权重 $W': \{w_i' \mid i = 1, 2, \cdots, q\}$,其中 f_i 为第 i 种影响因素,q 是影响因素的种类个数,w_i' 为第 i 种影响因素的权重。

在上述电子政务系统中,确定影响安全技术选择的主要因素和权重如表 5-12 所示。

表 5-12 影响安全方案选择的主要因素及其权重

序 号	影 响 因 素 F	权 重 W'
1	购买成本	0.42
2	安全方案的效能	0.40
3	维护费用①	0.18

5.4.3.2 安全技术综合指数计算

选择安全技术时,需要综合考虑影响安全技术选择的多方面因素,可用安全技术综合指数 GI 来衡量。根据 GI,可以确定如何在满足电子政务系统多方面需求的前提下,采取有效的安全保障措施。

计算 GI 可以依据下式:

$$GI_j = \sum_{i=1}^{q} w_i' g_{ji} \tag{5.7}$$

其中,GI_j 是安全技术 s_j 的综合指数,w_i' 为第 i 种影响因素 f_i 的权重,g_{ji} 是对 a_{ji} 进行归一化的结果,而 a_{ji} 是安全技术 s_j 相对于影响因素的取值。由于影响因素有效益型(如安全技术有效性)和成本型(如购买成本、维护费用),所以计算 g_{ji} 时需要根据实际情况,选择使用式(5.8)或(5.9)计算。

对于效益型目标属性:

$$g_{ji} = \frac{a_{ji} - \min(a_{ki} \mid k = 1, \cdots, l)}{\max(a_{ki} \mid k = 1, \cdots, l) - \min(a_{ki} \mid k = 1, \cdots, l)} \quad 0 \leqslant g_{ji} \leqslant 1 \tag{5.8}$$

对于成本型目标属性:

---

① 维护费用包括人力资源成本、定期维护升级费用等。

$$g_{ji} = \frac{\max(a_{ki} \mid k = 1, \cdots, l) - a_{ji}}{\max(a_{ki} \mid k = 1, \cdots, l) - \min(a_{ki} \mid k = 1, \cdots, l)} \quad 0 \leqslant g_{ji} \leqslant 1 \quad (5.9)$$

计算结果如表 5-13、5-14 所示。

表 5-13　电子政务安全技术综合指数(1)

		安　全　技　术										
		防火墙		入侵检测		防病毒		OS 加固		漏洞扫描		加　密
		a_{1i}	g_{1i}	a_{2i}	g_{2i}	a_{3i}	g_{3i}	a_{4i}	g_{4i}	a_{5i}	g_{5i}	a_{6i}	g_{6i}
影响因素	购买成本①(万元) $w_1 = 0.42$	3.5	0.63	8.0	0	1.8	0.87	2.5	0.77	4.0	0.56	3.0	0.70
	安全效能 $w_2 = 0.40$	70.13	0.61	100	1.0	46.75	0.31	83.12	0.78	93.51	0.92	90.91	0.88
	维护费用(万元/年) $w_3 = 0.18$	0.3	0.6	0.6	0	0.2	0.8	0.4	0.6	0.3	0.6	0.2	0.8
安全技术综合指数		0.62		0.4		0.63		0.70		0.71		0.79	

表 5-14　电子政务安全技术综合指数(2)

		安　全　技　术										
		认证授权		应用防火墙		数据库系统安全加固		VPN		安全审计		访问控制
		a_{7i}	g_{7i}	a_{8i}	g_{8i}	a_{9i}	g_{9i}	a_{10i}	g_{10i}	a_{11i}	g_{11i}	a_{12i}	g_{12i}
影响因素	购买成本(万) $w_1 = 0.42$	4.0	0.56	1.5	0.92	1.5	0.92	0.9	1.0	2.0	0.85	1.0	0.99
	安全效能 $w_2 = 0.40$	48.7	0.33	51.3	0.36	85.06	0.81	23.38	0	47.4	0.31	25.97	0.03
	维护费用(万/年) $w_3 = 0.18$	0.6	0	0.1	1.0	0.2	0.8	0.1	1.0	0.3	0.6	0.1	1.0
安全技术综合指数		0.37		0.71		0.85		0.60		0.59		0.61	

在表 5-13、5-14 中,安全技术综合指数综合考虑了购买成本、维护费用和安全技术有效性的影响,其中购买成本和维护费用为成本型的影响因素,而技术有效性是效益型的影响因素。从表中可以看出,数据库系统加固技术受维护费用的影响较小,而技术有效性又较大,因而综合指数较大。

---

① 设备购买成本是以地市级信息中心电子政务应用作为参考标准。

5.4.3.3 安全技术排序

同理,对安全技术综合指数 GI 进行归一化得到对应的相对综合指数 RGI:

$$RGI_i = \left(\frac{GI_i}{\max\{GI_k \mid k = 1, \cdots, l\}}\right) \times 100 \tag{5.10}$$

其中, $\max\{GI_k \mid k = 1, \cdots, l\}$ 为所有安全技术的综合指数中最大的值。对安全方案中的 12 种备选安全技术进行排序,结果如表 5 - 15。

表 5 - 15 安全技术排序

序　号	安 全 技 术	综 合 指 数	相对综合指数	有 效 等 级①
1	数据库系统安全加固	0.85	100	5
2	加密	0.79	92.94	5
3	漏洞扫描	0.71	83.53	5
4	应用防火墙	0.71	83.53	5
5	OS 加固	0.70	82.35	4
6	防病毒	0.63	74.12	4
7	防火墙	0.62	72.94	4
8	访问控制	0.61	71.76	4
9	VPN	0.6	70.59	4
10	安全审计	0.59	69.41	3
11	入侵检测	0.4	47.06	3
12	认证授权	0.37	43.53	3

5.4.4 多维安全防御策略

在电子政务实际应用中,只靠一种安全技术手段对某些风险起不到作用,所以需要采用多技术综合保障策略。利用 WPDRRC 模型并在此基础上提出"预警—防御—检测—响应—恢复—反击"多层次纵深防御策略。如图 5 - 7 所示。

图中 6 个扇区分别表示 6 种不同风险,从外到内的 6 层分别表示预警、防御、检测、响应、恢复、反击等 6 类安全保障技术。在每个扇区中分布了相应的安全技术备选方案。

----

① 安全技术有效等级分为 5 级,5 级为最高,1 级为最低。

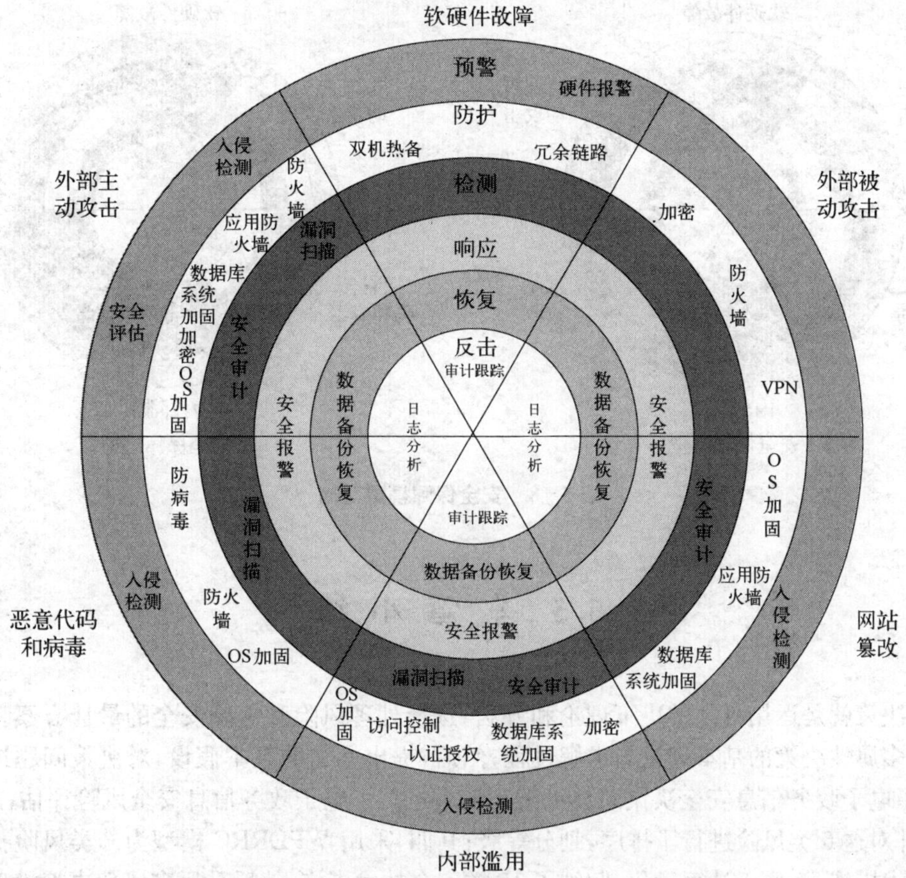

图 5－7 基于 WPDRRC 模型的电子政务安全纵深防御

在安全方案选择时,应该考虑安全的"短板理论",电子政务系统的安全级别完全取决于安全性最薄弱的环节。因此,安全方案选择时需要首先解决最薄弱环节,这里称之为"宽度覆盖策略"。纵深防御策略和宽度覆盖策略融合,可称为多维安全防御策略。

在同一层次(同一环)上,也就是宽度层次上,安全措施组合独立的两个或两个以上安全措施对抗某一风险时,则其综合效果是各个安全措施有效性的代数累加值。因此,应尽量选择能应对更多风险的技术措施,如在预警层可以采用入侵检测技术,在防御层可采用 OS 加固和数据库系统安全加固,它们分别能对应三至四类风险。

在不同层次(不同环)上,也就是在纵深层次上,两个或两个以上的安全措施可组合互补,相互促进,取得比代数累加更好的效果。因此,在安全投资有限的条件下应优先考虑纵深层次。

如图 5－8 所示,对应于电子政务系统脆弱性的各个安全保障环节(预警、防护、检测、响应、恢复、反击),其空白区域(脆弱环节)越少的安全保障模型,则其对应的安全方案安全保障能力越优,若两个模型空白区域分布相同,则对应于各脆弱性的各个安全保障环节中安全措施越多的越优。

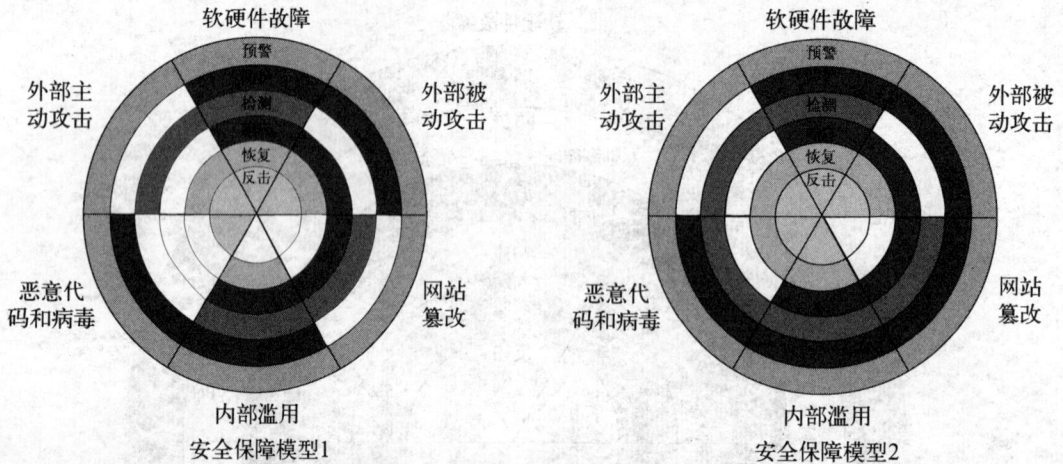

图 5 - 8　安全保障模型对比

5.5　本 章 小 结

安全决策就是运用科学的决策理论和方法,选择处理风险和保障安全的最佳方案。本章首先介绍了多属性决策的基本理论与求解过程;然后,提出本文的基本假设,对决策问题进行了描述,提出了电子政务信息安全决策总体框架;其三,进行了电子政务信息安全风险评估,总结了 6 类风险,并对这 6 类风险进行了排序,划分等级;其四,采用 WPDRRC 模型为 6 类风险找到相应的安全技术措施,为便于计算量化,归纳了 12 类安全技术措施;然后采用多属性决策模型计算出了 12 类安全技术的相对综合性指数;最后,提出构建多维的安全防御策略。

6. 结 论 与 展 望

电子政务作为一种新型的政府办公手段,结合现代信息与通讯技术,将管理与服务通过信息化集成,在网络上实现了政府组织结构和工作流程的优化重组,超越时间、空间与部门分割的限制,全方位地向社会提供高效、优质、规范、透明的管理与服务。提供电子政务是现代政府管理观念和信息技术相融合的产物,是各国政府建设的重要内容。

然而,各国在积极推行电子政务的过程中,尤其是政府走上互联网之后,毫无例外地被电子政务信息安全问题所困扰。电子政务信息安全成为保障政府信息化健康发展甚至保障其生命力的重要基础。

电子政务的信息安全问题是由内外部人员的攻击行为所造成的,而网络攻击与防御是天生的一对矛盾,随着攻击技术的发展,防御策略也需随之而改变,因此,对安全策略的研究就是互动策略的研究。

安全不是一成不变的绝对静态,而是动态的相对安全。如何在一个动态变化的安全环境中,构建一个有效的安全策略,保障电子政务系统的安全运转,是当前电子政务信息安全研究的热点问题之一。国内外很多学者对于电子政务中的信息安全问题进行了多角度的和各个方面的研究,主要集中在保障措施、法律法规、安全体系结构和安全防范对策等方面。

本文以博弈理论构建电子政务信息安全攻防策略,以可生存性理论作为系统设计的准则,以多属性决策理论作为系统安全配置工具,丰富了现有信息安全理论的研究成果,并为电子政务信息安全的应用提供了实践指导。

在本章中,我们将对本文所做的工作进行总结,并指出研究的结论和创新点以及在研究工作中存在的不足和进一步研究的展望。

6.1 结 论

本文基于信息安全攻防的视角,对电子政务信息安全问题进行了系统的研究,可以得出以下结论:

(1) 电子政务信息安全策略应该依据安全环境的变化而变化

信息安全问题的产生是由攻击行为所造成的。随着攻击技术的不断进步,安全环境也在不断发生变化,对于政府信息安全管理人员来说,防御策略也应随之而改变。由于攻防的动态性,攻防双方的对抗策略也应该处于不断变化之中,并在不断重复中更新,在动态攻防转换中决定哪个策略更有效,有攻有防,构成了信息安全的互动策略。

在攻防对抗中,引入博弈论作为攻防对抗策略制定的理论基础。博弈是指一些个人、队组或其他组织,面对一定的环境条件,在一定的规则下,同时或先后,一次或多次,从各自允许选择的行为或策略中进行选择并加以实施,并各自取得相应结果的过程。博弈论是一个分析工具包,用来帮助理解所观察到的攻防主体相互作用时的现象。

在本文中运用博弈论和信息安全对抗理论构建了电子政务信息安全攻防模型,并将攻击分为攻击前、攻击中、攻击后 3 个阶段。攻击前,也就是安全问题的"未雨绸缪",主要是从管理的角度对安全投资与内部人员管理两个方面的策略进行了研究;攻击中,也就是安全问题的"兵来将挡",主要是从技术层面,详细地研究和分析了攻击方的策略,包括攻击技术、攻击路线、攻击频率、攻击能力、攻击结果等攻击策略,与其相对,本文分析了防御方的策略,包括攻击阻止、攻击识别、主动防御、入侵容忍等防御策略;攻击后,也就是安全问题的"亡羊补牢",主要从技术和管理两个层面,研究分析了应急响应、备份恢复、总结学习等策略。

攻击与防御是动态变化的,你攻我防,魔高一尺,道高一丈。因此,信息安全环境的变化决定着电子政务信息安全策略的制定。

(2) 可生存性研究是电子政务信息安全研究的重要内容

由于攻击技术的多样性,不同序列的攻击组合也会产生不同的攻击效果,因此想要预知所有未知形式的攻击是不可能的。可生存性就是允许电子政务系统存在一定程度的脆弱点,并且假设一些针对系统组件的攻击能够取得成功。在面对攻击的情况下,可生存性研究不是想办法阻止每一次单个入侵,而是设计一种机制来阻止触发系统失效的入侵行为,从而能够以可测的概率保证系统的安全和可操作性。

本文通过对可生存性理论与技术的分析,对其关键性技术的入侵容忍进行了详尽地研究,并设计了电子政务系统的数据库入侵容忍体系,以实现电子政务关键性业务遭受入侵后能够持续运行,保证电子政务的服务质量。

(3) 多准则决策是电子政务信息安全决策研究的重要方法与手段

决策作为人类的基本活动,普遍存在于社会、经济和生活的各个方面。多准则决策包含多目标决策和多属性决策。两种决策方式都可应用于信息安全决策研究中。电子政务信息安全决策的两个最基本目标(属性)就是安全投资额最小和安全技术最有效。

多属性决策的目的是要找出信息安全备选方案中的最佳方案或对方案进行排序。在本文中,首先确定了 6 类安全风险,然后以信息泄密(45%)、损害政府形象(25%)、影响业务运行(30%)为属性结构对 6 类风险进行了计算排序;其次,确定能够对抗或减弱风险的 12 种安全技术措施作为备选方案,以购买成本(42%)、安全效能(40%)、维护费用(18%)为属性结构,对备选的安全技术措施计算其综合有效性指数并对方案进行了排序。

(4) 多维纵深安全策略是电子政务信息安全防御的最有效策略

根据短板理论,电子政务系统的安全级别完全取决于安全性最薄弱的环节。另外,在电子政务实际应用中,只靠一种安全技术手段对某些风险起不到作用,所以需要采用多技术综合保障策略。

在本文中采用了 WPDRRC 模型,并在此基础上提出了"预警—防御—检测—响应—恢复—反击"的 6 环层次的安全保障模型。同一层次上(横向),是各个安全措施有效性的代数累加值,所以应采用覆盖面宽的安全技术;在不同层次上(纵向),两个或两个以上的安全措施可组合互补,相互促进,取得比代数累加更好的效果,所以应优先构筑纵向层次。

全书研究的逻辑框图如图 6-1 所示。

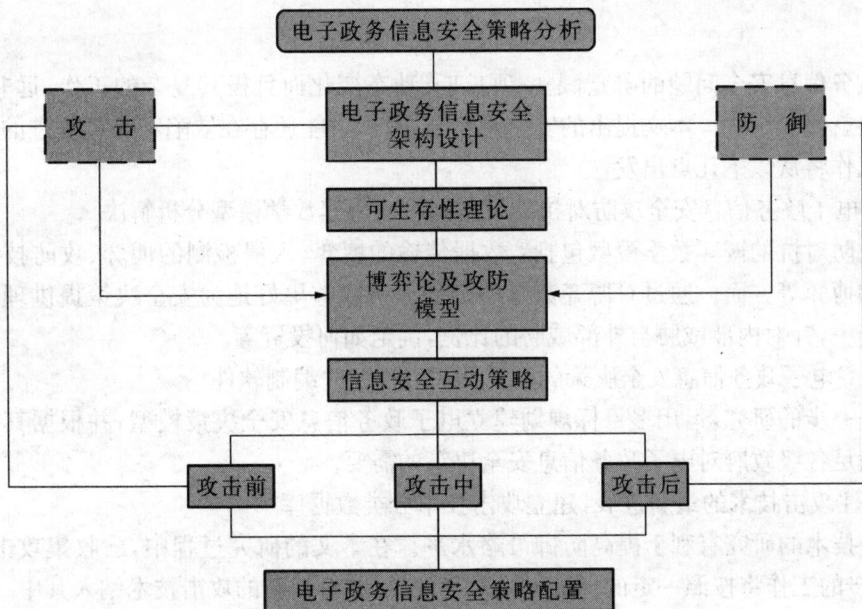

图 6-1 全文研究的逻辑框图

6.2 研究的局限性

电子政务信息安全策略研究涉及计算机科学、运筹学、管理学、信息科学、信息资源管理学等多个学科的知识。笔者选取这样一个大而难的题目,再加上笔者所掌握的知识和所具备的能力有限,以致本文在研究中肯定存在许多不足之处,具体如下:

(1)本文中只是运用到了博弈论的思想,在攻防对策研究中还缺乏真正的博弈数学模型分析。博弈论模型是对各种现实生活状况的抽象概括,可为探讨博弈论在网络攻防中应用的可行性提供理论基础。基于博弈论的数学表达,在探讨博弈论在信息安全攻防中的应用时,可以理性地分析各种情况,并用数学模型为信息安全攻防中的各种情况实施数学建模。在本文中这样的数学分析还不足。

（2）本文中对信息安全策略的配置中，属性的赋值具有较大的主观性。本文的多属性决策方法用到的很多输入数据都是由笔者根据文献、历史数据、现实情况和专家访谈确定的，带有较大的主观性。属性权值的不同对分析结果会有一定的影响。

（3）对信息安全最新的前沿技术研究还有欠缺。攻防对抗主要是安全技术上的对抗，本文虽然对主要的安全技术进行了介绍和分析，但对最新的前沿技术研究的还不够。

6.3 展　望

电子政务信息安全问题的研究，是一项长期、动态变化而且极其复杂的工作，远非简单的几个安全策略就可以解决。本文提出的安全策略与配置，可能还存在缺陷和需要改进的地方，下一步的研究工作将从以下几点出发：

（1）将电子政务信息安全攻防对抗的策略问题用博弈数学模型分析解决

安全攻防对抗的博弈数学模型包括：数据传输的博弈、入侵检测的博弈、攻防技术的博弈、安全投资的博弈等方面。通过对博弈数学模型的分析能够更好地为安全决策提供理论支持，如在安全投资中，针对内部威胁与外部威胁的比例，确定如何投资等。

（2）建立电子政务信息安全决策的多目标规划模型并编制软件

通过进一步的研究，运用多目标规划建立电子政务信息安全决策模型，并根据其算法，编制相关软件满足各级政府对电子政务信息安全决策的需要。

（3）关注攻击技术的最新进展，建立攻击技术分类数据库

对攻击技术的研究有利于提高防御策略水平。在本文的研究过程中，已收集攻击技术近八百种，下一步的工作将按照一定的分类方式对其分类，并将最新的攻击技术纳入其中。

（4）电子政务信息安全保障体系的研究

电子政务信息安全保障体系是一个包括安全法规、组织管理、信息安全标准和规范、安全保障与服务、安全技术与产品、安全基础设施等内容的宏大体系，每一个环节出现问题都将影响电子政务系统的正常运行。笔者将会更多地关注信息安全方面的研究进展，并从电子政务安全管理的角度对电子政务信息安全保障体系做进一步的研究。

参 考 文 献

一、图书

[1]　[美] 托伊戈 J W. 灾难恢复规划[M]. 北京：电子工业出版社，2004.

[2]　[美] 艾根 M，马瑟 T. 没有任何漏洞——信息安全实施指南[M]. 北京：电子工业出版社，2006.

[3]　[美] 惠特曼，马托德. 信息安全原理[M]. 北京：清华大学出版社，2004.

[4]　[美] 克斯罗蓬 M. 信息资源管理的前沿领域[M]. 沙勇忠，译. 北京：科学出版社，2005.

[5]　褚峻，苏震. 电子政务安全技术保障[M]. 北京：中国人民大学出版社，2004.

[6]　戴宗坤. 信息安全管理指南[M]. 重庆：重庆大学出版社，2008.

[7]　范红，冯登国. 信息安全风险评估实施教程[M]. 北京：清华大学出版社，2007.

[8]　冯登国. 信息安全体系结构[M]. 北京：清华大学出版社，2008.

[9]　冯惠玲. 政府信息资源管理[M]. 北京：中国人民大学出版社，2006.

[10]　[美] 弗莱格. 信息安全原理与应用[M]. 北京：电子工业出版社，2004.

[11]　高纯德. 信息化与政府信息资源管理[M]. 北京：中国计划出版社，2001.

[12]　侯卫真，于丽娟. 电子政务系统建设与管理[M]. 北京：中国人民大学出版社，2004.

[13]　胡建伟，汤建龙，杨绍全. 网络对抗原理[M]. 西安：西安电子科技大学出版社，2004.

[14]　胡运权，郭耀煌. 运筹学教程[M]. 北京：清华大学出版社，2003.

[15]　金星. 系统可靠性与可用性分析方法[M]. 北京：国防工业出版社，2007.

[16]　[美] 阿尔伯兹 C，等. 信息安全管理[M]. 北京：清华大学出版社，2003.

[17]　孔敏. 电子政务应用框架研究[M]. 南京：南京大学出版社，2007.

[18]　林代茂. 信息安全——系统的理论与技术[M]. 北京：科学出版社，2008.

[19]　刘国山. 数据建模与决策[M]. 北京：中国人民大学出版社，2004.

[20]　卢明银. 系统可靠性[M]. 北京：机械工业出版社，2007.

[21]　卢新德. 构建信息安全保障新体系[M]. 北京：中国经济出版社，2007.

[22]　陆敬筠，邵锡军. 电子政务技术导论[M]. 北京：北京大学出版社，2005.

[23]　马张华，黄智生. 网络信息资源组织[M]. 北京：北京大学出版社，2007.

[24]　彭劲杰. 电子政务安全分析与对策[M]. 长沙：湖南大学出版社，2006.

[25]　卿斯汉. 网络攻防技术原理与实践[M]. 北京：科学出版社，2004.

［26］ 沈昌祥. 信息安全工程导论［M］. 北京：电子工业出版社,2003.

［27］ 沈昌祥,左晓栋. 信息安全［M］. 杭州：浙江大学出版社,2007.

［28］ 苏新宁,等. 电子政务技术［M］. 北京：国防工业出版社,2003.

［29］ 汪玉凯. 电子政务在中国：理念、战略与过程［M］. 北京：国家行政学院出版社,2006.

［30］ 王斌君. 信息安全体系［M］. 北京：高教出版社,2008.

［31］ 王代潮,曾德超,刘岩. 信息安全管理平台理论与实践［M］. 北京：电子工业出版社,2007.

［32］ 王景光,冯海旗. 信息资源管理［M］. 北京：高教出版社,2008.

［33］ 王越,罗森林. 信息系统与安全对抗理论［M］. 北京：北京理工大学出版社,2006.

［34］ 魏权龄,胡显佑,严颖. 运筹学通论［M］. 北京：中国人民大学出版社,2001.

［35］ 吴爱明. 中国电子政务——技术与应用［M］. 北京：人民出版社,2004.

［36］ 吴亚非,李新友,禄凯. 信息安全风险评估［M］. 北京：清华大学出版社,2007.

［37］ 徐玖平,吴巍. 多属性决策的理论与方法［M］. 北京：清华大学出版社,2006.

［38］ 徐泽水. 不确定多属性决策方法及应用［M］. 北京：清华大学出版社,2004.

［39］ 薛质,苏波,李健华. 信息安全技术基础和安全策略［M］. 北京：清华大学出版社,2007.

［40］ 杨永川,李冬静. 信息安全［M］. 北京：清华大学出版社,2007.

［41］ 詹奎斯. 安全度量——量化、分析与确定企业信息安全效能［M］. 北京：电子工业出版社,2007.

［42］ 张琼,孙论强. 中国信息安全战略研究［M］. 北京：中国人民公安大学出版社,2007.

［43］ 张维迎. 博弈论与信息经济学［M］. 上海：上海人民出版社,2000.

［44］ 张维迎. 中国电子政务研究报告［M］. 北京：北京大学出版社,2007.

［45］ 赵国俊. 电子政务教程［M］. 北京：中国人民大学出版社,2004.

［46］ 赵国庆,杨健. 经济数学模型的理论与方法［M］. 北京：中国人民大学出版社,2003.

［47］ 周志忍. 当代国外行政改革比较研究［M］. 北京：国家行政学院出版社,1999.

［48］ 周晓英,王英玮. 政务信息管理［M］. 北京：中国人民大学出版社,2004.

［49］ BAZAVAN, IOANA. Information security cost management［M］. Boca Raton, FL：Auerbach, c2007.

［50］ CLARKE, STEVE. Information systems strategic management：an integrated approach/Steve Clarke. London；New York, N. Y. ：Routledge, c2007.

［51］ DONALD F, Norris. Current issues and trends in e-government research［M］. Cybertech Pub,2007.

［52］ MAO, WENBO. Modern cryptography：theory and practice［M］. Upper Saddle River, N. J：Prentice Hall PTR, c2004.

［53］ HAWKER A. Security and control in information systems：a guide for business and accounting［M］. London：Routledge, 2000.

［54］ HEADY R, LUGER G, MACCABE A etc. The Architecture of a Network-level

Intrusion Detection System[M]. Albuquerque：Dept of Computer Science，University of New Mexico，2000.

［55］ TOIGO J W. Disaster Recovery Planning[M]. New York：Prentice Hall PTR，2001.

［56］ RASMUSEN E. Games and information：an introduction to game theory[M]. Malden，MA：Blackwell Pub，2007.

［57］ PARDOE T，SNYDER G. Network security[M]. Thomson/Delmar Learning，c2005.

［58］ WYLDER J. Strategic information security［M］. Boca Raton，Fl.：Auerbach Publications，2004.

［59］ Butler S A. Security attribute evaluation method：a cost-benefit approach. In Proceedings of the 24th International Conference on Software Engineering. May. 2002，Orlando，Florida.

二、学位论文

［1］ 陈炜. 投资组合选择模型及启发式算法研究[D]. 北京：北京交通大学,2007.

［2］ 陈光. 信息系统信息安全风险管理方法研究[D]. 长沙：国防科学技术大学,2006.

［3］ 陈慕峰. 政务网信息安全整体防御联动性的分析[D]. 上海：上海交通大学,2007.

［4］ 储萍. 多属性决策若干方法研究[D]. 杭州：浙江工商大学,2007.

［5］ 杜人杰. 电子政务系统安全风险分析研究[D]. 成都：电子科技大学,2006.

［6］ 范雯. 信息安全风险管理模型的研究和实现[D]. 武汉：武汉大学,2005.

［7］ 冯涛. 网络安全事件应急响应联动系统研究[D]. 西安：西安电子科技大学,2004.

［8］ 耿艳兵. 电子政务的安全体系和安全技术的研究与实现[D]. 太原：太原理工大学,2006.

［9］ 谷勇浩. 信息系统风险管理理论及关键技术研究[D]. 北京：北京邮电大学,2007.

［10］ 郭渊博. 容忍入侵的理论与方法及其应用研究[D]. 西安：西安电子科技大学,2005.

［11］ 胡勇. 网络信息系统风险评估方法研究[D]. 成都：四川大学,2007.

［12］ 黄遵国. 面向生存能力的应急响应与事故恢复技术研究[D]. 长沙：国防科学技术大学,2005.

［13］ 蒋春芳. 信息作战环境下信息系统安全体系结构若干问题研究[D]. 武汉：华中科技大学,2006.

［14］ 蒋建春. 面向网络环境的信息安全对抗理论及关键技术研究[D]. 北京：中国科学院研究生院,2004.

［15］ 荆继武. 高安全 PKI 系统研究[D]. 北京：中国科学院研究生院,2002.

［16］ 康效龙. 网络攻击与攻击性检测技术研究[D]. 西安：西安电子科技大学,2005.

［17］ 孔祥维. 信息安全中的信息隐藏理论和方法研究[D]. 大连：大连理工大学,2003.

［18］ 蒯俊. 网络主动防御系统的研究与实现[D]. 上海：上海交通大学,2007.

［19］ 李冠军. 电子政务服务理论及其支撑技术的研究[D]. 天津：天津大学,2006.

［20］ 李守鹏. 信息安全及其模型与评估的几点新思路[D]. 成都：四川大学,2002.

［21］ 梁兴. 一种基于主动防御策略的网络安全接入系统［D］. 武汉：华中科技大学，2005.

［22］ 廖凯. 面向容忍入侵的先应式入侵响应方法研究与设计［D］. 郑州：解放军信息工程大学，2007.

［23］ 廖貅武. 不完全信息下的多属性决策理论、方法与应用研究［D］. 大连：大连理工大学，2002.

［24］ 林雪纲. 网络信息系统生存性分析研究［D］. 杭州：浙江大学，2006.

［25］ 刘芳. 信息系统安全评估理论及其关键技术研究［D］. 长沙：国防科学技术大学，2005.

［26］ 鲁懿文. 容忍入侵系统及其关键技术研究［D］. 上海：华东师范大学，2008.

［27］ 陆浪如. 信息安全评估标准的研究与信息安全系统的设计［D］. 郑州：解放军信息工程大学，2001.

［28］ 吕磊. 基于 Internet 的电子政务安全解决方案［D］. 上海：华东师范大学，2007.

［29］ 梅锋. 网络攻防关键技术研究［D］. 北京：北京邮电大学，2006.

［30］ 彭云. 多目标风险型投资决策问题研究［D］. 长沙：湖南大学，2003.

［31］ 沈瑞鑫. 电子政务安全模型研究与实践［D］. 长沙：国防科学技术大学，2006.

［32］ 史庭俊. 容忍入侵理论与应用技术研究［D］. 西安：西安电子科技大学，2006.

［33］ 苏骏. 信息系统安全体系构建研究［D］. 武汉：武汉理工大学，2008.

［34］ 孙兵. 基于对抗的网络系统攻防安全研究［D］. 杭州：浙江大学，2008.

［35］ 王健. 网络可生存性研究［D］. 哈尔滨：哈尔滨工程大学，2006.

［36］ 王良民. 主动反应与自再生的容忍入侵关键技术研究［D］. 西安：西安电子科技大学，2006.

［37］ 王世美. 电子政务安全解决方案研究［D］. 济南：山东师范大学，2005.

［38］ 王霄. 安全电子政务的构建及其安全策略的博弈分析［D］. 上海：上海交通大学，2008.

［39］ 文铁华. 信息系统安全的若干关键问题研究［D］. 长沙：中南大学，2004.

［40］ 吴世忠. 基于风险管理的信息安全保障的研究［D］. 成都：四川大学，2002.

［41］ 向楠. 网络安全投资与博弈策略研究［D］. 北京：北京邮电大学，2008.

［42］ 闫强. 信息系统安全评估研究［D］. 北京：北京大学，2003.

［43］ 闫书丽. 多属性决策与集成方法研究［D］. 武汉：武汉理工大学，2005.

［44］ 闫树. 信息系统的安全策略及若干技术研究［D］. 武汉：武汉理工大学，2007.

［45］ 杨文涛. 网络攻击技术研究［D］. 成都：四川大学，2002.

［46］ 杨正飞. 网络攻击分类及网络攻击系统模型研究［D］. 兰州：兰州大学，2006.

［47］ 张海亮. 威胁型安全域划分指标及方法的研究和案例分析［D］. 重庆：重庆大学，2007.

［48］ 张惠娟. 基于博弈论的可生存网络资源管理研究［D］. 西安：西安电子科技大学，2006.

［49］ 张俊良. 复杂网络可靠性研究［D］. 大连：大连理工大学，2006.

［50］ 张雪琼. 基于博弈论的入侵检测系统［D］. 武汉：华中科技大学，2006.

［51］ 张艳. 信息系统灾难备份和恢复技术的研究及实现［D］. 成都：四川大学，2006.

［52］ 赵豪迈. 电子政务中政府模型与建模方法研究［D］. 上海：同济大学，2006.

［53］ 朱卫未. 电子政务系统信息安全策略研究［D］. 合肥：中国科学技术大学,2006.

［54］ ALGHAMDI G A. Dynamic Bayesian networks to model insider user behavior in trusted computing environment［D］. George Mason University，2005.

［55］ AUGUST T W. Essays on economics of information technology［D］. California：Stanford University，2007.

［56］ AVIGDOR A. Exploring the use of e-government services in social service settings ［D］. Canada：McGill University，2004.

［57］ BAKER D L. E-government：Website usability of the most populous counties［D］. Arizona State University，2004.

［58］ BANDYOPADHYAY T. Mitigation and transfer of information security risk：Investment in financial instruments and technology［D］. Texas：The University of Texas at Dallas，2006.

［59］ CAVUSOGLU H. The economics of information technology security［D］. The University of Texas at Dallas，2003.

［60］ BILAR D. Quantitative risk analysis of computer networks［D］. Dartmouth College，2003.

［61］ EL-SEMARY A M. A framework for network intelligence and security［D］. The University of Tulsa，2004.

［62］ FISCH E A. Intrusion damage control and assessment：A taxonomy and implementation of automated responses to intrusive behavior［D］. Texas A&M University，1996.

［63］ GEHANI，ASHISH. Support for automated passive host-based intrusion response ［D］. Duke University，2003.

［64］ GOODALL J R. Defending the network：Visualizing network traffic for intrusion detection analysis［D］. Maryland：University of Maryland，2007.

［65］ GUPTA M. Essays in information security［D］. Indiana：Purdue University，2003.

［66］ LIU S P. An e-government readiness model［D］. University of North Texas，2001.

［67］ XIE N，NANCY R. SQUARE Project：Cost/Benefit Analysis Framework for Information Security Improvement Projects in Small Companies［D］. University of California at Davis，2004.

［68］ SMITH S J C. An empirical study of information systems security［D］. University of New South Wales，2005.

三、期刊

［1］ 蔡荣生,郭洪林,林宁. 信息系统的安全性管理［J］. 中国人民大学学报,2005(3).

［2］ 蔡昱,张玉清,冯登国. 风险评估在电子政务系统中的应用［J］. 计算机工程与应用,

2004(26).

［ 3 ］ 蔡昱,张玉清,孙铁,等. 安全评估标准综述[J]. 计算机工程与应用,2004(2).

［ 4 ］ 曹晖,王青青,马义忠. 基于静态贝叶斯博弈的攻击预测模型[J]. 计算机应用研究,2007(10).

［ 5 ］ 曹晖,王青青,马义忠. 基于动态贝叶斯博弈的攻击预测模型[J]. 计算机应用,2007(6).

［ 6 ］ 柴争义,张浩军. 网络信息系统的生存性技术研究[J]. 微型电脑应用,2006(11).

［ 7 ］ 陈春霞,黄皓. 攻击模型的分析与研究[J]. 计算机应用研究,2005(7).

［ 8 ］ 陈峰,罗养霞,陈晓江,等. 网络攻击技术研究进展[J]. 西北大学学报,2007(2).

［ 9 ］ 陈洪波. 电子政务网络安全事件预警与应急响应[J]. 计算机安全,2004(2).

［10］ 陈洪梅,陈远. 电子政务信息的安全要求和保障措施[J]. 情报杂志,2004(5).

［11］ 陈锦华. 计算机网络应急响应研究[J]. 计算机安全,2007(12).

［12］ 陈伟鹤,殷新春,谢丽. 数据库管理系统的入侵容忍技术研究进展[J]. 计算机科学,2004(4).

［13］ 陈伟鹤,殷新春. 数据库管理系统的入侵容忍技术研究进展[J]. 计算机科学,2004(4).

［14］ 陈训逊,方滨兴,等. 一个网络信息内容安全的新领域——网络信息渗透检测技术[J]. 通信学报,2004(7).

［15］ 褚峻. 构建电子政务安全管理体系[J]. 档案学通讯,2003(3).

［16］ 邓建钢,罗森林. 信息安全与对抗的系统分析[J]. 信息网络安全,2005(4).

［17］ 丁小凤. 网络攻防与博弈论[J]. 信息安全与通信保密,2008(9).

［18］ 董红,邱菀华,吕俊杰. 基于成本分析的入侵检测响应模型[J]. 北京航空航天大学学报,2008(1).

［19］ 董红,邱菀华,吕俊杰. 信息安全技术投资的自适应模型[J]. 控制与决策,2008(5).

［20］ 杜虹. 电子政务中安全域和网络划分与控制[J]. 信息安全与通信保密,2003(7).

［21］ 段海新. 网络安全应急响应及发展方向[J]. 网络安全技术与应用,2002(10).

［22］ 樊治平,宫贤斌,张全. 区间数多属性决策中决策矩阵的规范化方法[J]. 东北大学学报(自然科学版),1999(3).

［23］ 樊治平,赵萱. 多属性决策中权重确定的主客观赋权法[J]. 管理科学学报,1997(4).

［24］ 樊治平,张全,马建. 多属性决策中权重确定的一种集成方法[J]. 管理科学学报,1998(3).

［25］ 范雯. 信息安全风险模型[J]. 武汉大学学报,2005(S2).

［26］ 冯登国. 国内外信息安全研究现状及其发展趋势[J]. 网络安全技术与应用,2001(1).

［27］ 冯登国. 国外电子政务发展现状[J]. 信息安全与通信保密,2002(5).

［28］ 冯登国,张阳,张玉清. 信息安全风险评估综述[J]. 通信学报,2004(7).

［29］ 冯涛,张玉清,高有行. 网络安全事件应急响应联动系统模型[J]. 计算机工程,2004(13).

［30］ 傅翀,王娟,秦志光,等. 宏观网络安全预警与应急响应系统[J]. 电子科技大学学报,

2006(S1).

[31] 郭大伟,安宁.入侵容忍系统设计[J].计算机工程与应用,2005(29).

[32] 郭渊博,马建峰.面向服务的容忍入侵方法与设计[J].郑州大学学报,2004(2).

[33] 郭渊博,马建峰.容忍入侵的国内外研究现状及所存在的问题分析[J].信息安全与通信保密,2005(7).

[34] 郭渊博,马建峰.基于博弈论框架的自适应网络入侵检测与响应[J].系统工程与电子技术,2005(5).

[35] 韩权印,张玉清,王闵.信息安全管理实施要点研究[J].计算机工程,2005(20).

[36] 郝桂英,赵敬梅,齐忠,等.一种基于主动防御网络安全模型的设计与实现[J].微计算机信息,2006(24).

[37] 何德全.提高网络安全意识、构建信息保障体系[J].信息安全与通信保密,2001(1).

[38] 何璘琳,胡予濮.基于自适应入侵容忍的数据库安全体系结构[J].计算机安全,2007(3).

[39] 侯济恭.电子政务网络安全隔离设计与实现[J].武汉理工大学学报,2008(4).

[40] 胡光俊,闫怀志.基于动态博弈的网络诱骗信息获取策略研究[J].科技导报,2005(1).

[41] 胡乔林,李刚.基于受害者的网络攻击行为分类方法[J].空军雷达学院学报,2005(4).

[42] 黄家林,张征帆.主动防御系统及应用研究[J].网络安全技术与应用,2007(3).

[43] 黄建华,宋国新.入侵容忍技术在身份认证系统中的应用[J].华东理工大学学报,2005(3).

[44] 黄益民,平玲娣,潘雪增.信息安全模型的研究及安全系统方案设计[J].浙江大学学报,2001(6).

[45] 霍成义,吴振强,见晓春.网络安全动态防御模型研究[J].信息安全与通信保密,2006(12).

[46] 蒋建春,马恒太,任党恩,等.网络安全入侵检测:研究综述[J].软件学报,2000(11).

[47] 蒋建春,黄菁,卿斯汉.黑客攻击机制与防范[J].计算机工程,2002(7).

[48] 蒋卫华,杜君,邹永彦.可生存系统的分层冗余结构与实现[J].计算机工程与设计,2008(9).

[49] 矫健,韩芳溪,毛忠东.网络攻击手段及防御系统设计[J].计算机工程与应用,2003(33).

[50] 荆继武,冯登国.一种入侵容忍的 CA 方案[J].软件学报,2002(8).

[51] 荆继武,周天阳. Internet 上的入侵容忍服务技术[J].中国科学院研究生院学报,2001(2).

[52] 赖积保,王慧强.系统可生存性研究综述[J].计算机科学,2007(3).

[53] 李冬冬,童新海.构建电子政务信息安全保障体系的研究[J].微型机与应用,2007(S1).

[54] 李方涛,朱小燕,孟丽荣.基于入侵容忍的集成数据库安全结构[J].计算机工程与设计,2006(22).

［55］ 李纲,王毅彦.电子政务信息安全平台分析[J].中国图书馆学报,2006(1).

［56］ 李禾,王述洋.信息安全评估的模型和方法研究[J].中国安全科学学报,2007(2).

［57］ 李鹤田,刘云,何德全.信息系统安全工程可靠性的风险评估方法[J].北京交通大学学报,2005(2).

［58］ 李湖生,姜传胜,刘铁民.重大危机事件应急关键科学问题及其研究进展[J].中国安全生产科学技术,2008(5).

［59］ 李建华.信息安全内涵属性的系统性分析[J].信息网络安全,2007(2).

［60］ 李菁,赵捷,应力.信息安全风险评估标准与方法综述[J].上海标准化,2006(5).

［61］ 李明,吴忠.信息安全发展研究与综述[J].上海工程技术大学学报,2005(3).

［62］ 李鹏,王绍棣,王汝传.网络主动攻击技术研究与实现[J].信息安全与通信保密,2007(3).

［63］ 李强.信息安全决策过程探析[J].网络安全技术与应用,2005(11).

［64］ 李铁,刘维国,高昂.网络攻击方式及防御策略分析研究[J].航天电子对抗,2006(3).

［65］ 李伟,饶坚.构建电子政务基础设施系统的研究[J].现代计算机,2004(6).

［66］ 李翔,曹焱,李勤爽.基于行为的网络恶意攻击防御技术研究[J].信息安全与通信保密,2008(11).

［67］ 连一峰,戴英侠.计算机应急响应系统体系研究[J].中国科学院研究生院学报,2004(2).

［68］ 连一峰,魏军.安全事件应急处理系统分析[J].计算机工程,2004(7).

［69］ 连云峰,陈立云,李彀,等.基于容忍入侵的数据库安全体系结构[J].科学技术与工程,2008(22).

［70］ 廖光忠,陈志凤.入侵检测研究综述[J].网络安全技术与应用,2007(2).

［71］ 林冠洲,赵凯,辛阳.下一代网络生存性需求研究[J].信息网络安全,2007(7).

［72］ 林雪纲,熊华,许榕生.网络信息系统生存性分析及实现[J].计算机工程,2005(24).

［73］ 林雪纲,熊华,叶进星.信息系统生存性分析研究综述[J].计算机工程,2006(5).

［74］ 林雪纲,朱淼良,许榕生.信息系统生存性的层次化计算[J].浙江大学学报(工学版),2006(11).

［75］ 刘宝旭,马建民,池亚平.计算机网络安全应急响应技术的分析与研究[J].计算机工程,2007(10).

［76］ 刘芳,戴葵,王志英.信息系统安全性评估研究综述[J].计算机工程与科学,2004(10).

［77］ 刘怀兴,吴绍民,叶尔江.层次分析法在信息安全风险评估中的应用[J].情报杂志,2006(5).

［78］ 刘锦,刘晓洁,李涛,等.一种异地容灾系统的设计与实现[J].计算机应用研究,2007(8).

［79］ 刘经强,郭春效,冯绍军.多目标模糊关系优选决策的优化模型[J].山东农业大学学报(自然科学版),2004(2).

［80］ 刘林强,宋如顺,徐峰.一种深度入侵防御系统的研究和设计[J].计算机工程与设计, 2005(6).

［81］ 刘强,甘仞初.政府信息资源开发利用的多目标动态决策模型[J].北京理工大学学报, 2005(8).

［82］ 刘伟,张玉清,冯登国.信息系统安全风险模型——RC模型[J].计算机工程与应用, 2005(7).

［83］ 刘向升,程卫民,匡开宇,等.信息系统的风险评估方法研究[J].网络安全技术与应用, 2006(11).

［84］ 刘欣然.网络攻击分类技术综述[J].通信学报,2004(7).

［85］ 刘欣然.一种新型网络攻击分类体系[J].通信学报,2006(2).

［86］ 刘修峰,范志刚.网络攻击与网络安全分析[J].网络安全技术与应用,2006(12).

［87］ 刘学忠,刘增良,余达太.基于等级保护的安全管理度量方法研究[J].微计算机信息, 2007(9).

［88］ 龙灿.面向教学的网络攻击分类法研究[J].计算机与数字工程,2007(12).

［89］ 卢涛,马力.一个估算信息系统安全投资的实用公式[J].计算机与数字工程,2006(4).

［90］ 卢新德.我国信息安全的战略保障[J].中共中央党校学报,2006(6).

［91］ 陆宝华.重点城市的信息安全事件应急响应[J].信息网络安全,2008(5).

［92］ 陆霞.基于入侵管理技术的应急响应体系[J].计算机安全,2006(8).

［93］ 吕俊杰,邱菀华,王元卓.网络安全投资外部性及博弈策略[J].北京航空航天大学学报, 2006(12).

［94］ 吕俊杰,邱菀华,王元卓.基于相互依赖性的信息安全投资博弈[J].中国管理科学, 2006(3).

［95］ 罗森林.信息安全与对抗系统研究[J].网络安全技术与应用,2003(6).

［96］ 罗森林,潘丽敏.一种信息系统对抗过程模型的建立[J].通信学报,2004(7).

［97］ 马俊,刘芳,戴葵,等.一种信息系统安全性定量评估方法的研究与实现[J].计算机工程 与科学,2008(1).

［98］ 马良.多目标投资决策模型的进化算法[J].上海理工大学学报,1998(1).

［99］ 毛承品,范冰冰.基于网络攻击平台的攻击分类方法研究[J].计算机系统应用, 2008(4).

［100］ 梅培.信息安全工程的经济分析模型[J].中南财经政法大学研究生学报,2007(4).

［101］ 孟丽荣,夏思溆,陈驰,等.一种入侵容忍的安全数据库系统设计方案[J].山东大学学报, 2003(02).

［102］ 宁家骏.电子政务与信息安全[J].计算机安全,2003(2).

［103］ 宁家骏.利用风险评估完善信息安全风险管理体系[J].信息网络安全,2005(5).

［104］ 宁家骏.信息安全风险评估:既要勇于探索,又需谨慎前行[J].信息网络安全,2006(1).

［105］ 彭俊好.信息安全风险评估方法综述[J].网络安全技术与应用,2006(1).

[106] 彭文灵,王丽娜,张焕国,等.网络容忍性与信息鲁棒性的应用比较研究[J].计算机工程与应用,2004(36).

[107] 彭雪娜,闻英友.网络安全信息关联与分析技术的研究进展[J].计算机工程,2006(17).

[108] 秦天保.电子政务信息安全体系结构研究[J].计算机系统应用,2006(1).

[109] 苘大鹏,杨武,杨永田.一种网络安全资源分配方法[J].辽宁工程技术大学学报,2008(2).

[110] 卿斯汉,蒋建春,马恒太,等.入侵检测技术研究综述[J].通信学报,2004(7).

[111] 曲成义.电子政务信息安全保障体系[J].金卡工程,2003(3).

[112] 曲成义.内网信息安全面临的挑战及对策[J].信息网络安全,2008(5).

[113] 任锦华.电子政务网络和信息安全[J].电子政务,2005(Z1).

[114] 任锦华.建设电子政务信息安全等级化的保密体系[J].信息网络安全,2005(3).

[115] 沙金川,刘晓洁,李涛,等.一种基于安全控制的异地灾备系统设计与实现[J].计算机应用研究,2007(8).

[116] 沈昌祥.浅谈信息安全保障体系[J].信息网络安全,2001(1).

[117] 沈昌祥.电子政务安全保障体系技术框架[J].网络安全技术与应用,2002(6).

[118] 沈昌祥.基于可信平台构筑积极防御的信息安全保障框架[J].信息安全与通信保密,2004(9).

[119] 沈昌祥.信息安全国家发展战略思考与对策[J].中国公共安全,2005(1).

[120] 沈昌祥.网络安全应急体系探究.信息网络安全[J].2006(1).

[121] 沈昌祥.风险管理与应急体系[J].网络安全技术与应用,2006(2).

[122] 沈昌祥,张焕国,冯登国,等.信息安全综述[J].中国科学,2007(2).

[123] 石进,陆音,谢立.基于博弈理论的动态入侵响应[J].计算机研究与发展,2008(5).

[124] 史达,张萍.电子政务信息系统风险管理理论体系研究[J].情报杂志,2008(4).

[125] 苏宁.主动防御技术的应用研究[J].曲阜师范大学学报,2006(3).

[126] 孙慧丽,谭献海,温碧丽,等.基于可靠性约束的网络多目标满意优化[J].微电子学与计算机,2007(8).

[127] 孙剑颖.企业信息安全投资的经济学决策模型浅析[J].东北财经大学学报,2005(3).

[128] 孙锦霞,廖福成,田立勤.基于博弈论框架的用户行为决策模型[J].计算机工程,2008(9).

[129] 孙薇,孔祥维,何德全,等.信息安全投资的演化博弈分析[J].系统工程,2008(6).

[130] 孙薇,孔祥维,何德全,等.基于演化博弈论的信息安全攻防问题研究[J].情报科学,2008(9).

[131] 孙薇,孔祥维,何德全,等.组织信息安全投资博弈的均衡分析[J].运筹与管理,2008(5).

[132] 孙玉海,孟丽荣.基于多级入侵容忍的数据库安全解决方案[J].计算机工程与设计,2005(3).

[133] 谭东风.基于演化网络的体系对抗效能模型[J].国防科技大学学报,2007(6).

[134] 谭凌鸿,何选森.基于博弈模型的网络安全失效分析方法研究[J].计算机工程与应用,2008(31).

[135] 汤志伟.电子政府的信息网络安全及防范对策[J].电子科技大学学报,2002(1).

[136] 汤志伟,高天鹏.采用OCTAVE模型的电子政务信息系统风险评估[J].电子科技大学学报,2009(1).

[137] 唐成华,胡昌振,崔中杰.基于域的网络安全策略研究[J].计算机工程,2007(9).

[138] 汪立东.国家电子政务网络安全应急处理体系的探讨[J].信息安全与通信保密,2003(7).

[139] 王常吉,段海新,吴建平.计算机应急响应服务中安全事件分类方法研究[J].中山大学学报,2005(S1).

[140] 王从陆,尹长林.基于博弈论的安全决策信息融合[J].中国安全科学学报,2005(4).

[141] 王红霞.电子政务中的风险及防范机制[J].合肥工业大学学报,2003(S1).

[142] 王辉,赵培培.基于策略管理的主动防御框架研究[J].重庆邮电大学学报,2007(S1).

[143] 王建兵.电子政务模型综述[J].信息安全与通信保密,2004(10).

[144] 王健,王慧强,赵国生.基于模糊矩阵博弈的网络可生存性策略选择模型[J].武汉大学学报,2007(05).

[145] 王娟,何兴高,傅翀.应急策略自动化研究[J].计算机应用,2006(11).

[146] 王琨,尹忠海,周利华.复杂信息系统模型研究与电子政务案例分析[J].计算机工程,2007(8).

[147] 王琨,袁峰,周利华.灾难恢复系统模型研究[J].计算机科学,2006(9).

[148] 王琨,周利华.信息系统灾难恢复模型研究[J].计算机应用,2006(6).

[149] 王良民,马建峰.基于攻击者能力状态的入侵建模方法[J].系统工程与电子技术,2006(5).

[150] 王林生.一个多目标组合投资模型[J].湖北工业大学学报,2005(1).

[151] 王宁,谢小权.信息安全防护与对抗[J].航天电子对抗,2005(1).

[152] 王琼霄,荆继武.OCTAVE风险评估方法在电子政务中的应用[J].信息网络安全,2006(9).

[153] 王玮,刘晓洁,李涛,等.一种异地灾难恢复系统的设计与实现[J].计算机应用研究,2007(9).

[154] 王卫军,付晓江.基于三层体系结构电子政务系统的JSP技术[J].吉林大学学报,2003(1).

[155] 王卫平,朱卫未.基于不完全信息动态博弈的入侵检测模型[J].小型微型计算机系统,2006(2).

[156] 王霄,薛质,王轶骏.基于蜜罐的入侵检测系统的博弈分析与设计[J].信息安全与通信保密,2007(12).

[157] 王晓程,刘恩德,谢小权. 攻击分类研究与分布式网络入侵检测系统[J]. 计算机研究与发展,2001(6).

[158] 王晓东. 国家信息安全若干问题研究[J]. 信息安全与通信保密,2001(6).

[159] 王桢珍,谢永强,武晓悦,等. 信息安全风险管理研究[J]. 信息安全与通信保密,2007(8).

[160] 王震雷. 信息系统安全决策模型研究[J]. 信息安全与通信保密,2005(11).

[161] 王政,韩文报,林易,等. 电子政务安全保障体系结构研究[J]. 计算机应用,2008(S1).

[162] 王政,何开成,厉建军,等. 电子政务中的安全管理研究[J]. 信息安全与通信保密,2008(3).

[163] 魏忠,李沁涛,陈长松. 一种电子政务信息安全主动防御体系的设计[J]. 信息安全与通信保密,2004(6).

[164] 文光斌. 主动防御网络安全研究[J]. 计算机安全,2006(8).

[165] 文庭孝,刘晓英. 构筑中国信息安全防御体系[J]. 情报科学,2005(5).

[166] 吴世忠. 信息安全风险管理的动态与趋势[J]. 计算机安全,2007(4).

[167] 吴涛. 浅议信息安全风险管理和应急防护[J]. 信息网络安全,2007(8).

[168] 夏尊背. 网络攻击手段与防御策略[J]. 零陵学院学报,2003(5).

[169] 向宏,艾鹏,刘嘉伟. 电子政务系统安全域的划分与等级保护[J]. 重庆工学院学报,2008(2).

[170] 肖新光. 从未知监测到主动防御[J]. 信息网络安全,2006(10).

[171] 谢根亮. 入侵检测系统综述[J]. 网络安全技术与应用,2008(5).

[172] 徐莉. 多目标模糊优选理论在投资项目评价中的应用[J]. 武汉水利电力大学学报,1999(4).

[173] 徐瑞荣,张文东. 基于博弈分析的入侵容忍决策研究[J]. 科学技术与工程,2007(24).

[174] 徐耀文. 风险管理——电子政务互联互通的基石[J]. 信息网络安全,2006(9).

[175] 许培俊. 决策理论在信息安全风险管理中的应用[J]. 信息网络安全,2005(10).

[176] 闫怀志,胡昌振,谭惠民. 基于模糊矩阵博弈的网络安全威胁评估[J]. 计算机工程与应用,2002(13).

[177] 闫强,舒华英,陈钟,等. 电子政务系统中的安全风险管理[J]. 计算机系统应用,2005(3).

[178] 闫巧,吴建平,江勇. 网络攻击源追踪技术的分类和展望[J]. 清华大学学报,2005(4).

[179] 杨春晖,张昊,王勇. 信息安全风险评估及辅助工具应用[J]. 信息安全与通信保密,2007(12).

[180] 杨国挥. 国外信息安全建设情况综述[J]. 电力信息化,2006(9).

[181] 杨桦,卢兴华,蔡振华. 网络信息系统的生存性体系结构研究[J]. 计算机工程,2008(16).

[182] 杨健. 动态更新决策理论、模型、算法及应用[J]. 中国人民大学学报,2004(5).

[183] 杨磊,郭志博. 信息安全等级保护的等级测评[J]. 中国人民公安大学学报,2007(1).

[184] 杨灵芝. 电子政务信息资源开发利用的安全保障[J]. 图书情报知识,2007(3).

[185] 杨英杰,马范援. 一种基于过程的网络攻击行为分析方法[J]. 通信技术, 2003(2).

[186] 叶鑫,王延章. 电子政务的层次角色网络模型研究[J]. 系统工程学报,2006(2).

[187] 殷丽华,何松. 一种入侵容忍系统的研究与实现[J]. 通信学报,2006(2).

[188] 殷丽华,方滨兴. 入侵容忍系统安全属性分析[J]. 计算机学报,2006(8).

[189] 于常辉,孟丽荣,徐成强. 入侵容忍技术在数据库系统中的应用[J]. 计算机工程与设计, 2006(15).

[190] 于海,韩臻. 基于树型结构的多层网络攻击事件分类方法[J]. 网络安全技术与应用, 2006(6).

[191] 于慧龙. 大型信息系统安全域划分和等级保护[J]. 计算机安全,2006(7).

[192] 于淼,王延章. 一种基于角色网络模型的电子政务系统框架及其实现研究[J]. 计算机工程与应用,2003(12).

[193] 于明,周希元. 信息网络对抗机制的攻防分析[J]. 网络安全技术与应用,2004(10).

[194] 余俊,王强. 电子政务的安全体系建设[J]. 中国管理信息化,2007(2).

[195] 袁丹洪,欧阳剑雄. 大型政务网络系统信息安全保障体系研究[J]. 计算机与现代化, 2005(5).

[196] 岳宇,岳珊珊. 信息安全风险评估的数值分析法初探[J]. 计算机工程与设计,2006(3).

[197] 张朝昆,孙富春. 信息对抗中多属性决策模型的研究[J]. 计算机工程,2007(6).

[198] 张成福. 信息化风险管理:基本战略与政策选择[J]. 中国行政管理,2007(2).

[199] 张帆. 网络攻击过程分析与防范[J]. 黄石高等专科学校学报,2004(6).

[200] 张帆,刘智. 网站安全事件的应急响应措施讨论[J]. 黄石理工学院学报, 2008(2).

[201] 张福宾,张春海. 基于 PKI 的安全电子政务应用[J]. 计算机工程,2004(6).

[202] 张鸿志,张玉清,李学干. 网络可生存性研究进展[J]. 计算机工程,2005(20).

[203] 张建辉. 2007 中国电子政务重大工程政府 CIO 报告会纪实[J]. 电子政务,2007(12).

[204] 张建军. 政务和电子政务与信息安全[J]. 信息安全与通信保密,2003(5).

[205] 张建军. 信息系统安全等级保护的一种量化定级方法[J]. 信息网络安全,2007(11).

[206] 张乐君,国林,王巍,等. 网络系统可生存性评估与增强技术研究概述[J]. 计算机科学, 2007(8).

[207] 张乐君,国林,王巍,等. 网络信息系统生存性层次化分析模型研究[J]. 小型微型计算机系统,2008(6).

[208] 张磊,戴浩,马明凯. 面向可生存性的网络攻击分类方法[J]. 计算机应用,2008(S1).

[209] 张立涛,钱省三. 网络安全风险分析与投资决策初探[J]. 计算机工程与应用,2001(18).

[210] 张立涛,钱省三. 信息安全策略的原则和方法[J]. 网络安全技术与应用,2003(6).

[211] 张立涛,应力,钱省三. 信息安全风险评估中若干操作问题的研究[J]. 山东理工大学学报,2006(1).

[212] 张涛,董占球. 网络攻击行为分类技术的研究[J]. 计算机应用,2004(4).

[213] 张涛,吴冲. 信息系统安全漏洞研究[J]. 哈尔滨工业大学学报(社会科学版),2008(4).

[214] 张天乐,廉飞宇. 基于信息融合技术的入侵检测系统的研究[J]. 计算机与数字工程,2007(10).

[215] 张维华. 我国电子政务信息资源安全保障体系研究[J]. 图书情报工作,2007(12).

[216] 张险峰,张峰,秦志光. 入侵容忍技术现状与发展[J]. 计算机科学,2004(10).

[217] 张相锋,孙玉芳. 入侵检测系统发展的研究综述[J]. 计算机科学,2003(8).

[218] 张雪琼. 基于博弈论的入侵检测模型[J]. 网络安全技术与应用,2006(2).

[219] 张雪昕,石燕华,白英彩. 两种安全风险评估方法 NIST 与 OCTAVE 的比较研究[J]. 计算机应用与软件,2006(1).

[220] 张艳,李强,李舟军,等. 信息系统灾难恢复体系结构[J]. 计算机科学,2006(6).

[221] 张艳,李舟军,何德全. 灾难备份和恢复技术的现状与发展[J]. 计算机工程与科学,2005(2).

[222] 张阳. 基于信息流的多安全策略操作系统架构研究[J]. 计算机学报,2006(8).

[223] 张洋祥,潘中良,曾育锋. 主动防御型电子政务系统安全解决方案研究[J]. 韶关学院学报,2008(9).

[224] 张拥军,周双贵,杜文. 具有模糊系数的运输投资多目标 0-1 规划研究[J]. 西南交通大学学报,1999(2).

[225] 张永,方滨兴,包秀国. 网络可生存性研究概述[J]. 计算机工程与应用,2005(7).

[226] 张永铮,方滨兴. 计算机弱点数据库综述与评价[J]. 计算机科学,2006(8).

[227] 张永忠,潘强,张俊. 信息网络对抗体系发展现状分析[J]. 网络安全技术与应用,2006(4).

[228] 张越今. 网络攻击防御系统设计[J]. 网络安全技术与应用,2003(2).

[229] 赵莉,禹继国. 博弈模型在网络数据传输中的应用[J]. 网络安全技术与应用,2008(3).

[230] 赵鹏,李之棠. 网络攻击防御的研究分析[J]. 计算机安全,2003(4).

[231] 赵青松,伍艳莲,叶锡君. 分布式网络主动防御系统研究[J]. 计算机工程与设计,2007(20).

[232] 赵晓娟. 一种主动式网络安全联动模型[J]. 光盘技术,2008(9).

[233] 赵战生. 中国信息安全体系机构基本框架与构想[J]. 计算机安全,2002(1).

[234] 赵战生. 完善信息安全管理标准 落实信息安全等级保护制度[J]. 信息网络安全,2008(1).

[235] 郑晓林,高能,荆继武. 美国信息安全发展策略导向评述[J]. 计算机应用研究,2006(9).

[236] 周发强. 我国电子政务存在问题及发展策略[J]. 中国管理信息化,2006(9).

[237] 周连兵. 基于网闸的电子政务安全解决方案设计[J]. 中国公共安全,2006(4).

[238] 周蓉,周贤伟,郑连存. 基于网络连接的攻击分类研究[J]. 微电子学与计算机,2006(5).

[239] 周维柏. 一种具有主动防御的 Intranet 网的研究与实现[J]. 网络安全技术与应用,

[240] 周亚,甘勇,温竹,等.电子政务建设中信息共享的最优决策研究[J].北京师范大学学报, 2007(6).

[241] 朱红生.网络安全防御系统[J].兵工自动化,2005(5).

[242] 朱建明,马建峰.基于容忍入侵的数据库安全体系结构[J].西安电子科技大学学报, 2003(1).

[243] 朱可,胡克瑾.一种基于模糊关联规则挖掘的攻击识别系统[J].计算机工程与应用, 2007(1).

[244] 朱卫未.电子政务网络信息安全投资特征分析[J].信息安全与通信保密,2008(4).

[245] 朱卫未.电子政务建设中信息安全投资模型扩展分析[J].科技与管理,2008(2).

[246] 朱卫未,王卫平,陈文惠.基于风险管理的入侵检测数据采样策略模型[J].系统工程与电子技术,2007(4).

[247] 诸葛建伟,韩心慧,叶志远.基于扩展目标规划图的网络攻击规划识别算法[J].计算机学报,2006(8).

[248] 祝宁,陈性元,王前.基于效果的网络攻击分类方法[J].计算机应用,2006(S1).

[249] AGGELIKI T, et al. Formulating information systems risk management strategies through cultural theory[J]. Information Management & Computer Security, 2006, 14 (3): 198.

[250] ALFREDO G, BARRY H. The potential for underinvestment in Internet security: implications for regulatory policy[J]. Journal of Regulatory Economics, 2007, 31 (1): 37.

[251] ASHISH A, ANAND N, RAHUL T. Does information security attack frequency increase with vulnerability disclosure? [J]. Information Systems Frontiers, 2006, 8 (5): 350.

[252] BLACK J, et al. An integration model for organizing IT service management[J]. IBM Systems Journal, 2007,46(3): 405.

[253] CAMPBELL K, et al. The economic cost of publicly announced information security breaches: empirical evidence from the stock market[J]. Journal of Computer Security, 2003(11): 431 - 448.

[254] CAVUSOGLU H, MISHRA B, RAGHUNATHAN S. A model for evaluating IT security investments Communications of the ACM, 2004,47(7): 87 - 92.

[255] CHARLIE C C, SHAW R S, SAMUEL S Y. Mitigating information security risks by increasing user security awareness: a case study of an information security awareness system[J]. Information Technology, Learning, and Performance Journal, 2006,24 (1): 1.

[256] CHAUNCEY M D Jr., GRANT C T. Earnings management and ethical decision

making: Choices in accounting for security investments[J]. Issues in Accounting Education, 1999,14(4): 613.

[257] COLLEEN S, ROBERT B. Developing and Implementing a Strategy for Technology Deployment[J]. Information Management Journal, 2006,40(4): 52.

[258] COLWILL C, GRAY A. Creating an effective security risk model for outsourcing decisions[J]. BT Technology Journal, 2007,25(1): 79.

[259] COREY D S, KENNETH J T. Information Assurance and Security[J]. Journal of Organizational and End User Computing, 2004,16(3): 1.

[260] DONALD P M. Learning under Uncertainty: Networks in Crisis Management[J]. Public Administration Review, 2008,68(2): 350.

[261] FURNELL S M, GENNATOU M, Dowland P S. A prototype tool for information security awareness and training[J]. Logistics Information Management, 2002, 15(5/6): 352.

[262] GERHARD L. Information Security Standards: The 10 Keys to Protecting Your Network[J]. Risk Management, 2007,54(12): 11.

[263] GOODMAN S E, ROB R. Identify and Mitigate the Risks of Global IT Outsourcing [J]. Journal of Global Information Technology Management, 2007,10(4): 1.

[264] GORDON L A, LOEB M P. The economics of information security investment ACM [J]. Information and System Security, 2002,5(4): 438 - 457.

[265] GORDON L A, LOEB M P. Budgeting process for information security expenditures Communications of the ACM[J]. 2006,49(1): 125.

[266] IQBAL N, RICHADR B D, RAY W. Enterprise IT risk management: A case study [J]. AACE International Transactions, 2001: 61.

[267] HOWARD J, BEALES I, TIMOTHY J M. Choice or Consequences: Protecting Privacy in Commercial Information[J]. The University of Chicago Law Review, 2008, 75(1): 109.

[268] JENN T. The Implementation of Deming's System Model to improve Security Management: A Case Study[J]. International Journal of Management, 2008, 25 (1): 54.

[269] JOHN S. The Promise and Potential of E-Government[J]. Public Manager, 2007, 36 (4): 18.

[270] JONES A. A framework for the management of information security risks[J]. BT Technology Journal, 2007,25(1): 30.

[271] JUAN FERNANDO L. Strategies and benefits of developing a market for government securities[J]. Journal of Financial Regulation and Compliance, 2006,14(1): 47.

[272] KJELL H. Returns to information security investment: The effect of alternative

information security breach functions on optimal investment and sensitivity to vulnerability[J]. Information Systems Frontiers, 2006,8(5): 338.

[273] KONG-WEI L, JEANNETTE M W. Game strategies in network security [J]. International Journal of Information Security, 2005,4(1-2): 71.

[274] KWO-SHING H, et al. An integrated system theory of information security management[J]. Information Management & Computer Security, 2003, 11(5): 243.

[275] LAWRENSE A G, Martin P L. Return on information security investments: Myths vs realities[J]. Strategic Finance, 2002,84(5): 26.

[276] LEE S S, LAURA E H. Technology, security, and individual privacy: New tools, new threats, and new public perceptions[J]. Journal of the American Society for Information Science and Technology, 2005,56(3): 221.

[277] LIN P P. System Security Threats and Controls[J]. The CPA Journal, 2006, 76 (7): 58.

[278] LOUISE W, PATRIK B. Information security — an application of a systems approach [J]. Kybernetes, 2006,35(6): 786.

[279] MARTIN B, ROSSOUWVON B. The utilization of trend analysis in the effective monitoring of information security [J]. Information Management & Computer Security, 2001,9(5): 237.

[280] PINTO C A, et al. Challenges to Sustainable Risk Management: Case Example in Information Network Security[J]. Engineering Management Journal, 2006,18(1): 17.

[281] RICHARD A H, MARGARET M B. Analyzing Enterprise Security Using Social Networks and Structuration Theory [J]. Journal of Applied Management and Entrepreneurship, 2006,11(3): 68.

[282] SANGKYUN K, CHOON SEONG L. Enterprise security architecture in business convergence environments[J]. Industrial Management, 2005,105(7): 919.

[283] SHANNON K, et al. Information security threats and practices in small businesses [J]. Information Systems Management, 2005,22(2): 7.

[284] SHI-MING H, CHIA-LING L, AI-CHIN K. Balancing performance measures for information security management: A balanced scorecard framework[J]. Industrial Management, 2006,106(1/2): 242.

[285] STEPHEN L. The Human Element: The Weakest Link in Information Security[J]. Journal of Accountancy, 2007,204(5): 44.

[286] STEPHEN S, RODGER J. Determining key factors in E-government information system security[J]. Information Systems Management, 2006,23(2): 23.

[287] SUBASH C M, VINOD K, UMA K. A strategic modeling technique for information security risk assessment[J]. Information Management & Computer Security, 2007,15

(1)：64.

[288] VARADHARAJAN S, BHARAT B. Managing information security on a shoestring budget[J]. Annals of Cases on Information Technology, 2003(5)：151.

[289] VEIGA A D, ELOFF J H P. An Information Security Governance Framework[J]. Information Systems Management，2007,24(4)：361.

[290] WEI-CHIANG H, et al. The Development of a Framework for Selecting a Management Information System[J]. International Journal of Management，2007,24 (4)：790.

附录1 缩略词注释表

缩略词	全　称	语　义
ARP	Address Resolution Protocol	地址解析协议
BIA	Business Impact Analysis	业务影响分析
CNCERT/CC	National Computer Network Emergency Response Technical Team/Coordination Center of China(CNCERT/CC)	国家计算机网络应急技术处理协调中心
DDoS	Distribution Denial of Service	分布式拒绝服务
DoS	Denial of Service	拒绝服务
IATF	Information Assurance Technology Framework	信息保障技术框架
IDS	Intrusion Detection System	入侵检测系统
IEEE	Institute of Electrical and Electronics Engineers	美国电气和电子工程师协会
KMI	Key Management Infrastructure	密钥管理基础设施
LAN	Local Area Network	局域网
NAT	Network Address Translation	网络地址转换
OA	Office Automation	办公自动化
PKI	Public Key Infrastructure	公钥基础设施
PMI	Privilege Management Infrastructure	授权管理基础设施
VLAN	Virtual Local Area Network	虚拟局域网
VPN	Virtual Private Network	虚拟专用网
WEP	Wired Equivalent Privacy	有线等效保密
WLAN	Wireless Local Area Networks	无线局域网
WPDRRC	Warnning, Protection, Detection, Response, Recovery,Counterattack	预警、保护、检测、反应、恢复和反击

附录 2　国外有关安全漏洞分类一览表

Vulnerability Taxonomy	Goals	Dimension of Classification	Comments
Integrity Flaws (McPhee – 1974)	Identify Flaws in Operating System	Classification is based on characteristic of vulnerabilities.	Points out that may vulnerabilities are due to valid design trade-offs.
Characteristics or features of the IBM VM/370 OS that are likely to produce security flaws (Attanasio – 1976).	"did not develop a taxonomy; they were conducting a penetration testing experiment on the VM/370"	No Classification	Gives a list of OS features that are likely to have flaws.
Operating System Flaws (RISOS project – 1976)	Characterize Operating System Flaws	The dimension can be considered to be by operations or by features The taxonomy has 10 categories.	The categories can be included in a layered taxonomy that refines functional blocks.
Operating System Flaws (Protection Analysis Project – 1978)	"to abstract patterns from flaws and hope to automate the search for flaws"	Similar to the RISOS taxonomy, but it had only 7 categories.	Categories can be included in a layered taxonomy.
Operating System Flaws (Landwehr – 1994)	"understandable record of flaws" "understand which parts of the system have more flaws" "help designers and analysts" "characterize flaws … genesis … time and place it entered the system"	Three taxonomies based upon: 1. genesis 2. time of introduction 3. location.	The three separate taxonomies presented in the paper can be combined under one single framework for security assessment.

Vulnerability Taxonomy	Goals	Dimension of Classification	Comments
UNIX security Flaws (Aslam - 1995)	"provide basis for data organization of a vulnerability database"	By cause; It includes 3 categories: 1. configuration errors 2. environment flaws 3. coding flaws	This is similar to the RISOS and PA classification.
Software Program Flaws (Krsul - 1998)	Characterize Operating System Flaws	Based on assumption made by the programmer.	a Unique Dimension of Classification
Software Vulnerabilities (Du, Mathur - 1998)	"develop a tool that assists ... in the assessment of tests of distributed software aimed at detecting ... security flaws"	1. By Cause 2. By Impact 3. By Fix	Similar categories as Landwehr, but also considers defenses or fixes.
Vulnerabilities (Bishop - 1999)	"describe vulnerabilities in a form useful for intrusion detection mechanisms"	1. Nature of Flaw 2. Time of Introduction 3. Exploitation Domain 4. Effect Domain 5. Minimum Number of Components Needed to Exploit 6. Source of Vulnerability Identification	Covers most of the major dimensions of vulnerability classification.
Network Vulnerabilities (Ristenbatt - 1999)	For Use in a Network Vulnerability Assessment Procedure	By the protocol layers in which the vulnerabilities are present.	Covers all components of network systematically.
Threat Taxonomy (Welch, Lathrop - 2003)	"use taxonomy to build a security architecture for a wireless network"	By Security Property Violated; Confidentiality, Integrity	The threats are actually attacks.
Analysis of Vulnerabilities in Firewalls (Kamara et al -2003)	"to understand firewall vulnerabilities in the context of firewall operations"	Used Du & Mathur's Taxonomy	This is an example or work that used taxonomy for analyzing the security of other systems.

Vulnerability Taxonomy	Goals	Dimension of Classification	Comments
Vulnerability Taxonomy (Gray - 2003)	"develop a taxonomy to help the organization's management"	Used a Combination of Existing Taxonomies	Demonstrates the use of security taxonomies to help management.
Protocol Vulnerabilities (Pothamsetty, Akyol - 2004)	" ... highlight these vulnerabilities in an accessible form such that the design, implementation and testing teams can ... find and prevent ... vulnerabilities"	According to the features or operations of the protocol software that are likely to have flaws.	Similar to RISOS and PA taxonomies, except that it focuses on protocol software.
Vulnerabilities (Yongzheng, Xiochun - 2004)	"designed for security risk assessment" "understanding the causes" "warn designers against repeating mistakes"	Based on Concepts of Privilege Sets and Privilege Escalation	Explores Relationship Between Risk and Vulnerability

附录 3 国外有关安全攻击分类一览表

Attacks	Goals	Dimension of Classification	Comments
Types of Attackers (Anderson – 1980)	List Types of Attackers	Internal VS. External Attackers	Common Classification Type: Source of Attack
Types of Computer Crimes (Perry & Walich – 1984)	Listing Main Types of Crimes	Two dimensional matrix: Crime vs. Users Committing the Crime	Common Classification Type: Source of Attack; Taxonomy is not hierarchical.
Replay Attacks in Cryptographic Protocols (Syverson – 1994)	"consider which detection, representation, or prevention mechanisms are appropriate for a replay attack" "the taxonomy is … helpful"	Source of attack is the primary dimension of classification.	Common Classification Type: Source of Attack
Types of Misuse (Brinkley&Schell – 1995)	Listing of Types of Misuse; Not Intended to be a Taxonomy	Two level hierarchy; Classes are not properly defined.	Provides Overview of Types of Misuse.
IDS Attack Signatures (Kumar – 1995)	Classified attack signatures to develop comprehensive database for an IDS.	Based on manifestation of attacks in network traffic and logs.	Applied in IDS Development
Types of misuse (attacks) (Lindquist & Jonsson – 1997)	"makes systematic study possible" "useful for reporting incidents to response teams" "included a grading of the severity"	Extended Neumann and Parker's Taxonomy	Discuss usefulness of selecting a good dimension of classification.

Attacks	Goals	Dimension of Classification	Comments
Attacks Against Information Systems (Cohen – 1997)	"putting all of the methods of attack into a classification scheme and co-locating them with each other so that knowledgeable experts can … consider … possible attacks"	No Classification Just a Long List of Known Attacks	An exhaustive list of attacks is static and needs to be constantly undated to keep it relevant.
Attacks (Lough – 2001)	"develop a taxonomy of attacks in wireless networks"	Distilled the classes discussed in prior work on taxonomies into four common categories.	The categories are similar to the basic security properties; The taxonomy is not hierarchical.
Attacks Against Mobile Agents (Man, Wei – 2001)	"used in the analysis of existing protection schemes … useful for research developments"	Hierarchical taxonomy; 1. Intention 2. Number of Attackers 3. Read vs. Non-read	Not based on characteristics of attack; Dimensions are unclear.
Runtime Extensible Virtual Environments (salles et al – 2002)	"using this taxonomy to guide the formulation of security policy, requirements and architectures of RTEVEs"	Basic Security Properties: Confidentiality, Integrity, Availability, Non-repudiation, Authentication	The same properties are affected by an attack. It is also a taxonomy by "attack result".
DoS Attacks in WSNs (Wood, Stankovic – 2002)	Highlight the Various Threats Faced by WSNs	Attacks classified under the various network layers of the communication protocol.	Dimension is similar to "location of flaws".
Sybil Attacks in WSNs (newsome et al – 2004)	"to better understand the implications of the Sybil attack and how to defend against it"	Multi-dimension 1. Mode of Communication 2. Type of Identity 3. Simultaneity	Underscores the need for a taxonomy for studying new field; To broad to help security assessment.
DoS Attacks (Hussain et al – 2003)	"provide the classification component of a real-time attack analysis to aid network administrators"	Source of attack: single source versus multiple sources.	Not Very Useful for a Security Assessment Process; Good for Developing Tools for Real-time Defense

（续表）

Attacks	Goals	Dimension of Classification	Comments
Web Attacks （Alvarez, Petrovic – 2003）	"help designers … build more secure application … a useful reference framework for security application"	Multi-dimension Taxonomy Based on a "Web attack life cycle".	Common Classification Types: Vulnerability; Service; Target
Attacks: defense centric （Killourhy et al – 2004）	"organizes attacks by virtue of the way they manifest as anomalies in sensor data"	Anomaly Seen in Sensor Data; 4 Categories	Mostly relevant only in IDS; Low level categories
DDoS Attack and Defense Mechanisms （mirkovic, Reiher – 2004）	"structure the DDoS field and facilitate a global view of the problem and solution space"	Eight Characteristics of an Attack; Three Characteristics of Defenses	Common Classification Types: Exploited Weakness; Impact on Victim; Type of Victim
Internet Attacks （Mostow, bott – 2000） （Delooze – 2004）	Build an attack simulator Taxonomy was used in the simulator model.	Effects of the Attack	Common Classification Types: DoS, Deception, Reconnaissance, Unauthorized Access
Attacks in VANETS （Golle et al – 2004）	Taxonomy was not the main aim.	1. Nature 2. Target 3. Scope 4. Impact	Common Classification Types: Nature of Attack; Impact on Victim; Scope; Target; Useful for Risk Assessment.
Shellcode Attacks （Arce – 2004）	"understanding these programs' technical capabilities and their connection to those who develop and use them"	Functional Perspective: 1. Attack Vector 2. Exploitation Technique 3. Payload	Multiple Ways to Trigger a Vulnerability
Attacks （Hansman, hunt – 2005）	Develop a "pragmatic taxonomy that is useful to those dealing with attacks on a regular basis."	Four taxonomies based on: 1. attack vector 2. attack target 3. vulnerability 4. payload	For application specific taxonomies, it might be possible to combine all these into one taxonomy.

附录 4　国家网络应急管理组织机构图

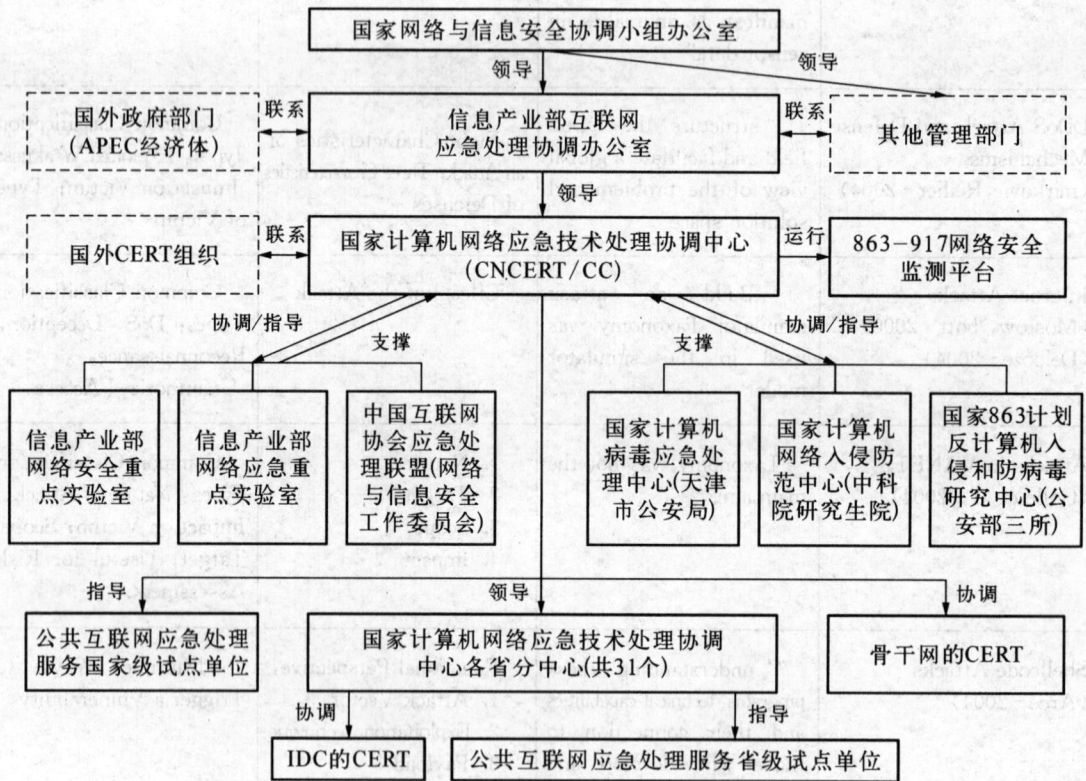

```
                        ┌──────────────────────────────┐
                        │  国家网络与信息安全协调小组办公室  │
                        └──────────────────────────────┘
                          领导│              │领导
┌────────────────┐  联系  ┌──────────────┐  联系  ┌──────────────┐
│  国外政府部门    │◄─────►│  信息产业部互联网  │◄─────►│  其他管理部门  │
│ (APEC经济体)    │        │  应急处理协调办公室 │        │              │
└────────────────┘        └──────────────┘        └──────────────┘
                              领导│
┌────────────────┐  联系  ┌──────────────────┐  运行  ┌──────────────┐
│  国外CERT组织    │◄─────►│ 国家计算机网络应急技术 │──────►│ 863-917网络安全 │
│                │        │   处理协调中心       │        │   监测平台    │
└────────────────┘        │  (CNCERT/CC)      │        └──────────────┘
                          └──────────────────┘
        协调/指导│    │支撑                      支撑│    │协调/指导
┌────────┐ ┌────────┐ ┌────────┐    ┌────────┐ ┌────────┐ ┌────────┐
│信息产业部│ │信息产业部│ │中国互联网│    │国家计算机│ │国家计算机│ │国家863计划│
│网络安全重│ │网络应急重│ │协会应急处│    │病毒应急处│ │网络入侵防│ │反计算机入│
│点实验室  │ │点实验室  │ │理联盟(网络│    │理中心(天津│ │范中心(中科│ │侵和防病毒│
│        │ │        │ │与信息安全│    │市公安局) │ │院研究生院)│ │研究中心(公│
│        │ │        │ │工作委员会)│    │        │ │        │ │安部三所) │
└────────┘ └────────┘ └────────┘    └────────┘ └────────┘ └────────┘
  指导│              领导│                              协调│
┌──────────────┐ ┌──────────────────┐        ┌──────────────┐
│公共互联网应急处理│ │ 国家计算机网络应急技术处理协调 │        │  骨干网的CERT  │
│服务国家级试点单位│ │  中心各省分中心(共31个)     │        └──────────────┘
└──────────────┘ └──────────────────┘
              协调│              │指导
        ┌──────────┐  ┌──────────────────────┐
        │ IDC的CERT │  │ 公共互联网应急处理服务省级试点单位 │
        └──────────┘  └──────────────────────┘
```

附录 5　信息系统灾难恢复体系结构

灾难恢复层次	灾 难 恢 复 等 级	备份与恢复技术	衡量指标	计 划 与 措 施		
	第 0 级：无备份数据			无应急计划		
数据级容灾	第 1 级：备份介质异地存放	数据拷贝				
	第 2 级：备份介质异地存放及存在备用系统	设备备份				设备保护
	第 3 级：数据电子传输	电子链接				
	第 4 级：定时数据备份及活动状态的备份中心	快照等技术				网络恢复策略
系统级容灾	第 5 级：实时系统备份及活动状态的备份中心	异步镜像和复制	RPO RTO NRO DOO	风险分析、应急决策、意识培养和培训、计划的维护和演练	数据备份与恢复计划	系统、用户、应用恢复策略
	第 6 级：实时数据和系统备份	同步镜像和复制				
应用级容灾	第 7 级：灾备系统实时切换	集群技术和远程动态监测等				业务连续性运行方案
	第 8 级：零数据丢失和业务连续可用性	自动应用切换等				

（备份与恢复技术列第4级至第8级合并为：存储网络与互联网技术）

附录6 电子政务信息安全风险评估调查问卷

您好：

首先感谢您参与此次问卷调查。

本次调查的目的主要是了解电子政务信息安全风险威胁因素、发生频率、危害程度，以及相应安全技术措施等。您的意见和看法仅用于研究目的，不作他图。本问卷不需要署名。

一、基本情况

1. 您从事信息工作的年限是：

A. 5 年以内　　　　B. 5—10 年　　　　C. 11—15 年　　　　D. 15 年以上

2. 您的单位属于：

A. 乡（镇）政府　　　　B. 市局

3. 贵单位电子政务建设时间是：

A. 3 年以内　　　　B. 3—5 年　　　　C. 5—7 年　　　　D. 7—10 年

E. 10 年以上

4. 贵单位电子政务建设投入情况：

A. 10 万以内　　　　B. 10—20 万　　　　C. 20—30 万　　　　D. 30—50 万

E. 50 万以上

5. 贵单位电子政务系统包括以下功能（多选）：

A. 办公与事务处理　　B. 公文与信息交换　　C. 信息发布与管理　　D. 档案管理

E. 电子签章　　　　　F. 数字证书应用　　　G. 数据管理与分析　　H. 邮件系统

I. 统一用户管理与身份认证　　　　J. 网络视频会议系统

K. 其他　　请注明：_____

6. 贵单位内外网的隔离方式是：

A. 物理隔离　　　　B. 逻辑隔离

7. 贵单位信息安全防护设备购置情况（多选）：

A. 防火墙　　　　　B. 入侵检测系统(IDS)　C. 网络版杀毒软件　　D. 漏洞扫描系统

E. 反垃圾邮件系统　F. 信息过滤与审计系统

H. 其他

请注明设备型号：＿＿＿＿＿＿＿＿＿＿＿＿＿＿＿＿＿＿＿＿＿＿＿＿

8. 本单位目前采取了哪些安全管理和技术措施(多选)：

A. 口令加密　　　　B. 文件加密　　　　C. 存储备份系统　　D. 移动存储器管理

E. 制定安全管理规章制度　　　　　　　F. 制定安全事件应急处置预案和措施

G. 其他

二、风险分析

1. 您认为电子政务信息安全风险有哪些(多选)：

A. 恶意内部人员　　B. 信息篡改　　　　C. 外部黑客攻击　　D. 物理环境威胁

E. 病毒及恶意代码　F. 网站篡改　　　　G. 物理攻击　　　　H. 越权或滥用

I. 软硬件故障　　　J. 无作为或操作失误　K. 管理不到位　　L. 信息泄密

2. 请将您所选择的上述风险按照风险发生的概率从大到小排序(仅填序号即可)：

① ＿＿＿＿　　② ＿＿＿＿　　③ ＿＿＿＿　　④ ＿＿＿＿　　⑤ ＿＿＿＿

⑥ ＿＿＿＿　　⑦ ＿＿＿＿　　⑧ ＿＿＿＿　　⑨ ＿＿＿＿

3. 您认为这些风险的后果属性有哪些(多选)：

A. 信息泄密　　　　B. 信息篡改　　　　C. 损害政府形象　　D. 影响业务运行

E. 造成重大经济损失　F. 危害公共安全

4. 请将您所认为的后果属性按照其重要性从大到小排序(仅填序号即可)：

① ＿＿＿＿　② ＿＿＿＿　③ ＿＿＿＿　④ ＿＿＿＿　⑤ ＿＿＿＿　⑥ ＿＿＿＿

三、安全技术措施分析

1. 您认为能够减缓或消除上述信息安全风险的安全技术有哪些(多选)：

A. 入侵检测　　　　B. 防火墙　　　　　C. 杀毒软件　　　　D. 应用防火墙

E. 安全审计　　　　F. 认证授权　　　　G. 加密　　　　　　H. 数据库安全加固

I. 操作系统安全加固　J. 访问控制　　　　K. 漏洞扫描　　　　L. VPN

M. 防恶意代码　　　N. 邮件网关

2. 您认为选择安全技术措施考虑的因素有哪些(多选)：

A. 安全措施的有效性　B. 购置成本　　　　C. 维护成本　　　　D. 易用性

3. 请将您所认为的影响因素按照其重要性从大到小排序(仅填序号即可)：

① ＿＿＿＿　② ＿＿＿＿　③ ＿＿＿＿　④ ＿＿＿＿

后 记

本书的研究工作和成果是在我博士论文基础上的进一步深化。2006年，我有幸考入中国人民大学信息资源管理学院，师从著名定量分析专家杨健教授，开始我的博士生学习阶段。3年来，我在导师的指导下，在中国人民大学浓厚的学术氛围和许多著名专家学者的熏陶、影响下，我无论在"做学问"和"做人"方面都有了很大的进步。这篇博士论文就是我3年"苦读"的集中反映。本文尽管还可能有这样或那样的疏漏甚至错误，但我尽了自己的努力，力求在理论与实践上有所创新。现在我把它奉献给大家，希望得到各位师长、同窗和广大读者朋友的指正。

在这篇论文出版之际，首先要感谢的是我的导师杨健教授。平时的学习与研究离不开杨老师无微不至的关怀与指点。本文从题目的选定，到框架的几次修改，再到成文后的字斟句酌，自始至终都得到了杨老师的精心指导。杨老师还在百忙之中为本书作序。这一切都渗透着杨老师无尽的关爱，在此，对杨老师表示深深的敬意与感谢！

感谢中国人民大学信息资源管理学院各位老师的培养。感谢冯惠玲教授、赵国俊教授、胡鸿杰教授、卢小宾教授、周晓英教授、刘耿生教授、王英玮教授、安小米教授、张斌教授、侯卫真副教授、纪红波、李洁等老师对我学业的关怀与帮助。

感谢呼伦贝尔学院党委书记王志教授、院长朱玉东教授、副院长德力教授、副院长王广利教授，以及学院其他的各位领导、老师、同事对我多年的关心、鼓励与支持。

感谢中国科学院信息安全国家重点实验室荆继武教授、国防科技信息中心胡均平教授、国家档案局方鸣教授、北京航空航天大学任若恩教授、东北师范大学传媒学院赵蔚教授、孙成江教授。

感谢我的同学姜海涛博士为本书出版所做的辛苦工作。感谢李跃武博士、姜孟亚博士、宋修见博士、顾涛博士、李泽锋博士、陈绍英博士以及我的同窗好友。

感谢我的亲人们给予我永不枯竭的鼓励和支持。特别感谢我的爱妻王晓莉女士，在生活上对我的体贴照顾，在工作和学习方面对我的理解与支持。

感谢所引用文献的相关作者。你们的学术研究成果为我的论文所参考和引用，你们的学术思想和相关论述给了我许多宝贵的营养与有益的启发，这些是我论文的重要知识源泉。

新的路途就在脚下，带着师长和亲友的殷切希望，我将奋起而前行。

孟祥宏

2009 年 12 月 15 日

于呼伦贝尔学院